HABSBURG INTIM

von

Chris Stadtlaender

Verlag Österreich

Abbildungen am Einband:
1. Reihe: Kaiser Franz Joseph I., Kaiserin Elisabeth
2. Reihe: Erzherzogin Marie Valerie, Erzherzog Otto
3. Reihe: Erzherzog Ludwig Salvator, Kaiserin Zita
4. Reihe: Kronprinzessin Stephanie, Erzherzog Leopold Ludwig
Hintergrund: Brief von Luisa Vives an Erzherzog Ludwig Salvator

Verlag Österreich – Österreichische Staatsdruckerei AG
1. Auflage 1998

Rennweg 12a, A-1037 Wien
Tel. (++43 1) 79789 333
Fax (++43 1) 79789 502

Satz, Repro und Umschlaggestaltung:
medienhaus+partner, 3400 Klosterneuburg

ISBN 3-7046-1095-X

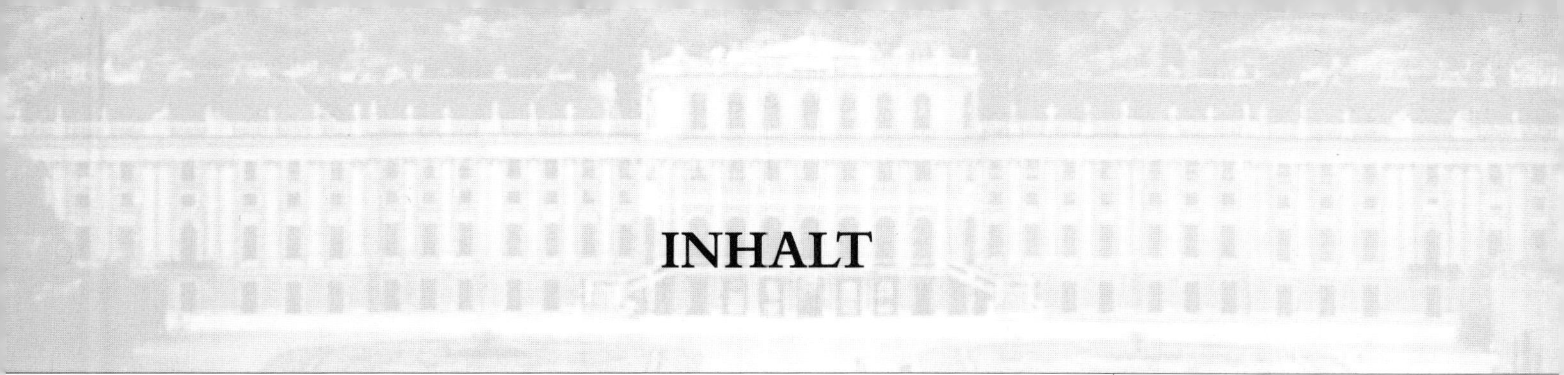

INHALT

CHRONIQUE SCANDALEUSE DES HAUSES HABSBURG

Von Mätressen, Mesalliancen, Verehrern, Lotterbuben und Kavalieren

Dieses Buch beschäftigt sich ausschließlich mit den Habsburgern zur Zeit Kaiser Franz Josephs. Die Palette vielfältiger Liebesbeziehungen – ob homoerotisch oder bisexuell, ob weil unstandesgemäß mit Strafen wie Ausschluß aus dem Kaiserhaus belegt oder augenzwinkernd halbwegs toleriert – ist buntschillernd und voller Geheimnisse. Wer weiß schon von den Lotterbuben aus Venedig, die einst Erzherzog Ludwig Salvator, der Wissenschaftler im Hause Habsburg, aushielt? Als „Luigi Neudorf" wandelte Erzherzog Ludwig Salvator von Toskana seinerzeit in Venedig auf Liebespfaden. Lotterbuben wie Vincenzino Atanasio nutzten ihn dafür kräftig aus. Überallhin verfolgten sie ihn mit glühenden Liebesbriefen, versicherten ihn ihrer Treue und Liebe bis zum Tode – und vergaßen dafür nicht, um Geld zu betteln und offene Schneiderrechnungen von ihrem königlichen Liebhaber bezahlen zu lassen ... was den bisexuellen Erzherzog jedoch nicht hinderte, sich auch auf Mallorca, wo er fürstlich residierte, einen Harem an Landarbeiterinnen zuzulegen. Eine von ihnen beglückte ihn mit vier Kindern, die er allesamt nur als „Patenkinder" anerkannte und flugs seinem Hofsekretär, einem biederen Mallorquiner, unterschob.

Oder wer kennt die Geschichten von verschwiegenen Ehen und Kindern, wie zum Beispiel Erzherzog Ernst sie zustande brachte und über Jahrzehnte bis zum Tod verleugnete? Wer weiß von den lasziven Abenteuern des schönen Otto, der gleich zwei Geliebte an sein Krankenlager fesselte, während zumindest seine beiden Söhne doch noch einen Stiefvater fanden, der vom Kaiser dafür geadelt wurde? Wer kennt die hartnäckigen Verehrer Kaiserin Elisabeths, von denen der eine sich dann selbst in den Adelsstand versetzte, indem er seinem bürgerlichen Namen „Alfred Gurniak" ein „Edler von Schreibendorf" anhängte. Ja, er konnte schreiben und stammte aus einem Dorf an der ungarischen Grenze. Immerhin ... Die Kaiserin bedichtete ihn sogar – wie sie denn überhaupt nicht wählerisch hinsichtlich ihrer Avancen war, die sie etwa einem Zigeuner-Primás wie Rigo Jáncsi machte, der daraufhin „überschnappte" und eine Prinzessin als Ehefrau eroberte. Aber selbst die war einst bürgerlich.

Hochmoralisch waren sie nie gewesen! Um so aufregender liest sich das geheime Treiben, das nie im Protokoll aufschien, jedoch vielfach noch im Nachlaß zu finden ist oder von Generation zu Generation weitererzählt wird wie eine alte Sage.

Jener Herr mit grauen Schläfen und markant geschnittenem Gesicht, der sich an einem frühen Juninachmittag mit mir am Rio di Cavaletto, nahe meinem Hotel „Bonvecchiati" an der Calle Goldoni in Venedig traf, hatte nicht von ungefähr diesen Treffpunkt bei den Gondeln gewählt. Er war einer der bekanntesten Gondoliere der Serenissima.

Pater Pedro von der Iglesia San Juan im Künstlerdorf Deya half bei Forschungen über Ludwig Salvator

Der Geheimnisvolle Gondoliere

Venedig

Die Autorin im Café Florian (Venedig)

Nun, im wohlverdienten Ruhestand kam er, um mir von seinem Onkel zu erzählen, gleichen Namens wie er. Dieser war zwar nie Gondoliere gewesen, hatte aber eine sehr interessante Vita – für mich jedenfalls, denn dieser Onkel war einst der intime Gefährte eines österreichischen Erzherzogs. Und ich betrieb seit längerem biographische Studien über ebendiesen.

Ich war später erstaunt, wie viele wertvolle alte Fotografien aus dem Kaiserhaus der geheimnisvolle Gondoliere-Abkomme von seinem hochgeborenen Gönner bekommen hatte. In der düsteren Wohnung auf der Giudecca sah ich viele der Mitglieder des Hauses Toskana auf großformatigen Fotografien wieder. Einige Abbildungen durfte ich sogar mitnehmen.

Wie mit diesem Signore, der anonym bleiben wollte, erging es mir auf meiner Recherche nach Fakten und Bildzeugnissen aus dem habsburgischen Kaiserhaus sowie seinem legitimen und illegitimen Anhang noch viele Male. Da ich vielleicht überhaupt nicht dem Bild einer sensationslüsternen Journalistin entsprach, hatte ich das Glück, Vertrauen zu gewinnen und in weiterer Folge Raritäten zu erhalten. Viele Geschichten wurden mir erzählt, viele Geheimnisse anvertraut, in diverse Dokumente sehr persönlicher Natur durfte ich Einsicht nehmen.

So traf ich in Ungarn Monarchisten, die mit dem Erzhaus über verschlungene Pfade verbunden waren. Es waren oft alte, sehr alte Aristokraten, welche sich dann leichten Herzens gehüteter Schätze entledigten, wenn sie sicher sein durften, diese anderweitig gut aufgehoben zu wissen.

Oft waren es, wie in Spanien, illegitime Nachfahren, die mir ihre Freundschaft schenkten und mir ehrlich von ihrer geheimgehaltenen Herkunft berichteten. Auch bei ihnen hatten sich im Laufe von Jahrzehnten wahre Schätze an Fotografien und Dokumenten aus dem habsburgischen Kaiserhaus angesammelt.

Robert von Ranke-Graves stellte die Autorin einer Habsburg-Nachfahrin vor

Im mallorquinischen Künstlerdorf Deyá nahe Son Marroig verhalf mir die Bekanntschaft mit dem berühmten Schriftsteller Robert von Ranke-Graves zu Kontakten mit der alten Herrin des Schlosses, Señora Doña Louisa Ribas-Vives, die als eine illegitime Tochter Erzherzog Ludwig Salvators gilt. Sie zeigte mir ihre Schätze alter Fotografien aus dem Kaiserhaus und berichtete, daß sie mit ihrer Mutter mehrfach zu Gast bei Kaiser Franz Joseph in Wien war. Ein Foto zeigte sie auch im Trauergefolge des Erzherzogs bis zur Kapuzinergruft.

Eine Erbin Erzherzog Ludwig Salvators auf Mallorca

In München, wo ich unzählige Interviews mit Mitgliedern des bayerischen Königshauses geführt hatte, lernte ich unter ihrem Pseudonym „Gräfin Wernberg“ eine österreichische Erzherzogin kennen, Franziska Habsburg-Lothringen. Der Modesalon, den diese Gräfin in der bayerischen Landeshauptstadt betrieb, war legendär. Es verkehrten dort nur Damen der ersten Gesellschaft. Und Frau Gräfin im Trachtenlook plauderte bald sehr gern mit der noch unbekannten Journalistin. Vor ihrem Rückzug nach Österreich schenkte auch sie mir seltene Fotografien.

Prinzessin Franziska von Hohenlohe-Schillings, spätere Gräfin Wernberg, als Braut des Erzherzogs Max

Oft hatte ich aber das Glück, die kleinen Hofbediensteten noch in hohem Alter kennenzulernen. So wie Marie Tuma, die einst den Christbaum des greisen Kaisers geschmückt hatte und nun im Schönbrunner Seitentrakt wohnte. Im 1. Weltkrieg hatte daneben auch Erzherzogin Marie Valerie mit den Ihren Unterschlupf gefunden. Jahre später kam ein Kontakt zustande, sodaß ich manche erlebte Geschichte von der über Neunzigjährigen erfuhr, auch manch kostbare Bilddokumente bekam, die nach ihrem Ableben sicher in alle Winde verstreut worden wären.

Es gab aber auch Begegnungen mit Menschen, die mir nur auf Umwegen zu biographischen Details verhalfen, so wie der italienische Komponist Giuseppe Becce aus Meran, dem ich in München begegnete. Er konnte mir von seiner Freundschaft mit Enrico Toselli und dessen Gattin, der Ex-Kronprinzessin von Sachsen, erzählen. Er hatte auch das Finale dieser ungleichen Ehe miterlebt.

Freunde in Abbazia machten mich mit Zeitgenossen bekannt, die bereits alt waren, sich jedoch lebhaft an ihre enge Freundschaft mit den Hortenaus erinnerten, den illegitimen Nachkommen aus der Verbindung von Erzherzog Otto mit Marie Schleinzer. Sie wußten, daß Alfred Hortenau, deren illegitimer Sohn, noch nach 1945 als US-Soldat in Abazzia gewesen war, um geheime Familiendokumente abzuholen. Von Ottos Tochter Hildegard war bekannt, daß sie in Amerika als Klavierlehrerin ein klägliches Dasein fristete.

Mit den Nachfahren Mary Vetseras kam ich in Wien zusammen. Manches Foto wechselte zu mir, von Heinrich Baron Baltazzi-Scharschmid und Hermann Swistun, dem Nachlaßverwalter der letzten Trägerin des Namens Vetsera, Nancy Vetsera. Fast gespenstisch mutete es aber an, als ich beim Tee mit Marys beiden alten Nichten, der Gräfin Hoyos und der Baronin Nancy Vetsera, über Mayerling sprach und wir das bekannte Bild der schönen, jungen Mary vor uns hatten, welche ja die „Tante" gewesen war. So jung und schön – während ihre Nichten nun alte Damen waren –, eine Zeitreise, die fast schizophren erschien. Entsprechend waren auch unsere damaligen Versuche, Licht ins Dunkel jener Nacht zu bringen, die wohl bis heute letzte Rätsel birgt. Auch sie kramten freiwillig in ihrem Fundus alter Dokumente und Fotografien und teilten mir davon mit.

Der berühmte Oberst a.D. Hermann Zerzawy lud mich in seine Badener Wohnung, um die Tragödie von Mayerling „auszupendeln". Die Gräfin Zoe Wassilko stellte ihre gewagten astrologischen Thesen über habsburgische Tragödien auf. Und die bayrischen Verwandten Kaiserin Elisabeths, wie etwa Prinzessin Maria del Pilar, die ich in ihrem Maler-Atelier im Seitentrakt von Schloß Nymphenburg besuchen durfte, hielten sich von den ihrer Meinung nach allzu eskapadenreichen Vorfahren bewußt fern.

Dennoch habe ich auch dort vieles erfahren, das heute unwiderruflich vergessen wäre.

Schön und jung wie ihre Tante Mary: Nora Gräfin Hoyos

Marie Tuma mit 96 Jahren

Oberst Zerzawy, ein berühmter Mayerling-Kenner

Freiherr Baltazzi-Scharschmid half der Autorin

Prinzessin Maria del Pilar von Bayern

Palacio de la Duquesa Margarita Absburgo-Lorena

Erlebt habe ich aber auch, daß Nachkommen aus problematischen Verbindungen zwischen Habsburgern und Bürgerlichen beider Geschlechter mir zwar bereitwillig ihre Tür öffneten, nicht aber bereit waren, sich öffentlich zu ihrer Herkunft zu bekennen. Dann erging es mir ähnlich wie vor Jahren in Nordspanien, wo ich mit „Habsburgern um drei Ecken" per Zufall zusammentraf, im uralten Palazzo der legendären Margarita Absburgo-Lorena in Santillana del Mar. Sie waren ihrer eigenen Herkunft so fremd geworden, daß ich ihnen Profundes berichten mußte.

Es gab Fälle, in denen noch die nächste Generation alter Kammerlakaien und anderer Hofbediensteter Klage führte über soziale Mißstände von einst. Nachkommen der großen Geschlechter aber sehen sich noch heute über jede Kritik erhaben. So wurde ich einmal wegen einer solchen Erwähnung von einem Herrn gerügt. Als ich ihn fragte: „Aber, lieber Baron, wie alt waren Sie, als Sie ihre Großmutter erlebten?", kam es heraus: „Fünf Jahre!" Da waren wir alle rehabilitiert. Als herrische Erzherzogin hatte er, der jüngste Enkel, seine Omama wirklich nie empfunden ...

Nachforschungen auch in Pannonhalma

In der Benediktinerabtei Pannonhalma traf ich den letzten geistlichen Beistand der Fürstin Stephanie Lónyay, der einstigen Kronprinzessin, und ihres Gatten Elémer, Dr. Géza Karsai. Der greise Hauskaplan hatte die letzten Tage mit dem von Russen im Mai 1945 vertriebenen Paar verbracht. Die Flucht nach Pannonhalma gelang zwar, doch die Kräfte der hochbetagten Lónyays waren verbraucht. Bereits im August desselben Jahres starb die Frau, die einst Kaiserin hätte werden sollen. Lónyay folgte ihr ein Jahr später. Pater Géza erzählte mir, daß die persönlichen Aufzeichnungen Stephanies aus engbeschriebenen Zetteln bestanden. Sie wurden, wie ich höre, inzwischen mehrfach bearbeitet, erbrachten aber wenig Interessantes. Pater Dr. Karsai starb Ende der achtziger Jahre an Herzasthma. Der letzte Zeitzeuge einer großen Epoche schloß damit die Augen.

Im Gegensatz zu manchen, denen nichts zu entlocken war, zeigten sich doch viele Nachfahren einst bedeutender Hofbeamter und Hofärzte kooperativ und mitteilsam, wenn ich ihnen beweisen konnte, real und fair zu berichten. Oft mußte ich meine Manuskripte vor der Publikation vorlegen, und zumeist bekam ich das Plazet gern. Nicht selten entstand aus solch zufälliger Bekanntschaft ein gutes Vertrauensverhältnis, mit dessen Fortdauer ich rechnen durfte.

Dank bin ich letztlich auch manchem Archivar schuldig, der ein bißchen wegsah, wenn ich mich in Dingen kundig machte, die (eigentlich) für die Presse nicht bestimmt waren. Ob ich dann von dem Erspähten Gebrauch machte, das habe ich mir immer noch reiflich und gewissenhaft durch den Kopf gehen lassen ...

Den Wunsch zweier Nachkommen von Hofdamen Kaiserin Elisabeths, ausführlich in Biographien über deren Leben zu berichten, konnte ich leider nicht erfüllen. Sowohl Ida von Ferenczys wie auch Marie von Festetics' Dasein hatte nach dem jähen Tod ihrer geliebten Herrin jeglichen Glanz verloren. Daß beide nur noch in Trauer verharrten und „Fahnenjungfern" waren, hätte eine Biographie nicht ausgefüllt.

Herzlich danke ich meinen Helfern bei den Malteser Rittern, Großprior Prinz Wilhelm von und zu Liechtenstein, Kanzler Richard Baron Steeb sowie Johann Graf Aehrenthal und Christian Ludwig Herzog von Mecklenburg-Schwerin für wertvolle genealogische Hinweise.

Die Autorin mit Erzherzogin Stephanies geistlichem Beistand, Pater Dr. Karsai

Christian Ludwig Herzog von Mecklenburg-Schwerin

Von ihrer Residenz Schloß Schwerin wurden die Herzöge 1945 vertrieben

Sisis Großneffe Prinz Ludwig von Bayern mit der Autorin

Nicht zuletzt gilt mein Dank den bayerischen Nachkommen Kaiserin Elisabeths von Österreich, und hier besonders Prinz Leopold von Bayern, der mir private Fotos überließ.

Chris Stadtlaender

MODE BEI HOFE ZUR KAISERZEIT

Uniformen in Samt und Seide

Ob Saaltürhüter oder Magnat: Zur Kaiserzeit sah jeder bei Hofe aus wie aus einem Mode-Journal ausgeschnitten. Für heutige Begriffe, da viele Menschen sich in salopper Kleidung gefallen, wurde am Wiener Kaiserhof ein ungeheurer Luxus punkto Kleidung und Adjustierung betrieben. Jeder kleine Saaltürhüter konnte mit Stolz in seine Dienstuniform schlüpfen. Dazu gehörte ein hüftlanges „Jaquette“ aus Tuch oder feinem Kammgarn, einreihig mit vergoldeten Knöpfen versehen, mit goldverziertem Stehkragen und samtpaspelierten Ärmelaufschlägen, Breeches in Seide oder Flanell, feingewirkten Kniestrümpfen und schwarzen Lackschuhen. Der Amtszeit entsprechend prangte meist noch eine Reihe Orden auf der linken Brust. Den Zweispitz trug der Saaltürhüter in Innenräumen unter den Arm geklemmt. Atemberaubend elegant kam etwa ein Hofkutscher in Gala-Livree auf dem gleichfalls reichverzierten Bock daher. Auf der weißen Perücke thronte ein Dreispitz mit schwerer Goldborte paspeliert. Der schwarze Rock war verschwenderisch mit breiten Goldborten abgesetzt, die gelben Breeches meist aus Satin. Vor Kälte schützte ein schwerer Pelzpaletot, oft aus dem wertvollen Fell südrussischer Lämmer. Auch war der weite Radmantel an Leib und Ärmeln wattiert. Am Sommer-Paletot eines k.u.k. Hofkutschers fielen die breiten Borten in Gold am Stehkragen, an Ärmeln, Taschen und die Epauletten, gleichfalls in Gold, auf. Geschlossen wurde er zweireihig auf je sieben schwere Goldknöpfe mit dem Doppeladler.

Magnat Elémer von Lónyay

Gala-Livree am Bock

Hofbedienstete in Galalivree

Sommerpaletot eines k. k. Hofkutschers

Hofkutscher mit Zweispitz

Ein wahrer Uniformenrausch bei Hofe

Leibbüchsenspanner mit Bandelier

Wenn Franz Josephs Leibkammerdiener Eugen Ketterl über die Knickrigkeit seines Herren jammerte, der am liebsten allsommerlich in sein verblichenes Jopperl schlüpfte, so war der Kaiser ganz entschieden im Hintertreffen gegenüber der Pracht und dem Aufwand, den seine Untertanen im Hofdienst trieben. Da stellte ihn jeder kleinste Leibbüchsenspanner mit seiner Uniform in Grün und Silber bei weitem in den Schatten. 25 große silberne Knöpfe mit goldenen Adlern belegt zierten den Frack, unter dem ein brokatenes Gilet getragen wurde. Die Kniebundhose hatte breite Silberstreifen, Silberknöpfe, Schnallen und ein silbernes Knieband als Schmuck. Über dem Frack lagen zwei auf der Brust gekreuzte goldstrotzende Bandeliere. Auf der linken Seite hing ein Hirschfänger mit einem feingearbeiteten Hundekopf aus massivem Sterlingsilber, der mit einem Fangmesser ausgestattet war. Schwarze Schnallenschuhe und ein Zweispitz rundeten das einprägsame Bild ab.

Tafeldecker in Rot und Gold

In Rot und Gold traten bei Festlichkeiten die Tafeldecker auf. Ihre Uniformen waren wesentlich schlichter, jedoch fügten auch sie sich harmonisch in den festlichen Glanz ein. Allen Prunk der Monarchie zur Zeit Kaiser Franz Josephs aber repräsentierte zweifellos die Arcierenleibgarde in ihren hochroten goldbestickten Fräcken mit Epauletten, goldenen Achselschnüren, Pickelhaube und weißem Roßhaarbusch. Im Vergleich zu diesem Bild voller Glanz und Gloria, wie sich die Arcieren auf ihren Rassepferden ausnahmen, wirkte der Staatsfrack nebst Weste eines Hofwürdenträgers von 1820 fast unangemessen schlicht. Allerdings waren die Materialien wie Samt und Gold, die farbige

Tafeldecker in Uniform

Glanz und Gloria bei Hofe

Blütenstickerei, die schwer versilberten Knöpfe und schweren Borten von edelster Beschaffenheit. Die Herren der Schöpfung bei Hofe zur Kaiserzeit waren eben eitel, und sie durften es auch zeigen.

Da gingen die Hofbediensteten weiblichen Geschlechts wesentlich bescheidener aus. Von Kaiserin Elisabeths Leibköchin Theresia Teufel wird berichtet, daß sie zum schlichten dunkelblauen Hauskleid unpassenderweise einen Zweispitz trug und am Gürtel um die Taille ein Galanteriedegen hing.

Zweispitz und Degen durften auch Edelknaben tragen, dazu einen blauen Frack mit roten Aufschlägen, zitronengelbe Stiefelhosen und hohe Lackstiefel.

Einreiten der Ersten Arcièrenleibgarde in den Gardehof des Unteren Belvederes

Für täglich blieb nur der Bonjourl

Jenes Kleidungsstück, in welchem sich der Monarch im Alltag am allerwohlsten fühlte, war ein gekürzter Generalsmantel, im Wiener Dialekt auch lässig „Bonjourl“ genannt. Er fungierte bei ihm als Hausrock. Und sobald diese Bonjourls etwas schäbig waren, wurden sie automatisch aussortiert und an untere Hofchargen weitergegeben. So kam es dann, daß etwa der „Badwaschel“, der Seine Majestät nach dem frühen Aufstehen in der blechernen Badewanne abseifen durfte, sowie auch der Leibfriseur des Kaisers ausgediente Bonjourls noch trugen. Für sie gab es also keine eigens kreierte aufwendige Uniform. Welche Diskrepanz, waren sie doch dem Menschen Franz Joseph zeitlebens am allernächsten ...

Nach 1918 wurden viele Hoflakaien-Uniformen verschenkt

Kaisers Bonjourl

Wenn heute das sogenannte „Monturen-Depot“ im Historischen Museum, das aus dem einstigen „Departement für Reise- und Uniformierungsangelegenheiten“ unter Leitung von Max Ritter Imhof von Geisslinghof hervorgegangen war, nur noch einen Rest an Hof-Uniformen enthält, so hat das einen triftigen Grund. „Nach dem Ende der Monarchie durften viele Hofbeamte und Angestellte ihre Uniformen mitnehmen, um sie zuhause aufzutragen“, berichtet der jetzige Leiter, Hofrat Dr. Georg Kugler. Und von diesem Anrecht haben wohl die meisten der Leute, welche in eine unsichere Zukunft entlassen wurden, gerne Gebrauch gemacht.

MIT DER KERZE IN DER HAND

Die Fronleichnamsprozession war eines der prächtigsten Schauspiele der Monarchie

Fronleichnam! Zur Verehrung der Eucharistie wird das Fest am Donnerstag nach dem ersten Sonntag, der auf Pfingsten folgt, begangen. In feierlicher Prozession folgt der Zug der geweihten Hostie in der Monstranz durch die Straßen der Städte und Dörfer in katholischen Ländern, fast immer ein prachtvoller Anblick.

Eugen Ketterl

Von Kaiser Franz Joseph ist bekannt, daß er vor allen anderen Festen gerade Fronleichnam am meisten liebte. Darüber äußerte sich sein letzter Kammerdiener, Eugen Ketterl, in seinen Memoiren: „Der Kaiser liebte dieses Fest, wie er ja überhaupt allen jenen Veranstaltungen sympathisch gegenüberstand, bei denen er sich dem Volke zeigen konnte."

Fronleichnam – Lieblingsfest Seiner Majestät

Fronleichnamsprozession Wien 1910

Während aber die Zeremonie der Fußwaschung am Gründonnerstag den Kaiser „hautnah“ mit den Ärmsten seines Reiches in Verbindung brachte, war Fronleichnam nur der Anlaß, Seiner Majestät inmitten des Adels und seiner Adjutanten sowie neben dem Thronfolger von weitem zuzujubeln und seinen Weg in der Prozession von der Hofburg zur Stephanskirche und zurück mitzuerleben.

Wie viele Vorbereitungen aber für das festliche Gepränge nötig waren, davon wußte nur die engere Umgebung Seiner Majestät.

Das Goldene Vlies

Fronleichnam war für Wien nicht nur das prunkvollste Fest der katholischen Kirche, sondern auch ein Ordensfest. Es vereinigte nämlich alle Ordensritter vom Goldenen Vlies, des Stephansordens, des Leopoldordens, des Ordens der Eisernen Krone und des Franz-Joseph-Ordens. Der Kaiser selber trug aus diesem Anlaß stets die Uniform eines Feldmarschalls, geschmückt mit den Großkreuzen und dem berühmten Militär-Maria-Theresia-Orden am Bande.

Kaiserwetter

In dieser Uniform und mit allen Orden begleitete ihn bis zu dessen Tode auch der Kronprinz. Ihm folgte nach Mayerling Erzherzog Franz Ferdinand als Thronfolger. Durch Ketterl ist uns überliefert, daß der Kaiser schon frühmorgens besorgt zum

Wetterhahn der Hofburg hinaufsah. „Zeigte er ‚Kaiserwetter', so konnte die Prozession in aller gebotenen Pracht stattfinden."

Schon Wochen vorher hatten Hofbedienstete die verschiedenen Hofwagen, Equipagen und Kaleschen auf Hochglanz gebracht. Auch die Ordnung des Zuges von der Hofburg nach St. Stephan und zurück folgte immer einem ganz bestimmten Zeremoniell, von dem man keinen Fingerbreit abging. Selbst Kaiser Karl änderte daran nach Franz Josephs Ableben nicht einen Deut.

Der Kaiser mit Goldenem Vlies

Der Zug begann stets mit einem Hofreitknecht, einer Abteilung Kavallerie, einem Hofkommissär zu Pferde und vier Hoftrompetern, gleichfalls beritten. Es folgten in viersitzigen Hofwägen die höchsten Hofbeamten, angefangen vom Obersthofmeister, dem Feldmarschall-Leutnant Maurice Graf St. Quentin, bis zum Kammer-Vorsteher Rittmeister, Karl Freiherr von Rumerskirch.

Danach kamen in vier sogenannten Leibwägen die Herzöge des Erzhauses, angefangen bei Erzherzog Friedrich und Erzherzog Eugen im ersten Leibwagen. Als letzte vor dem achtspännigen Galawagen Seiner Majestät fuhren die Erzherzöge Karl und Ferdinand Karl. Seitwärts rechts begleitete stets der jeweilige General-Adjutant Seiner Majestät den Galawagen, den außerdem sechs Edelknaben, zwei Arcieren-Leibgarden und zwei ungarische Leibgarden zu Pferde säumten, gefolgt von einer Abteilung Kavallerie.

Vor der Stephanskirche hielten die Wagen, alle stiegen aus, um nach dem Gottesdienst den Weg durch die Straßen Wiens zu Fuß zurückzulegen. Auch dieser Umgang war seit Jahrhunderten durch ein strenges Reglement festgelegt. Voran schritten immer die Ritter der österreichischen und ungarischen Orden, nach Grad und Ordensalter eingeteilt, danach der jeweilige Kardinal-Fürsterzbischof unter dem Traghimmel mit dem Allerheiligsten Sakrament, umgeben von der hohen Geistlichkeit.

Ihm folgte Seine Majestät mit entblößtem Haupt, eine brennende Kerze in der Hand. Dann kamen die Erzherzöge, sonstige Würdenträger, der Bürgermeister von Wien mit den Gemeinderäten sowie im öffentlichen Leben stehende Persönlichkeiten.

Mit dem Umgang war jedoch das Zeremoniell durchaus nicht beendet. Im inneren Burghof warteten die ausgerückten Regimenter auf ihren obersten Feldherrn.

Jeder einzelne Kommandant meldete dem Kaiser sein Regiment mit Namen und Stärke der Mannschaft, woraufhin unter klingendem Spiel die Truppe am Kaiser vorbeidefilierte. Erst wenn der letzte Soldat den Burghof verlassen hatte, löste sich die allgemeine Spannung.

Es folgte ein festliches Diner im großen Rahmen in den prunkvoll geschmückten Räumlichkeiten der Hofburg. Auch da stand wieder der Kaiser im Mittelpunkt des Geschehens. In bemerkenswerter Kondition hielt er auch im vorgerückten Alter das anstrengende, stundenlange Zeremoniell durch. Nicht nur sein Leibkammerdiener bewunderte ihn dafür.

Heute darf man ohne mit der Wimper zu zucken sagen: Kaiser sein war ein „Fulltime-Job" ...

Fronleichnamsprozession 24. Mai 1894 in Wien am Graben

JAGDEN BEI HOFE

Im Gegensatz zu Thronfolger Franz Ferdinand war Kaiser Franz Joseph ein maßvoller Schütze

Reise-Programm anläßlich der Allerhöchsten Hofjagden in Mürzsteg vom 6. bis 9. Jänner 1909

Die Abfahrt des Sonder-Hofzuges vom Südbahnhofe in Wien wird am 6. Jänner 1909 um 2 Uhr (M.E.Z.), von der Bahnstation Hetzendorf um 2 Uhr 11 Minuten nachmittags, die Ankunft in Neuberg um 5 Uhr 23 Minuten abends erfolgen.

Nach der Ankunft im Mürzsteger Jagdschlosse (zirka 1/4 7 Uhr) wird ein Souper serviert. Während des dreitägigen Aufenthalts in Mürzsteg finden nachbenannte Jagden statt:

Donnerstag: Geigergut, Fischerriegel.
Freitag: Hochriegel, Gschwandt.
Samstag: Tiergarten, Glockriegel.

Am 9. Jänner nach der letzten Jagd fahren die höchsten und hohen Herren Jagdgäste direkt zum Bahnhofe in Neuberg, von wo der Sonder-Hofzug um 3 Uhr 55 Minuten nachmittags abgehen wird.

Während der Fahrt findet die Umkleidung statt und wird nach der um 4 Uhr 30 Minuten in Mürzzuschlag erfolgenden Ankunft ein Diner im Hofwartesalon serviert.

Die Abfahrt von Mürzzuschlag findet um 5 Uhr 30 Minuten, die Ankunft in der Bahnstation Hetzendorf um 7 Uhr 52 Minuten und am Südbahnhofe in Wien um 8 Uhr 05 Minuten abends statt.

Ein Gentlemanjäger

Sie waren legendär, die alljährlichen Hofjagden. Am liebsten weilte Seine Majestät auf seinen Jagdschlössern Neuberg und Mürzsteg. Große Jagden gab es jedoch auch bei Erzherzog Friedrich auf dessen Herrschaft in der Bellye-Karabancza bei Orsova in Ungarn. Oft ging es auch von Ischl aus auf die Zimnitz oder zum Jagdschloß Offensee bei Ischl. Als ich vor kurzem Gelegenheit hatte, in alten Chroniken eines ehemaligen Flügel-Adjutanten Kaiser Franz Josephs zu for-

Seine Majestät nach der Jagd

Mürzsteg

schen, entstand ein ganz anderes Bild der einstigen Hofjagden, als es häufig gedankenlos geschildert wird. Diese bis zum Überdruß kolportierte „Leidenschaft", die sicher kritisch zu betrachten wäre, hielt sich nach exakten Aufzeichnungen sehr in Grenzen. Selbst Eugen Ketterl, der Kammerdiener des Kaisers, schrieb in seinen Erinnerungen: „... Franz Joseph war ein ‚Gentlemanjäger' ... Er glich seinem Zeitgenossen, dem alten Prinzregenten Luitpold von Bayern, nicht aber dem Thronfolger Franz Ferdinand, der nur Wert darauf legte, viel und alles möglichst bequem zu schießen ..."

Voller Widerwillen schilderte Ketterl, wie etwa Erzherzog Franz Ferdinand auf Jagd in Rominten/Ostpreußen von hundert aus dem Fang gelassenen Sauen neunund-

Erzherzog Franz Ferdinand – nur ein „Schütze"

neunzig abknallte. Eine solche zur blindwütigen Raserei entartete Leidenschaft kann wohl wichtige Rückschlüsse auf den Charakter des Schützen zulassen. So sah es auch Ketterl, der resümierte: „... Zwischen ‚Weidmann' und ‚Schützen' ist ein gewaltiger Unterschied."

Hofjagden mit Zeremoniell

Aus alten Zeitungsberichten jener Tage läßt sich mit anderen Unterlagen das überlieferte Zeremoniell einer Hofjagd genau rekonstruieren. Auf vorgedruckten Karten von feinstem Bütten wurde die „Allerhöchste Einladung" künstlerisch gestaltet und mit genauen Uhrzeiten versehen. Manchem der hohen Herrschaften mag die allzu frühe Stunde des Aufbruchs, wie etwa am 11. August 1910 von der Kaiservilla in Ischl zur Jagd auf Hochwild und Gemsen um 1.15 früh die Ruhe geraubt haben, denn der Kaiser war ein Frühaufsteher! Seine Gottlob eiserne Gesundheit kam auch mit wenig Schlaf aus. Immerhin bot er seinen Jagdgästen noch ein „Dejeuner dinatoire", das recht reichhaltig ausfiel. Es gab Tee mit Rum, Brioches, Milchbrot, Simonbrotschnitten mit Butter, Schinken, kalten Braten, gekochte Eier, Gugelhupf, Kipferl, Kissinger-Stangerln, Cabos-Bäckereien und sogar Joghurt.

Solchermaßen gestärkt brach man sodann auf, entweder mit dem Hofjagdzug des Kaisers oder mit Hof-Equipagen, die jeweils vierspännig, sechsspännig oder achtspännig waren. Da der Triebanfang bereits auf 4.30 Uhr früh festgelegt war, verließen die Hofwagen um 2 Uhr die Ischler Kaiservilla. Auch die Dauer des Triebes, zu dem die Treiber das Wild aufscheuchten, betrug nur 2 Stunden. Oft waren binnen kurzem große Aufstiege im Gebirge zu bewältigen, denn die Anstände lagen für Jagden auf Gemsen hoch und waren sehr schwer zu erreichen. Ketterl bewunderte die Kletterkünste seines Kaisers sehr: „Bei Treiben währte der Anstieg zu den hochgelegenen Ständen oft ein- bis anderthalb Stunden, und noch in seinen letzten Lebensjahren bewältigte der Kaiser solch beschwerlichen Aufstieg spielend", erinnerte er sich später. Franz Joseph ließ sich auch niemals das Gewehr nachtragen, er trug die Büchse stets am Riemen mit sich.

Schwiegersohn: Liebster Jagdgefährte

Büchse am Riemen des höchsten Jagdherrn

Weder sein Sohn, der Kronprinz, noch die Erzherzöge waren beliebte Jagdgefährten Seiner Majestät. Vielmehr bevorzugte er seinen Schwiegersohn, Prinz Leopold von Bayern, Gatte seiner Tochter Gisela, wenn er auf Jagd ging. Allerdings erboste dieser einmal den Schwiegervater ernstlich, weil er einen Keiler erlegt hatte. Dieses Vorrecht hatte eigentlich nur Franz Joseph allein. Als die Sache aufflog, mußte Tochter Gisela einspringen und den Vater wieder versöhnen. Wild herumzuschießen duldete selbst der Monarch als passionierter Jäger nicht, weshalb auch Jagdleiter Pettera einen Anpfiff bekam. Er erlaubte danach keinem noch so hochgestellten Jagdgast mehr einen heimlichen Schuß ...

Kaiserliche Jagd-Adjustierung mangelhaft

Einmal mokierte sich Ketterl sehr, weil der zur Hofjagd geladene deutsche Kaiser gar mit „königlich-preußischer Hofjagduniform" auf die Pirsch ging. Zurück kam er als „Schneider", was soviel hieß wie: er hatte kein Jagdglück gehabt.

Ganz anders war der alte Weidmann Franz Joseph. Man kannte ihn auf seinen Jagdschlössern und am Ansitz nur mit „jagerischem Gewand", nämlich Lodenjanker, kurzen Lederhosen, die schon recht speckig waren, nackten Knien, Wadenstrümpfen, genagelten Schuhen und rundem, gamsbartgeschmücktem Hut. In dieser Ischler Tracht ließ der Kaiser sich, wenn auch widerstrebend, mehrmals malen. Ketterl plauderte aber aus der Schule, daß es bei der Anschaffung einer neuen Lederhose jedesmal einen harten Kampf gab. Der Kaiser, sparsam bis zur Knickrigkeit für sich selber, konnte und konnte sich nicht dazu entschließen. War aber einmal die neue Lederhose da, so mußte Ketterl sie präparieren. Bevor sie nicht durch Abreiben an Treppenstufen künstlich gealtert war, zog sein Herr sie nicht an! Sie wäre ihm „stutzerhaft" erschienen ...

Wenn man heute anhand alter Überlieferungen also die Jagdpassion des Kaisers betrachtet, darf man sagen: Franz Joseph liebte die Natur! Er wollte stundenlang, nur vom Büchsenspanner begleitet, durch Wald und Waldgebirge streifen. Gewiß freute er sich über einen gelungenen Abschuß, doch gehört es absolut zum Jägerlatein, daß er hemmungslos geschossen hätte. Obendrein überließ er viele Male seinen Jagdgästen die Beute und kam selber gar nicht zum Schuß. Das beweisen Jagdlisten, die sich im Nachlaß eines seiner Flügel-Adjutanten erst vor kurzem fanden.

Die karg bemessene Freizeit war mit der Heimkehr von einer Jagd gleich wieder zu Ende. Ketterl bekräftigte dies ausdrücklich: „Nach der Heimkehr zog sich der Kaiser um, nahm etwas zu sich und setzte sich sofort an die Arbeit, um eingelaufene Akten zu erledigen." Seine Gäste aber holten den Schlaf nach.

DIE ERSTE LIEBE DES THRONFOLGERS FRANZ FERDINAND

Sie war eine kleine Soubrette

Sie trafen sich im sommerlichen Bad Ischl und verliebten sich ineinander. Man schrieb das Jahr 1892, und der hohe Offizier war niemand anderer als der Thronfolger Franz Ferdinand.

Die Dame aber, der sein Interesse galt, war nur eine kleine Soubrette aus der österreichischen Provinz. Sie war das, was man gemeinhin „fesch“ nannte. Sie hieß Mila Kugler und hatte eine italienische Mutter, sie selber stammte aus Graz. Ihr hübsches Gesicht und die etwas üppige Figur, die dabei sehr wohlproportioniert war, zeichneten sie vor vielen anderen Damen der hohen Gesellschaft aus.

Franz Ferdinand mochte keine Prinzessinnen

Bevor nämlich der Thronfolger seine Sophie Chotek fand, war seine Meinung über Komtessen und Gräfinnen einigermaßen resignativ. Das klang auch in einem Brief an, den er der ihm sehr vertrauten Fürstin Nora Fugger schrieb. Darin hieß es: „Nun stelle ich an Sie die große Frage: wen soll ich heiraten? Es ist ja niemand da! Es ist ja ein Unglück, daß es gar keine Auswahl unter den heiratsfähigen Prinzessinnen gibt; lauter Kinder, lauter siebzehn- oder achtzehnjährige Piperln, eine schiecher als die andere ...“

Kein Wunder, wenn der Enttäuschte sich um so zärtlicher

Mila Kugler, Franz Ferdinands erste Liebe

In Liebe vereint: Franz Ferdinand und Sophie Chotek

an die junge, wohlgestaltete und durchaus nicht geistlose Mila Kugler schloß... Sie war immerhin kein dummes, siebzehnjähriges „Piperl", wenn auch andererseits nicht ebenbürtig.

Als die nur wenige Monate dauernde Romanze endete, schenkte Franz Ferdinand der Geliebten als besonderes Souvenir ausgerechnet einen vergoldeten Aschenbecher. Den Sinn dafür, wie man eine reizende junge Frau umschmeicheln könnte, hatte er sich erst später zugelegt.

Rouge et Noir

Pikante Anekdoten ranken sich um das Hofopernballett. Auch damals schon gab es Intrigen en masse. Auch damals schon maßten sich ältere Ballerinen gewisse Sonderrechte an, die erst von höherer Stelle gebremst werden mußten.

So lehnte einmal Operndirektor Jahn nachdrücklichst einige vorlaute Rollenansprüche reiferer Tänzerinnen mit dem Bemerken ab: „Das neue Ballett heißt ‚Rouge et Noir', meine Damen, und nicht ‚Trente et Quarante (Dreißig und Vierzig, Anm.)'!"

Als betagt galten ja seinerzeit schon Tänzerinnen, die eben die Dreißig überschritten hatten.

Und nun gar – vierunddreißig ... Da gab es allerdings Ausnahmen: So tanzte die „Solo-Mimikerin" Rosa Schimanek schon mit zehn Jahren Kinderpartien in der Hofoper und blieb ganze fünfundzwanzig Jahre, bis 1904, im Corps de Ballet.

Rosa Schimanek

Einmal wagte sie sich sogar an den Tanz, der früher nur der großen Fanny Elßler vorbehalten gewesen war: die spanische „Cachucha".

Dafür ließ sich die Schimanek ein spanisches Stierkämpferkostüm schneidern, auf das sie so stolz war, daß sie sich sofort im bekannten „Salon Adèle" fotografieren ließ.

Ausgerechnet dieses Bild sollte in die Hände eines der prominentesten Hagestolze der Donaumonarchie gelangen und dort eine späte, doch nicht allzu späte Leidenschaft auslösen.

Der ewige Junggeselle war der Generaladjutant des Kaisers, Graf Eduard Paar, damals eigentlich schon jenseits von Gut und Böse und dennoch sofort entflammt für die liebreizende Rosa Schimanek.

Liebe macht würdelos?

Er war es, zu dem der Kaiser damals, nach der Affäre von Mayerling das Wort „Liebe macht würdelos! Mein Sohn ist gestorben wie ein Schneider" sagte.

Ob der bald sechzigjährige Graf an dieses Wort dachte, als er sich in aller Heimlichkeit mit Rosa Schimanek trauen ließ?

Niemand sollte von dieser Ehe wissen, denn das hätte sicher Paars sofortigen Abschied bedeutet.

Ob die Ehe zwischen den zwei so ungleichen Menschen (der Graf wurde als äußerst schweigsam und fast menschenscheu geschildert) glücklich wurde, darüber gibt es keine Hinweise.

Interessant ist in diesem Zusammenhang, daß auch sein Cousin Ludwig Graf Paar, Hof-Advokat in Wien, bürgerlich heiratete.

Bald nach dem Tode des Kaisers starb auch sein 1. Generaladjutant Graf Paar. Man sagte, der Tod seines hochgeschätzten Herrn habe ihm das Herz gebrochen.

Graf Des-Fours ehelichte eine Komtesse

Verbannung der Liebe wegen

Solche heimlichen Partnerschaften waren damals sehr verbreitet, weil die geltenden Konventionen fast unüberwindbare Barrieren zwischen die großen Familien und die kleinen Balletteusen stellten.

So erging es einmal dem jungen, verliebten Grafen Des-Fours, daß er wegen seiner heftigen Romanze mit einer Solomimikerin sogar nach Peking versetzt wurde! Seine Eltern hatten sich hinter den Hof gestellt, der ihn schleunigst in die Verbannung schickte, damit er die unstandesgemäße Liebe vergäße. Man weiß nicht, ob diese Roßkur Erfolg hatte, möglich ist es aber; und eines Tages kehrte dann der Herr Graf zurück, um standesgemäß zu heiraten. Der zarte Traum im rosa Trikot war vergessen.

HOF- UND LEIBÄRZTE

Dr. Viktor Eisenmenger Er kurierte den Thronfolger Franz Ferdinand

Sein Vater war ein berühmter Maler, nämlich August Eisenmenger, später auch Direktor der Kunstakademie in Wien. Er hingegen, dieser Viktor Eisenmenger, wurde Arzt und seine Karriere ging sogleich steil bergauf. Schon mit 25 Jahren avancierte der ehrgeizige Mediziner zum Leibarzt des Thronfolgers Erzherzog Franz Ferdinand, der schwer an Tuberkulose erkrankt war. Darüber schrieb er in seinen 1930 erschienenen Erinnerungen: „Den Tag vor meiner Abreise nach Ischl verabschiedete ich mich noch in der Klinik. Schrötter (sein Chef Prof. Dr. Leopold Ritter von Schrötter, Anm.) sah mich lange nachdenklich an, gab mir dann ein Fläschchen in die Hand und sagte: ‚Untersuchen sie rasch dieses Sputum!' Nach einigen Minuten kam ich mit dem Resultat: ungewöhnlich massenhafte Tuberkelbazillen. Schrötter sagte nur: ‚Das habe ich mir gedacht!'"

Dr. Viktor Eisenmenger, Leibarzt von Franz Ferdinand

Erzherzog Franz Ferdinand in russischer Generalsuniform

Schloß Chlumetz

Schon am nächsten Tag erfuhr Dr. Viktor Eisenmenger, um welchen Patienten es sich handelte: um den österreichischen Thronfolger Franz Ferdinand. „Fahren Sie sofort zu ihm auf sein Schloß nach Chlumetz in Böhmen", befahl Professor Schrötter, „ich habe Sie als Arzt vorgeschlagen. Wenn Sie gescheit sind, kann das eine gute Stellung für Sie werden."

Hohes Fieber

Dr. Eisenmenger reiste sofort ab. Am nächsten Morgen stellte er sich bereits bei Franz Ferdinand vor.

„Ein hochgewachsener, blasser Mann in etwas schlaffer Haltung mit fieberglänzenden Augen stand vor mir“, so schrieb der Arzt.

Nach eingehender Untersuchung stand das niederschmetternde Ergebnis fest: „Hohes Fieber, rasche Gewichtsabnahme, an der rechten Lungenspitze ziemlich ausgebreitete tuberkulöse Veränderungen. Auch die linke Spitze suspekt.“

Zu Anfang gingen die Meinungen von Arzt und hohem Patienten weit auseinander. Dr. Eisenmenger plädierte für eine strenge Kur auf die Dauer von mindestens einem Jahr und länger mit sorgfältig geregelter Ernährung sowie Aufenthalt in absolut reiner Luft. Am geeignetsten erschien ihm die Therapie in einem Spezialsanatorium.

Eigensinnig lehnte Franz Ferdinand das Sanatorium überhaupt ab. Alles andere wolle er sich überlegen, meinte er. So blieb Dr. Eisenmenger nichts anderes übrig, als nach Wien zurückzureisen.

Dort hatte Professor Schrötter dem Kaiser bereits über das schwere Leiden des Thronfolgers Bericht erstattet. Und dieser gab folgende Order: absolut strenge Durchführung der notwendigen Maßnahmen bis zur völligen Genesung Franz Ferdinands.

Geheimgehalten

„In einer Beratung mit Widerhofer (Prof. Dr. Hermann Widerhofer, Anm.), dem kaiserlichen Leibarzt“, bekannte Dr. Eisenmenger in seinem Buch, „die im Anschluß an die Konferenz stattfand, wurde folgendes festgesetzt: Die Erkrankung soll bis nach den Manövern geheimgehalten werden. Von einem Aufenthalt in einem Lungensanatorium wird abgesehen. Der Erzherzog, mit dem man in ständiger telegrafischer Verbindung war, akzeptiert mich als seinen Arzt und ist mit der Kur einverstanden, möchte aber womöglich in der Heimat bleiben. Widerhofer sprach sich dagegen aus und schlug einen Winteraufenthalt im Süden vor: Riviera, Sizilien, Madeira, Ägypten. Schrötter war mehr fürs Gebirge: Davos, Arosa, Aflenz.“

Strenge Liegekur

Als Quartiermacher reiste der junge Arzt mit dem Oberhofmeister des Erzherzogs, Wilhelm Graf Wurmbrand, nach Bozen voraus. Im Hotel „Europa“ wurden Zimmer reserviert, im Garten ein Liegeplatz mit der Aussicht auf den Rosengarten vorbereitet. Sogar eine Hütte wurde aufgestellt, die den Ruhepunkt für Eisenmengers Patienten nach einer Fußwanderung bilden sollte.

Für 100 Kronen im Monat übernahm Eisenmenger nun offiziell die Stellung als Leibarzt Seiner Hoheit, dazu kam noch freie Station und Unterkunft.

Trotz permanenter Widerstände des Kranken, die zeitweise sogar in direkten Kampf ausarteten, konnte Dr. Eisenmenger nach etlichen Wochen mit dem Resultat zufrieden sein. Das Fieber hörte bis auf abendliche hektische Steigerungen auf und der Allgemeinzustand des Kranken besserte sich.

Nach der strengen Liegekur war es schließlich möglich, auch Ausfahrten zu unternehmen und Bekannten und Freunden in der Umgebung kleine Visiten abzustatten.

Natürlich wechselten die Stimmungen Franz Ferdinands häufig. Es mußte dem Arzt, der ständig mit ihm zusammen war, schließlich auffallen, daß sein Patient unter vielen Briefen jene einer jungen Gräfin am sehnlichsten erwartete und daß Laune und Befinden sich merklich hoben, wenn wieder ein solches Lebenszeichen eingetroffen war.

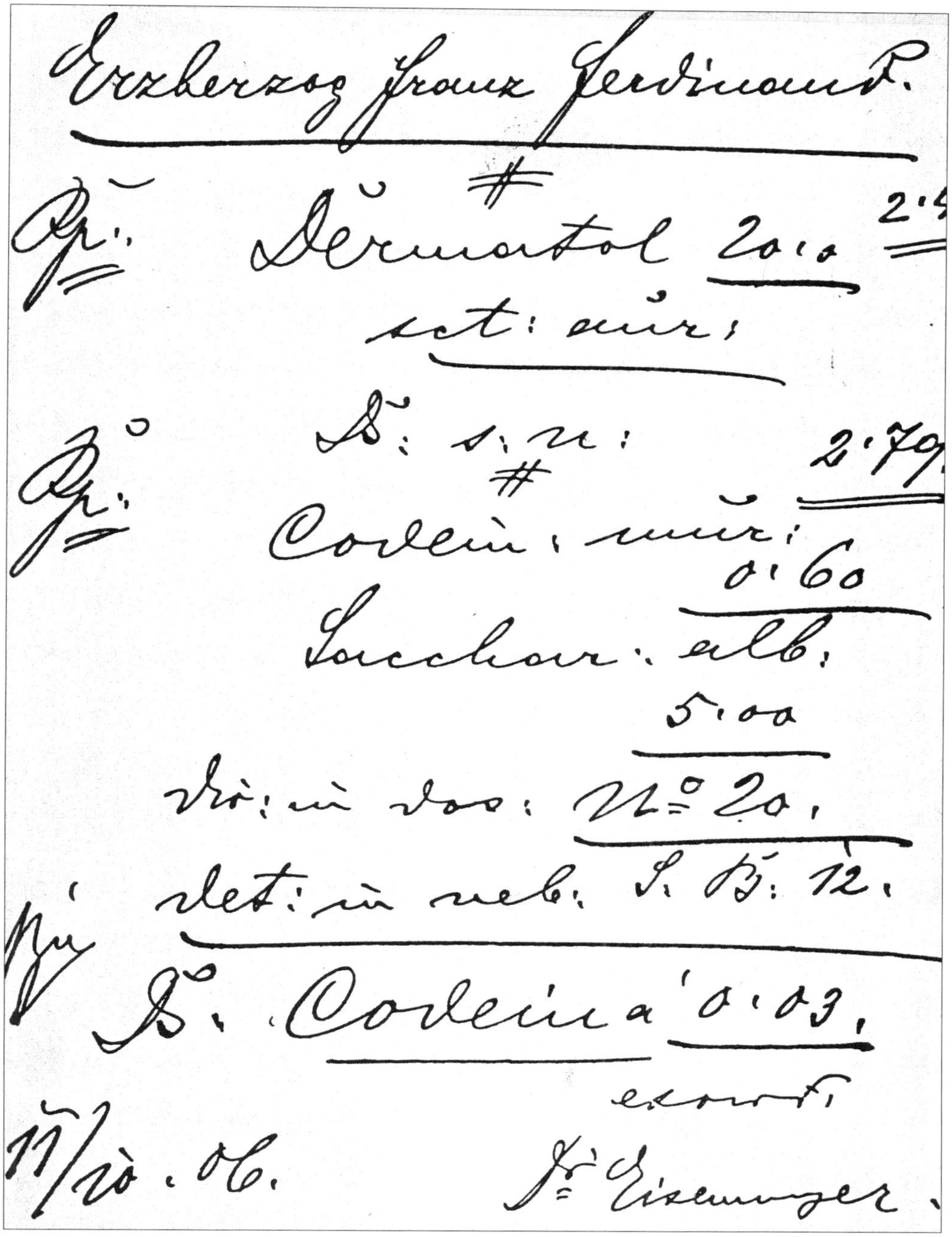
Erzherzog Franz Ferdinand.

Rp: Dermatol 20.0

Rp: Codein. 0.60

Sacchar. alb. 5.00

No 20.

Codein à 0.03

17/10. 06. Dr. Eisenmenger.

Codein gegen Kopfweh

Unstandesgemäß

Lange brauchte er nicht zu rätseln, dann war das süße Geheimnis heraus: Der Thronfolger liebte unstandesgemäß! Er drückte das wesentlich bissiger aus: „Wenn unsereiner jemanden gern hat, findet sich immer im Stammbaum irgendeine Kleinigkeit“, so wetterte der heftig Verliebte zornig, „die die Ehe verbietet, und so kommt es, daß bei uns immer Mann und Frau zwanzigmal miteinander verwandt sind. Das Resultat ist, daß von den Kindern die Hälfte Trottel und Epileptiker sind.“

Ein scharfes Wort! Wir wissen, daß Franz Ferdinand in der Folge seinen Willen durchsetzte und die hübsche Gräfin Sophie Chotek zu seiner Gemahlin erhob, wenn auch nur „zur Linken“, was dem Paar viele Querelen einbringen sollte.

Einstweilen aber konnte von einer Heirat überhaupt keine Rede sein, vielmehr bestand Dr. Eisenmenger, von Dr. Widerhofer eifrig unterstützt, darauf, daß man den Winter in Ägypten mit seinem milden Klima verbringen müßte.

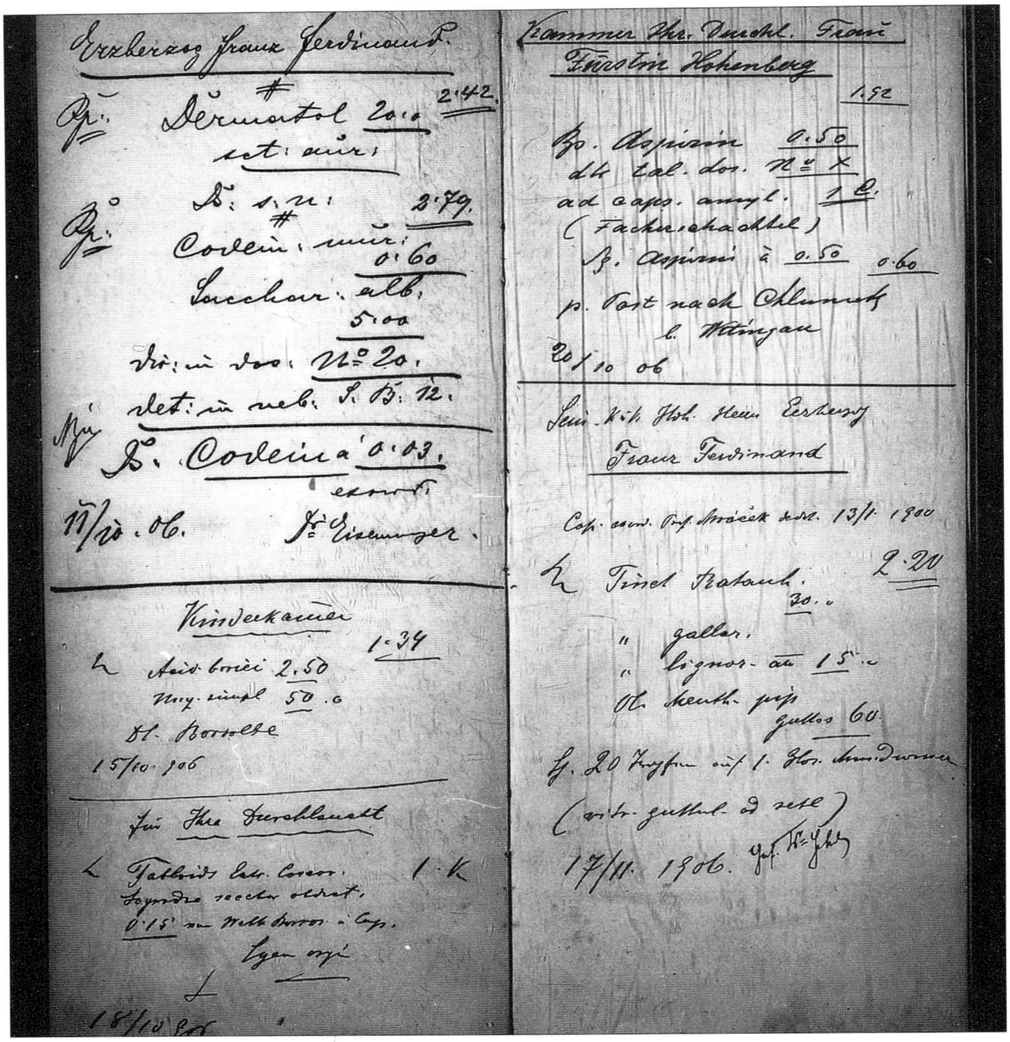

Aspirin für Franz Ferdinands Gattin

Endlich, im Frühjahr 1899, konnte Dr. Eisenmenger mit gutem Gewissen feststellen: „Seit zwei Jahren hat die Untersuchung seines Sputums mit der subtilsten Methode Bazillenfreiheit ergeben." Die Heirat konnte erfolgen.

Aus vielen Rezepten der nachfolgenden Jahre bis zum Mord von Sarajewo ersieht man, daß der Erzherzog immer wieder an Kopfschmerzen und Migräne gelitten haben muß. Dagegen wurden schon Aspirinpulver verordnet, aber auch „Englisches Lavendel Riechsalz". Die vielen Anfeindungen mögen sich bei der nachmaligen Fürstin Hohenberg, Franz Ferdinands Gemahlin, nachteilig auf das Herz ausgewirkt haben, denn in den Hof-Apothekenbüchern finden sich um 1910 Rezepturen für Adrenalin, das Herzstärkungsmittel. Auch wurde eine Adrenalinzubereitung 1:1000 mit destilliertem Wasser gegen Nasenbluten verabreicht.

Eisenmenger betrachtete es als großes Verhängnis, daß er schwer erkrankte und das Thronfolger-Paar nicht nach Sarajewo begleiten konnte.

Auch die dringlichen Bitten der Herzogin von Hohenberg, Franz Ferdinands Gemahlin, die von bösen Vorahnungen heimgesucht wurde, halfen nichts. So nahm das Verhängnis seinen Lauf. Noch Dr. Eisenmengers Neffe, der Konzert-Manager und Veranstalter Sidharta Eisenmenger, hält es für durchaus möglich, daß Franz Ferdinands Leibarzt damals die beiden Opfer des Attentats hätte retten können. „Sie mußten ja jämmerlich verbluten, an den Schüssen wären sie nicht gestorben!"

Sisis Feind: Dr. Johann Seeburger

Leibarzt Seiner Majestät zu sein war eine Auszeichnung in der Monarchie. Wenn aber gleich Vater und Sohn diese Position erreichten, hing das sicher mit großem medizinischen Können wie auch mit besonderer Loyalität und Vertrauenswürdigkeit zusammen. Das beweist etwa das Beispiel des seinerzeitigen Hofarztes Dr. Seeburger, mit dem die blutjunge Sisi jahrelang im Streit lag.

Conte Corti schrieb darüber: "Seeburger kritisiert nur. Mit ihm gibt es fortwährend Zusammenstöße. Alle seine Anordnungen müssen sklavisch befolgt werden."

Als dennoch die kleine Tochter des Paares, Sophie, mit zwei Jahren starb, versuchte Sisi wieder, den ihr unliebsamen Hofarzt loszuwerden. „Der Arzt bleibt", erfuhr man durch Conte Corti, „und behandelt trotz aller Antipathie selbst die Kaiserin weiter, die sich zu dieser Zeit ein Überbein an der Hand zugezogen hat. Seeburger legt zwei Silberzwanziger darauf, verbindet die Hand sehr fest und hofft so, daß die Geldstücke durch ihren Druck das Überbein zum Verschwinden bringen werden."

Allerdings hatte er nicht mit dem Trotz der 19jährigen Patientin gerechnet! „Elisabeth wirft den famosen Geldverband weg", verriet Corti, „und hilft sich durch einfaches Massieren."

Dr. August Bielka – Er kam aus Mähren

Ganz anders war das Verhalten des Dr. med. August Bielka, der die Gesundheit des eher schwächlichen Erzherzogs Franz Karl, des Vaters von Kaiser Franz Joseph, zeitlebens medizinisch betreute. Seine Aufopferung und Fürsorge wurde nach dem Ableben des hohen Patienten noch vom Sohn, also Kaiser Franz Joseph I., dankbar belohnt.

Dies und die Tatsache, daß der Sohn eines kleinen Tuchmachers aus Neu-Titschein/Mähren überhaupt zum hochgeachteten Leibarzt avancierte, waren zu seiner Zeit wahre Wunder! Allerdings schränkte der Enkel, Kurt Bielka, bescheiden ein: „Ein bißchen Protektion war vielleicht auch dabei."

Jedenfalls entspann sich bei der Audienz ein verblüffender Dialog zwischen dem schon betagten Hofarzt

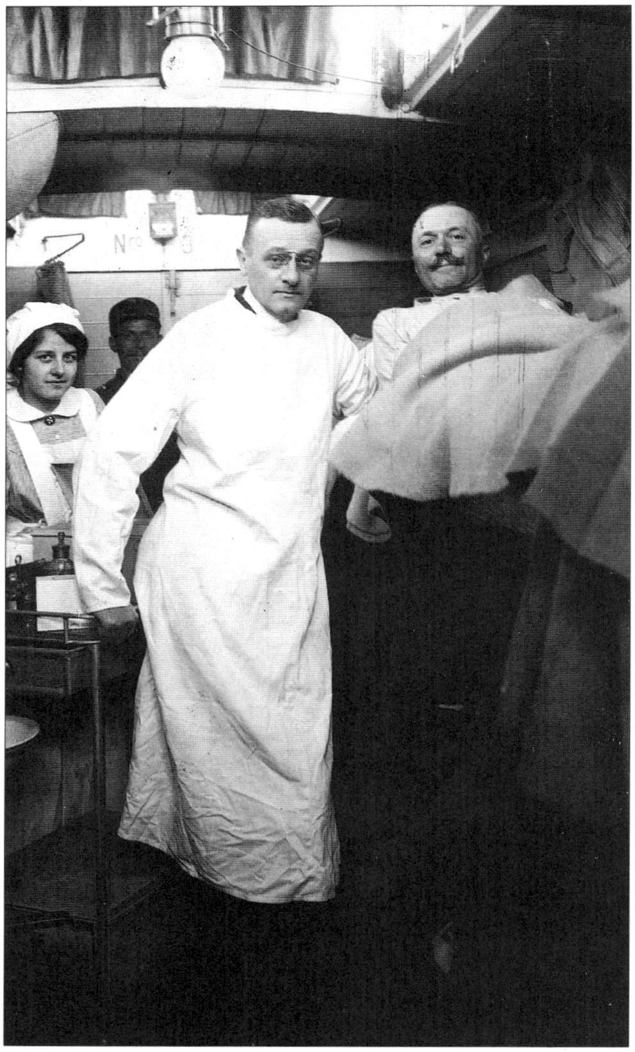

Hofarzt Dr. Arthur Bielka Ritter von Karltreu war der Leibarzt Kaiser Karls im Felde

Dr. August Bielka und dem jungen Kaiser, der ihn fragte: „Welches Anerkenntnis möchten Sie für Ihre langjährige medizinische Betreuung weiland meines Vaters? 500 Golddukaten, einen hohen Orden oder das Adelsprädikat?“

Ohne zu zögern platzte Bielka heraus: „Majestät, ich habe immer die Wahrheit gesagt und werde es auch jetzt tun. Ich habe Kinder und bitte um die Golddukaten.“ Die Antwort des Kaisers: „Ich muß Ihnen schon gestehen, daß ich Ihre Offenheit bewundere. Deshalb werden Sie also nicht nur die Golddukaten bekommen, sondern auch den Adel! Ich ernenne Sie hiermit zum Ritter von Bielka zu Karltreu.“ Man kann sich wohl vorstellen, wie stolz und glücklich die salomonische Entscheidung des Monarchen den solchermaßen Geehrten machte.

Dr. Arthur von Bielka – Die Brautwahl

Jedenfalls bestärkte ihn sein erfülltes Arztleben, seinen Sohn Arthur ebenfalls Medizin studieren zu lassen. Dieser widmete sich als junger Arzt anfangs besonders seinem Spezialgebiet, der Anatomie. Als ständiger Gast in den Sektionssälen erlangte er Wissen, das ihm viel später auch im Weltkrieg zustatten kommen sollte.

Mit Bedacht – und wohl weniger aus Herzensneigung – widmete sich der junge aufstrebende Arzt, dem ja der erbliche Adelsstand des Vaters zugefallen war, auch der Brautwahl. Dies jedoch sollte bald zu allerlei Komplikationen führen. Die Ehe mit einer Baronin Seiler war nicht glücklich, vielmehr verliebte sich der fesche Arzt in eine Primaballerina vom Hofopernballett. Und es kam zu einer damals vielgeübten Prozedur: der sogenannten „ungarischen Scheidung“.

Zu diesem Zweck reiste der eben geschiedene Österreicher mit seiner neuen Braut nach Budapest, um dort die Adoption anzustreben. Aus ihm, Dr. Arthur von Bielka, wurde nun durch Adoption ein „Dr. Arthur von Bielka-Teller“, aus der Primabal-

Hofarzt Dr. Bielka behandelte auch Kaiser Karls Familie bis vor deren Emigration

lerina Pauline Béntek wurde eine „Pauline Béntek-Szekér“. Zugleich nahm man die ungarische Staatszugehörigkeit an.

Der nächste Schritt war die standesamtliche Eheschließung. Nach der Rückreise in die Heimat konnte ungeniert auch kirchlich geheiratet werden. Die beiden waren ja ungarische Staatsbürger. Letztendlich wurden sie nach einigen Monaten auch wieder zu Österreichern.

Der Reputation war Genüge getan worden.

Es sprach sich in der Kaiserfamilie sicher herum, wie integer und loyal auch der zweite Hofarzt Bielka seinen Pflichten nachkam. So bemühte sich Herzog Eugen in seiner Eigenschaft als „Hoch- und Deutschmeister des deutschen Ritterordens“ um die Jahrhundertwende auch, den k. u. k. Hofarzt für den „Freiwilligen Sanitätsdienst“ zu gewinnen, was am 12. Oktober 1907 durch ein Dekret vollzogen wurde.

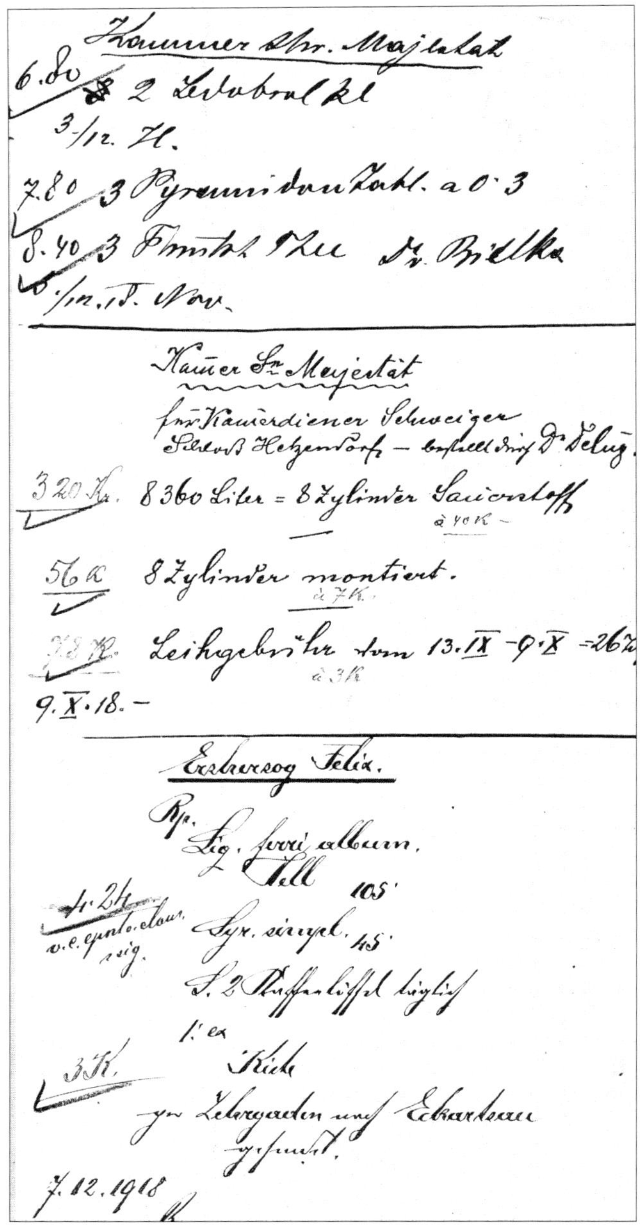
Kammer Sr. Majestät
Kaiser Sr. Majestät
8360 Liter = 8 Zylinder Sauerstoff
8 Zylinder montiert.
9.X.18.-
Erzherzog Felix.
7.12.1918

Bielkas Rezepte für Kaiser Karl

Mehrere Auszeichnungen folgten, wie das im Krieg verliehene „Goldene Verdienstkreuz mit der Krone am Bande der Tapferkeitsmedaille“ und nach dem Ableben Kaiser Franz Josephs die Beförderung zum Hof-Oberstabsarzt I. Klasse mit dem Titel eines Regierungsrates durch Kaiser Karl, der nun Dr. von Bielka in seinen Dienst nahm.

Auch auf Reisen begleitete Dr. von Bielka den jungen Kaiser Karl. In voller Gala-Uniform mußte er an Festtafeln beim Sultan in der Türkei wie auch 1917 beim König von Bulgarien teilnehmen.

Innere Leere

Ins Exil folgte Dr. von Bielka dem Monarchen nicht. Mit dem Ende der Monarchie ging auch für den bewährten Hofarzt eine Epoche zu Ende. Die scharfe Zäsur in seinem Leben verkraftete er sehr schwer.

Daß sein Vater bereits mit 58 Jahren plötzlich starb, hat nach Meinung seines Sohnes auch mit der ungesicherten Existenz und dem Sturz aus höchsten Höhen zu tun. Zwar baute sich Dr. von Bielka noch eine gut florierende Ordination in Wien auf und fand Anstellung als Chefarzt der Phönix-Versicherung, doch konnte dies nicht darüber hinwegtäuschen, daß eine innere Leere entstanden war.

Es sollte sich als gravierender Irrtum und persönliches Verhängnis erweisen, daß Dr. von Bielka noch in die Politik ging. Sein Sohn mochte über diese traurige Zeit nicht viel verlauten. „Mein Vater hat sich eingebildet", erklärte er knapp, „eine neue politische Richtung zu finden. Das ist mißlungen." In dieser schmerzlichen Erkenntnis starb der angesehene Hofarzt am 11. Juli 1933 in Bad Aussee.

Ärzte waren auch für die Schönheit der Patienten zuständig

Daß Hofärzte nicht ausschließlich der Gesundheit, sondern häufig auch der Schönheit ihrer kaiserlich-königlichen Patientinnen zu dienen hatten, geht aus alten Hof-Apothekenbüchern hervor. Da wurden etwa für Kaiserin Sisi Rezepte von Creme Celeste und Cold Creme angemischt aus Wollwachs, Walrat, Sesamöl und Rosenwasser. Es wurden Schönheitswässerchen wie das berühmte „Peau divine" verordnet, um die Haut zu klären und zu straffen. Für Seine Majestät gab es geheime Brillantine-Mixturen aus Rizinus- und Sesamöl, Glycerin und 96prozentigem Spiritus, eine Zahntinktur bestand aus Jod, Glycerin und reinem Alkohol, eine Hand- und Gesichtssalbe für die k.u.k. Kinderkammer aus Gelatine, Glycerin, destilliertem Wasser und Rosenöl, ein Haarwasser für den Kaiser aus Chinin sulfuricum, Tanninextrakt, Rizinusöl, reinem Alkohol und destilliertem Wasser. Oft wurde ein Extrakt aus Veilchenwurzeln zugesetzt, um das Ganze angenehm zu parfümieren.

Roter Faden

Wie ein roter Faden ziehen sich Rezepturen gegen Blutarmut und Eisenmangelzustände durch Hof-Apothekenbücher. Vor allem Kaiserin Elisabeth scheint sehr blutarm gewesen zu sein, weshalb sie sehr häufig „Eisenroborat", Eisen-China-Wein mit Malaga, sogar Eisenzelteln verordnet bekam. Auch in den Rezeptbüchern der Kaiserin Zita findet sich 1912 ein Eisenroborat, das ihr nach Schloß Brandeneis gesandt wurde. Wegen ihrer Probleme mit Zahnfleisch und Zähnen wurden durchgehend für Kaiserin Elisabeth Zahntinkturen und Zahnpulver, auch Kamillentinktur zum Pinseln verordnet.

In späteren Jahren verwendete die schönheitsbesessene Sisi gegen ihre Hautröte auch Zinksalbe. Sie bestand aus Wollwachs, Sulfat und Zinkoxydat. Eine Kampfersalbe mag ähnlichen Zwecken gedient haben. Wie es heißt, litt die Kaiserin infolge des Aufenthalts im Freien bei Sturm und Uyynwetter unter erweiterten Äderchen im Gesicht.

Kaiser Karl bekam Codein

Auffällig ist immer wieder, welche Mengen an Brom, Morphium, Cocain, Codein, blausäurehaltigem Kirschlorbeerwasser, Cannabisextrakt in diversen Zubereitungen, sogar auch als „Schnupfpulver",

Kaiserin Elisabeth litt an Blutarmut

ständig für die hohen Patienten verschrieben wurden. Schließlich landete die junge Zita auch bei solchen bedenklichen Mitteln. Auch Kaiser Karl wurde 1919 mit einer Mixtur aus Codein 0,20 mit Kirschlorbeerwasser 10,0 behandelt.

Fragt man heute Experten, so heißt es zwar, diese geringen Mengen als Tropfen oder Pillen verabreicht, hätten keine gravierenden Wirkungen haben können und sie dürften schon gar nicht als „Rauschmittelsucht" gewertet werden, aber es muß die drohende Gefahr einer solchen Sucht von Hofärzten damals nicht richtig eingeschätzt worden sein.

Stets Kopfweh

Fast alle Habsburger müssen unter Neuralgien und Kopfweh gelitten haben. Immer wieder wurden Pyramidontabletten verordnet. Auch andere Schmerzmittel, die heute längst vergessen sind, wurden dauernd verabreicht. „Modern" mutet das Migraenin an, das es noch heute gibt.

Fast auf der Bio-Welle schwamm hingegen der alte Kaiser Franz Joseph, der viele Flaschen „Gleichenberger"-Quelle aus der Hofapotheke bezog. Vieles, das sich in den Rezeptbüchern findet, diente eben, gottlob!, auch der Gesundheit, so die Scott Emulsion, ein Kräftigungsmittel für die Kinder der Kaisertochter Marie Valerie, Edeltannenduft für Stärkungsbäder und Badekuren Franz Josephs; Lilienöl zur Körpermassage; Mandelseifen zur Reinigung empfindlicher Haut.

„Kölnerwasser", mit dem auch Hofdamen sich gern besprengten, wurde stets gleich kistenweise bestellt. Die doppelte Funktion der Apotheken jener Zeit wird daraus ersichtlich, daß ihnen auch Drogeriewarenbelieferungen zufielen. Ob Zahnpulver oder Augentropfen: Die Hofapotheke war für alles zuständig, und der k.u.k. Leibarzt hatte nicht nur für die Behebung von Krankheiten, sondern auch für Körperpflege und Schönheit zu sorgen.

In allen Monarchien der Welt spielten Ärzte eine wichtige Rolle. Am österreichischen Kaiserhof in Wien jedoch wirkten sie bis zuletzt schicksalhaft, wenn man die Ereignisse von Mayerling mit berücksichtigt. Durchforscht man die Hof-Apothekenbücher, werfen die von Hof-Ärzten häufig verordneten Therapien doch ein recht eigentümliches Bild auf die Behandlungsmethoden in vergangener Zeit.

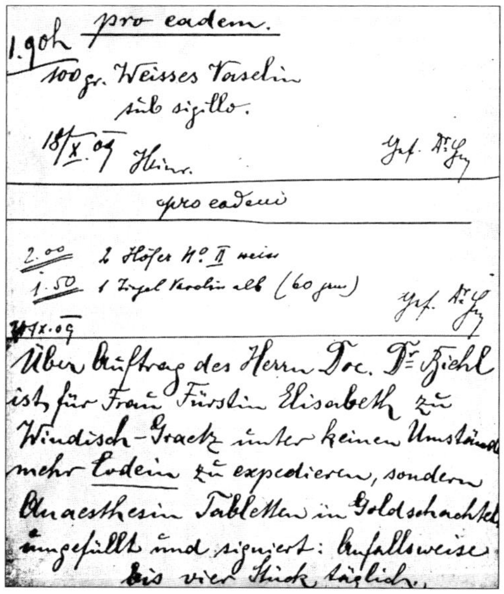
pro eadem.
100 gr. Weisses Vaselin
sub sigillo.
pro eadem
Über Auftrag des Herrn Doc. Dr. Fichl
ist für Frau Fürstin Elisabeth zu
Windisch-Graetz unter keinen Umständen
mehr Codein zu expedieren, sondern
Anaesthesin Tabletten in Goldschachtel
ausgefüllt und signiert: Anfallsweise
bis vier Stück täglich.

Einige Habsburger schienen rauschgiftsüchtig zu sein, was Codeinverbote nach sich zog

Sogar Heroin

Hier ist die Rede von Narkotika, Rauschgiften also, welche bis Ende der Monarchie sowohl der Kaiser als auch seine Familie von ihren Ärzten verordnet bekamen. Neuere Literatur streifte dieses brisante Thema, wie etwa der Mediziner Gerd Holler in seinem Buch „Mayerling" schrieb: „Die Autoren starren immer wieder wie gebannt auf (Kronprinz) Rudolfs Rauschgiftkonsum und übersehen dabei die Konsumation von Alkaloiden der übrigen Angehörigen des Kaiserhauses. Seine Eltern (Kaiser Franz Joseph und seine Frau Elisabeth) und seine Gemahlin (Kronprinzessin Stephanie) nahmen mindestens dieselbe Menge verschiedenster Rauschgifte wie Morphium, Opium und Kokain, sein Vetter Franz Ferdinand sogar Heroin, das um die Jahrhundertwende als das ausgezeichnetste Mittel gegen Hustenreiz galt ..."

Dr. Hermann Widerhofer – Leibarzt Kaiser Franz Josephs

Blättert man in den alten Hof-Apothekenbüchern, dann findet sich am häufigsten wohl der Name des Wiener Hof-Arztes Prof. Dr. Hermann Widerhofer. Ihm schenkte Kaiser Franz Joseph sein uneingeschränktes Vertrauen, er führte deshalb auch das Konsilium nach Mayerling an.

Ich hatte Gelegenheit, noch mit der letzten lebenden Enkelin Prof. Widerhofers zu sprechen, die in einem Wiener Pensionistenheim lebt. Die äußerst vital wirkende Dame konnte mir berichten, daß „der Großpapa nach der Affäre Mayerling zur Familie sagte: ‚Fragt mich nicht, ich bin vereidigt, der Name Rudolf wird in meinem Haus nicht mehr genannt!' Er hat sein Geheimnis mit ins Grab genommen", stellte sie befriedigt fest. Und sie wußte zu erzählen, daß ein großes Paket nach dem Tod des Hofarztes auf seinem Schreibtisch lag und mittags, nach der Bestattung, von einem Boten des Kaiserhauses abgeholt wurde.

Dr. Hermann Widerhofer, der Leibarzt Kaiser Franz Josephs

Eines ist sicher und wurde von der Enkelin, der temperamentvollen Gertrud Antonia Franziska Rosa Widerin, bestätigt: „So wie Mayerling unzählige Male kolportiert wurde, war es gewiß nicht!" Über die genauen Umstände waren damals nur sieben Menschen genau informiert, und diese schwiegen eisern bis ins Grab in loyaler Treue zum Kaiserhaus und getreu ihrem Eid.

Der Aufstieg

Alle hypothetischen Darstellungen und Vermutungen wies Frau Widerin energisch zurück. Sie mußte im Laufe der vielen Jahre immer wieder zudringliche Reporter, Film- und Fernsehgesellschaften abwehren, die unbedingt pikante Einzelheiten aus ihr herauszupressen versuchten.

Aufgeschlossen hingegen erzählte sie vom phantastischen Aufstieg ihres Großvaters, der als Arztsohn in Weyer am 24. März 1832 zur Welt kam und in Wien auf der Universität noch Berühmtheiten wie Prof. Josef Skoda und Prof. Dr. Carl Freiherr von Rokitansky zu seinen Lehrern zählte. Am St.-Anna-Kinderspital sammelte der junge Assistenzarzt von Prof. Franz Mayer erste Erfahrungen.

Viele Privilegien

Es sollte später zu den geflügelten Worten bei Hofe zählen: „Der Hof braucht einen Kinderarzt!" – was natürlich allerlei gutmütigen Spott im Volk nach sich zog. Schließlich habilitierte Widerhofer 1862 und übernahm vom schwer erkrankten Prof. Mayer nicht nur dessen Lehrkanzel, sondern wurde auch dessen Nachfolger als Leibarzt der kaiserlichen Kinder.

Professor Dr. med. Leopold Mayer war einst Leibarzt der Kaiserkinder

Wie sehr der Kaiser auch um das kulturelle Ambiente seiner Ärzte besorgt war, geht aus den zusätzlichen Zuwendungen hervor. Mit der Ernennung zum Leibarzt der Kaiserkinder vom 31. August 1863 war ein Jahresgehalt von 2100 Gulden plus 630 Gulden Quartiergeld sowie das Abonnement von zwei Parterreplätzen in der dritten Reihe Ecke verbunden, abwechselnd einen Tag in der Hofoper und den anderen im Hofburgtheater „zur freien Verfügung".

Drei Jahre später erfolgte Widerhofers Ernennung zum außerordentlichen Universitätsprofessor für Pädiatrie mit einem Jahresgehalt von 1050 Gulden plus 300 Gulden Quartiergeld. Aufgrund seiner Verdienste gab es Ordensverleihungen: 1867 das Ritterkreuz zum Franz-Joseph-Orden; 1869 die Eiserne Krone III. Klasse. 1870 kam die Erhebung zum Mitglied des Obersten Sanitätsrates.

Erst mit 43 Jahren entschloß sich Widerhofer zur Ehe. Seine Wahl fiel auf eine Arzttochter, Eugenie Neumann, geborene Jordis, aus einer Hugenottenfamilie stammend. Sie war verwitwet, und sie hatte einen Sohn.

Taufpate Rudolf

Die Ehe war äußerst harmonisch. Ihr entsprangen zwei Söhne. Für den ältesten übernahm sogar Kronprinz Rudolf die Patenschaft, der nach dessen Geburt aus Gödöllö folgendes Telegramm sandte: „Es würde mich sehr freuen, bei Ihrem Sohne Taufpate zu sein. Ich habe Exzellenz G. M. von Beck ersucht, meine Stelle bei der Taufe zu vertreten. Ich grüße Sie herzlichst. Rudolf."

Der Sohn wurde außerdem nach der Kaisertochter Erzherzogin Marie Valerie „Valerius" getauft, ein selbst für die damaligen Verhältnisse recht eigenwilliger männlicher Vorname.

Nachdem der Kronprinz 1889 seinem Leben ein Ende gesetzt hatte (bei seiner Obduktion waren Prof. Widerhofer, der Gerichtsmediziner Prof. Dr. Eduard Hofmann und der Pathologe Prof. Dr. Hans Kundrat anwesend) und auch die Kaisertöchter Gisela und Marie Valerie das Haus verlassen hatten, wurde Widerhofer zum Leibarzt des Kaisers ernannt.

Seine Enkelin erzählte jedoch, daß ihr Großvater tatsächlich schon jahrelang der Arzt des Kaisers und öfter auch der Kaiserin war. „Als Hofbeamter hatte er sich täglich um 10 Uhr vormittags persönlich nach dem Befinden des Kaisers zu erkundigen", berichtete sie. Oftmals war Widerhofer jedoch in der Kinderklinik unabkömmlich, und dann mußte sogar Seine Majestät warten.

Kronprinz Rudolf war Pate von Widerhofers ältestem Sohn

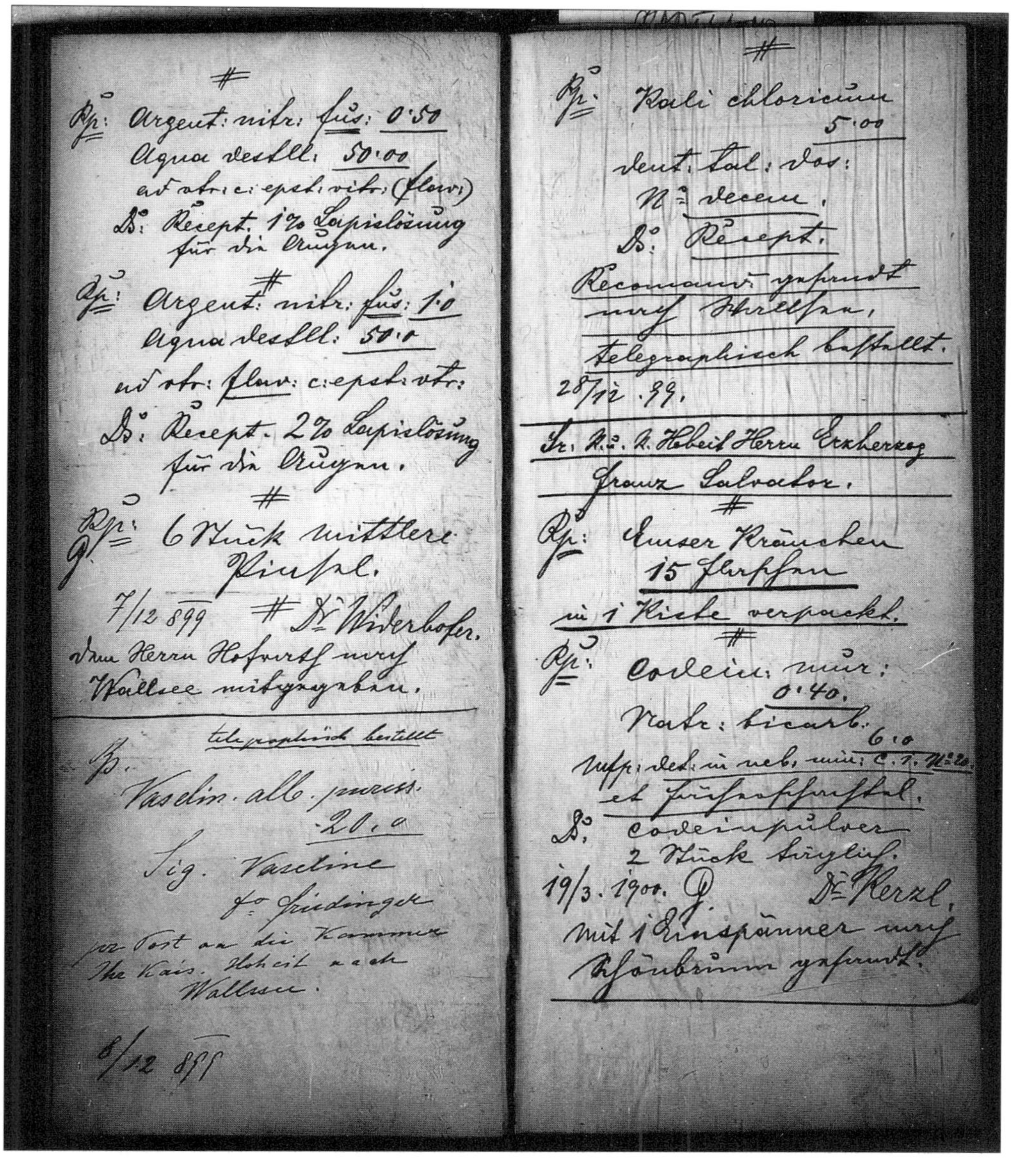

Rp: Argent. nitr. fus. 0·50
Aqua destill. 50·00

Rp: Argent. nitr. fus. 1·0
Aqua destill. 50·0

7/12 899 Dr. Widerhofer.

Rp: Kali chloricum
5·00

28/12 .99.

Sr. k. u. k. Hoheit Herrn Erzherzog
Franz Salvator.

Rp: Codein. mur.
0·40.

19/3. 1900. Dr. Kerzl.

Rezept von Dr. Widerhofer

„Der Großpapa war vielleicht der einzige Mensch in der Donaumonarchie", stellte Frau Widerin mit Vergnügen fest, „der den Kaiser warten lassen durfte. Darüber waren vor allem die Hofschranzen nicht selten erbost. Es gab Intrigen bei Hof! Der Kaiser hatte aber stets vollstes Verständnis für seinen Leibarzt. Und war dessen Kommen dringend nötig, so sprangen im St-Anna-Spital rasch Assistenzärzte ein ..."

Hofschranzen

Berühmt war Widerhofers oft rauhe, stets schonungslos offene Art, mit seinen Patienten umzugehen. Da nahm er auch die Majestäten nicht aus! Nach dem Reitunfall Ihrer Majestät vom 11. September 1875 in Sassetot stellte Widerhofer, schockiert durch die waghalsigen Reiterstückchen, barsch fest: „Wenn sich der Kopf nicht binnen 24 Stunden bessert, müssen die Haare herunter!" Daraufhin verbannte Sisis Vertraute, die Gräfin Ida von Ferenczy, den Arzt von deren Krankenlager. Sogar nachts hielt sie Wache, daß Widerhofer nicht etwa sein Vorhaben in aller Heimlichkeit wahrmachte, um gegen die Gehirnerschütterung geeignete Maßnahmen zu ergreifen.

Und der Schock half: Sisi erholte sich überraschend schnell.

Die ewigen Hungerkuren und Gewaltmärsche der Kaiserin mißbilligte Widerhofer auch auf das schärfste, darin war er mit Franz Joseph völlig einig. In seiner steten

Sorge wandte sich der Kaiser immer wieder an seinen Leibarzt. Ganz besonders beunruhigten ihn die häufigen gastritischen Fieber und Nervenzustände seiner Frau. Dann konnte es schon vorkommen, wie im Juli 1886, als Sisis Hysterie den Arzt in Harnisch brachte, daß er ziemlich grob wurde: „So gehn S' halt nach Ischl, Majestät", soll er die Zaudernde angefahren haben, „oder kommen S' im August, oder wann S' wollen, nur g'wiß noch im Sommer wieder."

Daraufhin fuhr die Kaiserin „brav" und folgsam mit ihrer Tochter Valerie in das Modebad, um dort zur Ruhe zu kommen.

Ein anderer Kollege Widerhofers diagnostizierte seinerzeit bei Sisi Hungerödeme, nämlich Professor Eisenmenger, auch er ermahnte die Hungerkünstlerin stets, endlich normal zu essen. Es amüsierte ihn immer aufs neue, Sisis Hofdamen der Reihe nach auf ihre Marschfähigkeit untersuchen zu müssen. Schließlich waren zehnstündige Wanderungen ohne Wegzehrung und Pausen zwischendurch keine Seltenheit.

1892 wurde dem verdienten Widerhofer nicht nur der Stern zum Franz Joseph-Orden I. Klasse verliehen, er erfuhr gleichzeitig seine Ernennung zum Leibarzt der Kinder der Erzherzogin Marie Valerie. Widerhofer war also wieder zum Kinderarzt geworden, aber er blieb vor allem der persönliche Freund und Vertraute des nun schon betagten Kaisers. „Widerhofer soll kommen", war ein geflügeltes Wort in der Hofburg. In seiner stoischen Gelassenheit schien der kräftige, untersetzte Mann ein richtiger Fels in der Brandung gewesen zu sein.

Einmal gereist

So führte ihn häufig auch nachts sein Weg noch von seiner Wiener Stadtwohnung in der Wallnergasse 4-6 zur Hofburg. Seine Enkelin wußte, daß er dort eine 13-Zimmer-Wohnung besaß. Da er ständig zur Verfügung stehen mußte, ergaben sich auch keine Auslandsreisen. „Nur ein einziges Mal ist der Großpapa weit weggereist", wußte seine Enkelin zu berichten. „Da hatte der damalige Schah von Persien geschrieben, seine Gemahlin stünde vor der ersten Geburt und es würde vermutlich Komplikationen geben. So wurde in aller Eile ein Sonderzug bereitgestellt, und es ging ab nach Teheran. Es war ausgemacht, daß er drei Wochen ausbleiben sollte. Doch als er ankam, war das Kind schon da! Zum Dank bekam er nicht nur einen Orden, sondern durfte mit dem Schah auch auf Elefantenjagd gehen und wurde zu Festlichkeiten bei Hofe eingeladen."

Villa in Ischl

Nachdem Widerhofer am 14. Januar 1895 zum Herrenhaus-Mitglied auf Lebensdauer erhoben worden war, wollte auch der Kaiser seinem hochgeschätzten Freund ein Geschenk machen und erbaute ihm in Rettenbach bei Ischl eine herrliche Villa mit weitem Grund, die er aus seiner Privatschatulle finanzierte. Schon im August 1895 wurde die Villa durch Hofburgpfarrer Dr. Lorenz Mayer in Gegenwart des Kaiserpaares feierlich eingesegnet. Es war sicher ein erhebender Augenblick, als Seine Majestät das in rotes Saffianleder gebundene Gästebuch als erster signierte und sich die Kaiserin mit ein paar herzlichen Worten ebenfalls eintrug.

Hofburgpfarrer Dr. Lorenz Mayer segnete die Villa Widerhofers ein

Leider sollte sich Widerhofers Frau Eugenia nicht lange an diesem herrlichen Sommersitz erfreuen können. Schon am 31. Juli des folgenden Jahres starb sie an einer Nierenentzündung. Sie fand ihre letzte Ruhestätte am Hietzinger Friedhof in Wien. Inzwischen war der Leibarzt Ordentlicher Universitätsprofessor mit einem Jahresgehalt von 4000 Gulden geworden. Nach dem schrecklichen Tod der Kaiserin erbte er laut ihrem Testament „zum Andenken ein Petschaft mit dem Habsburger und dem Wittelsbacher Wappen".

Tod der Frau

Mehr denn je brauchte der einsame Witwer von Schönbrunn Rat und Hilfe seines Leibarztes. Dankbar verlieh er ihm, dem Getreuen, aus Anlaß des 50jährigen Regierungsjubiläums die Hof-Jubiläums-Medaille. Er heftete sie ihm selbst an die Brust. Doch Widerhofers Lebenszeit war nahezu abgelaufen. Am 23. März 1900 erlitt er seinen ersten Schlaganfall. Zu seinem eigenen Arzt, aber auch zu seinem Nachfolger bei Hof erwählte er Dr. Josef Kerzl. Scheinbar besserte sich sein Befinden noch einmal; doch schon am 28. Juli 1901 starb Widerhofer nach dem dritten Schlaganfall in Ischl. Der Kaiser ließ es sich nicht nehmen, seinem Leibarzt die letzte Ehre zu erweisen. Der alte, weißhaarige Monarch schritt neben den beiden Söhnen des Verstorbenen hinter dem Sarg zum Ischler Bahnhof, wo der Sonderzug wartete, der den Toten nach Wien überführte.

Kaiser Franz Joseph hatte seinen getreuen, integren und fähigen Leibarzt und Freund verloren.

Dr. Hermann Widerhofer, der Leibarzt Kaiser Franz Josephs

Der Kaiser gab seinem Leibarzt die letzte Ehre

DER LEBENSRETTER KRONPRINZ RUDOLFS

Nur ein Leibjäger - doch Kronprinz Rudolf über den Tod hinaus ergeben

Nicht nur Kaiser Franz Joseph waren alle Hofbediensteten in Treue und Loyalität zeit ihres Lebens ergeben, auch Kronprinz Rudolf hatte Dienstpersonal, das bis zum letzten Atemzug an seinem Allerhöchsten Herrn hing, so sein Leib-Fiaker Josef Bratfisch, seine Köchin Mali, sein Saaltürhüter Johann Loschek, sein Kammerdiener Karl Nehammer oder seine Hofbüchsenspanner und Kammerjäger Franz Vodicka und Rudolf Püchel. Letzterer hinterließ seine handgeschriebenen Memoiren, aus denen Historiker später viele wichtige Details zum Geschehen rund um Mayerling zu rekonstruieren vermochten. Diesem biederen Mann aus dem Volke hatte der unglückliche Kronprinz auf vielen Jagden seit dem Jahr 1881 sein Herz geöffnet. Püchel war auch Zeuge vieler ehelicher

Leibjäger Rudolf Püchel

Szenen zwischen Rudolf und Stephanie. Vieles verschwieg er sicher diskret, manches vertraute er jedoch auch seinen Lebenserinnerungen an. Jedenfalls schenkte sein hoher Herr trotz seiner Verschlossenheit diesem ergebenen Menschen im freien Umgang auf der Pirsch durch die Wälder mehr Vertrauen als jedem anderen aus seiner Umgebung.

Kronprinz Rudolfs Leibjäger war Püchel

Zuerst beim Grafen Abensberg-Traun

Mit knapp 24 Jahren war Rudolf Püchel, ein in Hoch-, Mittel- und Niederjagd erfahrener Jäger, schon Forstadjunkt beim Grafen Hugo von Abensberg-Traun. Aus Anlaß einer Hofjagd auf Jagdschloß Mürzsteg sollte er seinem zukünftigen Jagdherrn, dem Kronprinzen Rudolf, begegnen.

Über dieses für ihn schicksalhafte Ereignis berichtete Püchel in seinen Memoiren detailliert.

„Es war zwischen Weihnachten und Silvester des Jahres 1880, als ich nach einer Hofjagd mit den Jagdrequisiten Seiner Exzellenz des Grafen Hugo von Abensberg-Traun ... im kaiserlichen Jagdschlosse Mürzsteg eintraf. Als ich die noch nicht vollständige Strecke – ein Teil des erlegten Wildes war noch nicht herbeigeschafft – besichtigt hatte und im Begriffe war, mich zu entfernen, fuhren Kaiser Franz Joseph und Kronprinz Rudolf von der Jagd zurückkehrend bei der Strecke vor. Ich verneigte mich und ging ins Schloß. Dann sah ich mir im Vestibül desselben einige Jagdtrophäen an und ging langsam die Stufen hinauf. Plötzlich legte sich eine Hand auf meine Schulter. Ich wendete mich mit den Worte: ‚Was gibt's?' Zu meinem nicht geringen Erstaunen stand der Kronprinz vor mir und der Kaiser im Vestibül. Ich bat um Verzeihung – der Kronprinz winkte lächelnd ab, sah mich freundlich an und sprach: ‘Nicht wahr, Sie stehen im Dienste Seiner Exzellenz des Grafen Traun?' ‚Ja, Kaiserliche Hoheit.' ‚Da ich einen Leibjäger brauche, will ich Sie fragen, ob Sie in meine Dienste treten wollen. – Seine Exzellenz hat Sie mir empfohlen.' Ich erwiderte äußerst überrascht: ‘Kaiserliche Hoheit, ich würde es mir zur hohen Ehre gereichen lassen, Eurer kaiserlichen Hoheit dienen zu können.' ‚Schön, freut mich. Anfang nächsten Monats werden Sie das Anstellungsdekret erhalten, dann treten Sie am 1. Februar bei mir ein.'"

... dann werden Sie Ihren Weg machen

Man sollte meinen, Graf Abensberg wäre über solche Abwerbung bestürzt oder gar erzürnt gewesen! Doch nein; er zeigte sich vielmehr verständnisvoll und gab seinem Forstadjunkten nur gute Wünsche mit auf den Weg. „Bleiben Sie, wie Sie sind und waren, dann werden Sie Ihren Weg machen, der mit Rücksicht auf das heutige Ereignis geebnet erscheint."

Daß dem nicht so war, erfuhr Hofjäger Püchel nur acht Jahre später – nach Rudolfs Freitod in Mayerling. Seine direkten Nachfahren, Enkelin Gertraud Püchel verehelichte Schmid, eine alte Dame, und Schwiegertochter Sofie Püchel, wußten später noch zu berichten, wie zutiefst getroffen der „Großvater" bis in seine letzten Tage durch jene dramatischen Ereignisse blieb. „Er hat ja nie darüber gesprochen", sagten sie übereinstimmend, „es ist aber durchaus möglich, daß er etwas über das Geschehen von Mayerling wußte und ehrenwörtlich zum Schweigen verpflichtet war!"

Püchel war jedenfalls der letzte Mensch, der den Kronprinzen lebend in der Hofburg sah. Dem dezidierten „Waidmannsdank", mit dem Rudolf sich von ihm an jenem 28. Jänner 1889 in seinen Privatgemächern verabschiedete, konnte Rudolf Püchel erst später die wahre Bedeutung zuordnen.

Es war ja der Abschied für immer ...

Rudolf das Leben gerettet

Seine Jagdleidenschaft brachte den Kronprinzen nicht nur einmal in Lebensgefahr. Aus der schlimmsten Situation, dem Angriff eines schwer angeschossenen Bären, rettete ihn der geistesgegenwärtige Püchel bei den Bärenjagden in Rumänien. Während es dem Kronprinzen nicht gelang, vor dem aufrecht stehenden Bären noch einmal durchzuladen, stieß Püchel dem Tier die Mündung seines Gewehrs ins offene Maul, worauf sich zwei Schüsse lösten und der Bär rücklings über eine steile Grabenböschung stürzte.

Püchel war Zeuge von ehelichen Zerwürfnissen

Diese Lebensrettung vergaß der Kronprinz seinem Büchsenspanner für den Rest seines Daseins nicht mehr. Das Verhältnis zwischen den Jagdgenossen gestaltete sich enger und vertrauter, als es bei zwei so ungleichen Menschen gemeinhin gewesen wäre.

„Püchel, wenn wir nach Hause kommen, lassen Sie sich vom Kellermeister eine Flasche Champagner geben und leeren sie auf mein Wohl“, sagte damals der gerettete Kronprinz. Und er setzte hinzu: „Bewahren Sie aber Schweigen über den Ernst des Jagdabenteuers, damit sich Ihre Kaiserliche Hoheit nicht sorge!“

Das passierte im Jahre 1885, Rudolf und seine Gattin waren erst vier Jahre verheiratet, und wie aus diesen Worten hervorgeht, war der Haussegen noch in Ordnung.

Später wurde Püschel wohl gelegentlich Zeuge ehelicher Zerwürfnisse und sie erschienen ihm, dem ergebenen, verschwiegenen Diener seines hohen Herrn, so wichtig, daß er sie – umschrieben – in seinen Memoiren festhielt.

Die Neugier der Kronprinzessin

So kommt durch ihn auch eine der unangenehmen Eigenschaften der Kronprinzessin zutage, die große Neugier, die sicher auch ihren Ehemann störte. Püchel schilderte die Szene sehr anschaulich: „... Ich griff in den Rucksack und zog ein Stück Spagat heraus. Darauf dankte die Kronprinzessin lachend. ‘Püchel, was haben Sie noch alles im Rucksack?’ ‚Kaiserliche Hoheit, außer der Munition eine kleine Jagdapotheke, auch ein Nähzeug, Spagat und ...’ – rutschte es mir voreilig über die Lippen – und ich hielt inne. ‚Nun, und – und, das interessiert mich – was noch?’ Ich versenkte meine Hand wieder in den Rucksack, zog aus einem verborgenen Säckchen einen kleinen, zarten Lederumschlag hervor und reichte ihn der Hohen Frau. Diese öffnete ihn, zog ein kleines zierliches Bildchen hervor, betrachtete es einen Moment, ging auf den Kronprinzen zu, zeigte es ihm mit den Worten: ‚Es ist das Bild des Gekreuzigten!’ ‚Ja, Stephanie, jeder wahre Jäger trägt es im Herzen und so mancher von ihnen auch noch in der Tasche mit sich.’ Die Frau Kronprinzessin frug weiter: ‚Das ist gewiß ein Andenken?’ ‚Ja, kaiserliche Hoheit, es ist von meiner Mutter ...’ Die Hohe Frau sprach zu ihrem Gemahl einige Worte mit verhaltener Stimme in Französisch – ich konnte sie aber doch verstehen. Ich verstaute sie in meinem Herzen zu den anderen Dingen, die sich bereits darin befanden – schöne und schlechte ...“

Als es dann zum Äußersten kam, Rudolf an der Hoftafel fehlte, weil er sich mit seiner Geliebten in Mayerling aufhielt, weinte Stephanie sich bei Püchel aus: „Ihre kaiserliche Hoheit hielt in einer Hand das Telegramm von Mayerling, in der anderen ein Sacktuch. Gesenkten Hauptes stand die Hohe Frau einige Schritte vor mir. In ihrem Antlitz spiegelten sich Gram und Sorge – eine Träne glitt die blasse Wange herab. Nach einer Weile sprach sie: ‚Gott, wie ist mir zumute – was soll ich tun? – Nun muß ich allein zu den Majestäten gehen.’ Mit den Worten: ‚Grüß Sie Gott’ trat die Hohe Frau zurück.“

Skurrile Streiche der Erzherzöge

Es mutet uns heute seltsam an, wenn wir von den „Vergnügungen“ der Hofwelt damaliger Zeiten erfahren. Die sogenannten „Späße“ waren gerade nicht sehr geschmackvoll und gingen nicht selten zu Lasten kleiner Leute.

In diesem Fall, von dem Püchel unter anderem erzählt, waren als „Spaßvögel“ die Erzherzöge Franz Ferdinand (der spätere Thronfolger) und Otto sowie Erzherzog Franz beteiligt.

Es trug sich an einem Frühsommerabend des Jahres 1884 zu. Die Erzherzöge weilten als Gäste des Kronprinzen auf Schloß Laxenburg.

Nach dem Diner hatte Erzherzog Otto ein seltsames Anliegen an den Hofjäger: „Lieber Püchel, wie Sie wissen, werden wir heute Nacht einen bewaffneten Spaziergang unternehmen. Da Sie die Führung haben, bitte ich Sie, uns auch zu den Geflügelställen zu bringen, weil ich wieder einmal das Bedürfnis habe, etwas anzustellen. Nehmen Sie 20 bis 30 Stück Bandl mit."

Püchel, schon Kummer gewohnt, wunderte sich nicht, sondern beschaffte das Gewünschte. Dann veranlaßte er, daß nächtliche Dienstgänge seitens des Hofjagdpersonals im Park nicht stattfänden. Die „Hetz" mußte unbemerkt bleiben.

Als sie um halb elf Uhr wie die Verschwörer im nächtlichen Park beisammen waren, ließ Otto die Katze aus dem Sack: Der Geflügelstall sollte geplündert werden! Gemeinsam wurde die Tür eingerannt. Enten, Schwäne, Wildgänse, Pfauen wurden gegriffen, gefesselt (wobei der Anstifter einen Schwanenbiß in den verlängerten Rücken davontrug) und das arme Federvieh zum Parkweiher abtransportiert, wo man es roh ins Wasser warf.

Der Aufseher wollte sich umbringen

Um ein Haar hätte das Ganze tragisch geendet: der Aufseher kränkte sich so über den geplünderten Hühnerstall, daß er rief: „Herr Püchel, i sag Ihna, i bin da unglücklichste Mensch von der Welt, i derschiaß mi!"

Püchel konnte das zwar verhindern, doch auch ihm taten die toten und verletzten Tiere leid. Sicher dachte er sich seinen Teil über diese oder ähnliche Scherze der mutwilligen Erzherzöge.

Abgesehen von solchen Trübungen blieb jedoch das herzliche Verhältnis zum Herrscherhaus und seinem „Hohen Herrn" diese acht Jahre ungetrübt. Püchel trug nicht nur Flinte und Hirschfänger, sondern auch das von Rudolf bevorzugte „Gießhübler Wasser", eine Flasche Rotwein, Bestecke, Wegzehrung, Feldstecher und war stets mit allem parat, wenn er gebraucht wurde.

Als das Schicksal dann seinen Lauf nahm, hatte er das schreckliche Ende sogar vorausgeträumt! In der Todesnacht von Mayerling befielen den treuen Hofjäger Alpträume: „... Ich stand im Kampfe mit mehreren Schlangen. Eine derselben wand sich um meinen Hals und drohte mich zu erwürgen; ich stöhnte und schrie auf; plötzlich strich mir etwas über das Gesicht, mein Arm wurde erfaßt und eine Stimme frug: 'Mein Gott, was ist Dir?'"

Zu seiner Frau sagte er am Morgen, bevor er die furchtbare Nachricht erhielt, bereits: „Immer, wenn ich von Schlangen träume, hat sich Trauriges zugetragen und düster erscheint mir die Zukunft."

Nur eine kleine Pension

Einen letzten Dienst konnte Rudolf Püchel dem toten Kronprinzen auf Geheiß des Kaisers noch erweisen: Er legte ihm das Band zum Großkreuz des St. Stephansordens auf die Brust, als der Tote in seinen Hofburggemächern aufgebahrt wurde.

Danach blieb Püchel noch bis 1902 auf allerhöchsten Befehl in Hofdiensten. Später bewirtschaftete er ein eigenes Bauerngut. Danach lebte er mit seiner Familie in

Kronprinz Rudolf vererbte Püchel seinen Hirschfänger

einem Haus auf dem Lande bei Graz. Mit 82 Jahren starb er verbittert und zurückgezogen in Amstetten. Wie hatte Rudolf zu ihm gesagt, als Püchel ihn um letzte Befehle bat? „Ich danke, ich brauche nichts mehr."

Darüber kam der biedere Mann niemals hinweg ...

ER AHNTE MAYERLING VORAUS

Kronprinz Rudolfs Freund Johann Nepomuk Graf Wilczek kam nicht zur Jagd

Graf Johann Nepomuk Wilczek, ein Freund Rudolfs

Ich nahm Rudolfs Einladung zur Jagd nach Mayerling nicht an", schrieb er viel später in seinen Erinnerungen und verschwieg nicht, daß dies den Kronprinzen sehr aufbrachte. „Ich aber danke Gott", setzte er den Schlußstrich unter seine Freundschaft mit Rudolf, „daß ich diese Jagd, mit der sein Leben einen so tragischen Abschluß fand, nicht mitgemacht habe."

Johann Nepomuk Graf Wilczek verschwieg aus Loyalität gegenüber dem Kaiserhaus, daß es ja keinesfalls die Jagd selber war, die den Hasardeur Rudolf das Leben kostete, sondern der längst beobachtete exzessive Lebensstil mit mehreren Kokotten, die wirren politischen Ideen, die Veränderung seiner Persönlichkeitsstruktur, die ihn, den um einundzwanzig Jahre älteren Reisegefährten, abstoßen mußten. Dieser lebte in glücklicher Ehe mit seiner Gemahlin Emma, einer Gräfin Emo Capodilista, und hatte vier Kinder.

Der ernst gestimmte Graf setzte in seinem eigenen Dasein ganz andere Prioritäten, was unweigerlich zur Abkühlung der einst sehr freundschaftlichen Bande zwischen ihm und Rudolf führen mußte.

Reisegefährte Rudolfs war Graf Wilczek

Gemeinsame Weltreisen

Anfangs jedoch bestand eine enge Bindung zwischen dem jungen Kronprinzen und dem hochgewachsenen Grafen, der sich ebenso für Ethnologie wie für fremde Länder und ihre Sitten interessierte. Mit Genehmigung des Kaisers unternahmen Graf Wilczek und Rudolf im April des Jahres 1879 eine Reise, die sie nach Spanien führen sollte. Im Hofwagen reiste man zuerst nach Venedig, um dort einige Tage mit Besichtigungen zu verbringen. Danach bestiegen die Herren mit ihrem Gefolge das k.u.k. Schiff „Miramare", das nach einigen Tagen auf See wohlbehalten Barcelona ansteuerte. Das südliche Land begeisterte den Kronprinzen. In Valencia traf man König Alphons XII., der durch familiäre Beziehungen mit Österreich verbunden war. Im spanischen Hofwagen ging es nach Madrid, wo sich bald der Herzog von Alba zu ihnen gesellte. Auch er war eine Persönlichkeit mit südländischem Temperament und angeborener Grandezza. Eine Reihe von Festlichkeiten zeigte die ganze Pracht und den Reichtum der spanischen Monarchie. Rudolf bewunderte die unermeßlich scheinenden Kunstschätze des Escorial. Wie Graf Wilczek in seinen Memoiren festhielt, weigerte er sich standhaft, Rudolf zu den Stierkämpfen zu begleiten, die als besondere Attraktion in der Madrider Arena stattfanden. Die Corrida de Toros hatte Mitte Mai ihre Saison. Doch Rudolf und der Herzog von Alba ließen sich nicht zurückhalten. Und wie schon bei der Hofjagd fand der Einundzwanzigjährige auch bei diesem ausgefallenen Schauspiel sein Vergnügen, das von vielen seiner Begleiter entschieden abgelehnt wurde.

Wie es heißt, ließ Kaiser Franz Joseph nach Beendigung der Reise dem zuverlässigen Begleiter seines Sohnes eine der höchsten Auszeichnungen zuteil werden: Er wurde Ritter vom Goldenen Vlies.

Jedoch unternahm Wilczek keine weiteren Reisen mehr gemeinsam mit dem Kronprinzen. Wie es scheint, war ihm die Verantwortung zu groß. Zwei Jahre lang weilte der Graf in Afrika, um dort völkerkundliche Studien zu betreiben. 1872 begab er sich nach Spitzbergen. Danach bereiste er nacheinander alle Höfe Europas. Überall wurde der hochgebildete, vielseitig interessierte Aristokrat aus Österreich mit offenen Armen aufgenommen. So intensivierte er im Lauf der Jahre auch den Kontakt zum deutschen Kaiserhaus. Als der Aufbau von Burg Kreuzenstein, die sich seit 1879 in gräflich Wilczekschem Besitz befunden hatte, um die Jahrhundertwende beendet war, folgte Kaiser Wilhelm II. einer Einladung des Grafen. 1906 war der deutsche Kaiser Gast auf der Burg.

Schloß Moosham als Sommersitz

Um seiner Familie mit den Töchtern Marie, Elisabeth und Lucia und dem Sohn Hans Raphael einen Sommersitz zu errichten, erbaute Graf Wilczek Schloß Moosham im Lungau, das er besonders liebte. Immer wieder verbrachte er hier mit seiner Gattin, den Kindern, zahlreichen Enkeln und zuletzt Urenkeln die Sommermonate in der Natur. Er setzte aber auch Aktivitäten in Wien. So schuf er nach dem entsetzlichen Ringtheater-Brand die Wiener Freiwillige Rettungsgesellschaft und war aktiv in ihr tätig. Die schon seinerzeit bestehenden Pflegenotstände im Spitalswesen veranlaßten ihn, zusammen mit Professor Theodor Billroth das Rudolfinerhaus zu errichten, wo Damen der sogenannten „besseren Gesellschaft" zu Krankenpflegerinnen ausgebildet wurden. Graf Wilczek war als ehemaliger Unterjäger des 9. Feldjäger Bataillons auch mit der Tapferkeitsmedaille von 1866 ausgezeichnet worden und wurde von seinen Soldaten aller Dienstgrade wegen seiner leutseligen Haltung verehrt. Eine seit langem geplante Reise

GRÄFIN EMMA WILCZEK, geb. GRÄFIN EMO CAPODILISTA.
Ölgemälde von Franz Schrotzberg (um 186[illegible]) im Schlosse Seebarn.

Hans Graf Wilczek in der Uniform der Rettungsgesellschaft

Wilczeks Gattin war eine gute Ehefrau

zum Südpol machte der 1. Weltkrieg zunichte. Statt dessen widmete der Graf sich im vorgerückten Alter der reichen Ausstattung von Burg Kreuzenstein, die noch heute im Besitz derer von Wilczek ist.

Als der Graf am 27. Januar 1922 im Palais Wilczek in der Wiener Herrengasse 5 die Augen für immer schloß, war er umringt von Kindern, Enkeln und Urenkeln. Ein reiches Leben hatte sich erfüllt. Ein Wermutstropfen war sicherlich, daß dem Grafen in seiner aufrechten, unerschütterlichen Treue zum Kaiserhaus versagt geblieben war, Kronprinz Rudolf vor dem schmählichen Ende zu retten. Über das bis heute ungeklärte Geschehen in Mayerling aber findet sich auch in seinen Erinnerungen kein weiteres Wort ...

Von der Affaire mit Mary Vetsera konnte Wilczek den Kronprinzen nicht abhalten

ZWEIMAL RUDOLPH VON LIECHTENSTEIN

Jeder aus einer anderen Seitenlinie ihres Geschlechts

Der eine war Sisis Ehrenkavalier und hochgeachteter k.u.k. Obersthofmeister Seiner Majestät, Kaiser Franz Josephs I. Der andere, sein Cousin gleichen Namens, brachte es nur zum k.u.k. Legationsrat. Beide entstammten sie verschiedenen Seitenlinien ihres großen Geschlechtes, Obersthofmeister Rudolph Liechtenstein der Carlischen, Legationsrat Rudolph Liechtenstein der sogenannten Franzischen. Kein Wunder, daß es nicht nur unter Historikern zu beträchtlichen Irrtümern hinsichtlich dieser Namensgleichheit kommen konnte. Dabei war der Verlauf ihres Lebens höchst unterschiedlich. Der Ehrenkavalier Ihrer Majestät, Kaiserin Elisabeths, starb unvermählt und kinderlos. Er war der letzte der Carlischen Linie. Anders sein Cousin, der gleich zweimal verehelicht war. Jedoch blieb auch ihm Kindersegen versagt. Seine zweite Gemahlin hatte drei Fehlgeburten, von denen sie sich nicht mehr erholen sollte.

Sisis Ehrenkavalier Rudolph von Liechtenstein (Mitte) mit Freunden

Doch zurück zum Anfang ihres so ungleichen Daseins. Prinz Rudolph Liechtenstein, der Obersthofmeister, wurde am 18. April 1838 in Wien geboren. Der schöne, elegante und hochgewachsene Aristokrat nahm bald eine besondere Vertrauensstellung bei Hof ein. Er wurde dank seiner hervorra-

Legationsrat Rudolph von Liechtenstein mit seiner zweiten Gattin Hedwig Stein und Schwager

genden Kenntnisse im Pferdesport auch zum Oberststallmeister Seiner Majestät ernannt. Seit er 1860 zum ersten Mal die Kaiserin auf einer Reise begleitete, wurde er ihr und dem Kaiser als untadeliger Kavalier zeitlebens unentbehrlich. Sisi nannte ihn zärtlich „Széphercz eg", Schönprinz, und wußte sich in der Distanz, die sie zu ihm hielt, von ihm doch ritterlich beschützt – im Gegensatz zum Grafen Imre Hunyady, einem anderen Ehrenkavalier, der ihr mit seiner Verliebtheit auf die Nerven ging, wurde Liechtenstein niemals nach Wien zurückbeordert.

Dankbar für Liechtensteins Treue äußerte die Kaiserin einmal Marie Festetics gegenüber: „Rudi hat immer sehr treu zu mir gehalten, wie überhaupt die ganze Familie Karl Liechtenstein, die ich alle gern habe und sie mich." Dieser Würdigung schlossen sich prominente Zeitgenossen an, wie Feldmarschalleutnant Albert Freiherr von Margutti in seinen Erinnerungen. „Der Kaiserhof fand im Fürsten Liechtenstein eine ihn aufs würdigste repräsentierende Person. Bei einer Gelegenheit sagte mir der italienische Botschafter, Graf Nigra, mit südländischer Liebenswürdigkeit: ‚Daß es keinen vornehmeren Hof als den österreichischen gibt, wird jeder begreifen, der den Fürsten Rudolph Liechtenstein kennt.'"

Lob der Kaiserin

Noch im hohen Alter eine imponierende Erscheinung, starb Sisis Ehrenkavalier am 15. Dezember 1908 in Mährisch-Krumau. Damit überlebte er seinen Cousin um zwanzig Jahre.

Liechtenstein war auch Sisis Reisegefährte

Der Legationsrat wurde am 28. Dezember 1833 geboren. Von ihm sind nur wenige weitere Lebensdaten bekannt. Er verehelichte sich am 28. Mai 1859 mit der Sternkreuz- und Palastdame Clara Gräfin Sermage. Die Ehe scheint nicht glücklich gewesen zu sein. Man lebte getrennt! Jedoch wagte der Prinz nochmals den Schritt in eine Ehe, dieses Mal bürgerlich. So heiratete er am 8. Oktober 1877 die Schauspielerin Hedwig Stein.

Clara Gräfin Sermage war die erste Gemahlin von Legationsrat Liechtenstein

Streit am Burgtheater

Ihre Leistungen am Burgtheater berechtigten zu großen Hoffnungen, doch Auseinandersetzungen und Eifersüchteleien standen ihrer Karriere bald im Wege. Als Hedwig Stein sich mit ihrer Kollegin Gusti Schimanek anlegte, endete dies mit ihrer Entlassung, denn die Schimanek hatte Beziehungen und sollte wenig später auch in allerhöchste Hofkreise einheiraten. Sie wurde Gemahlin des Grafen Eduard Paar. Gekränkt floh Hedwig Stein nach Preußen, wo sie am Theater in Berlin Erfolge errang. Dem Werben Rudolph Liechtensteins widerstand sie in der Folge nicht. Diese Ehe sollte glücklich werden.

Wenn sich der Kaiser dieser Wahl gegenüber gnädig zeigte, hatte vielleicht das Beispiel Paars mitgewirkt, möglicherweise aber auch die Begegnung mit der südländischen Lebensgefährtin Erzherzog Ludwig Salvators, einer Landarbeiterin, die auf Einladung nach Schönbrunn kam. Ihr gutes Benehmen und ihre Warmherzigkeit berührten Seine Majestät. Liechtenstein berichtete darüber seiner Gattin: „Natürlich würde der Kaiser niemals einer Ehe zwischen Erzherzog Ludwig Salvator und dieser Spanierin zustimmen. Aber er sieht die Dinge nunmehr doch mit anderen Augen. Ich bin froh, daß auch im Erzhause jetzt ein frischerer Wind weht. Das erleichtert auch unseren Stand, liebe Hedwig."

Rückzug ins Privatleben

Leider erkrankte die Fürstin nach drei Fehlgeburten schwer, weshalb der Legationsrat einige Jahre vor seinem Ableben in den Ruhestand trat. Die Zeit war begrenzt, die noch für eine gemeinsame Zeit auf Burg Pienzenau im Obermais blieb. Am 23. Mai 1888 schloß der „andere" Rudolph Liechtenstein auf seinem Stammsitz für immer die Augen. Auch für ihn hatte sicher der Leitspruch seines erfolgreicheren Cousins gegolten: „Leben und leben lassen!"

Und so hatte jeder von ihnen auf seine Art sein individuelles Glück gefunden ...

KAISERIN ELISABETHS HOFDAME IDA VON FERENCZY

In privater Mission am kaiserlichen Hof

Keine der vielen Hofdamen Kaiserin Elisabeths erreichte je eine so hohe Bedeutung wie Ida von Ferenczy. Die patriotisch gesinnte Ungarin wurde im November 1864, also vor fast 135 Jahren, der Kaiserin vorgestellt, die an der jungen Frau sogleich reges Interesse hatte. Da Ida jedoch nicht über die erforderlichen 16 Ahnen verfügte, um dem Hochadel anzugehören, wurde sie auf Betreiben Sisis zuerst zur „Brünner Stiftsdame“ ernannt und wenig später mit einem Monatsgehalt von 150 Gulden als Vorleserin Ihrer Majestät eingestellt.

Die Vertraute

Es ist jedoch bekannt, daß ihre Tätigkeit jene einer landläufigen Vorleserin weit überschritt. Ida stieg vielmehr im Nu zur Vertrauten der Kaiserin und auch des Kaisers auf. Kein Wunder also, daß Ida von Ferenczy in besonderen privaten Missionen zwischen den Majestäten tätig war.

So entrierte sie in ihrer Privatwohnung am Ballhausplatz 6 – mit Wissen und Billigung der Kaiserin – die Treffen zwischen Franz Joseph und Katharina Schratt. Stets schüttete die Kaiserin ihrer „süßen Ida“ das Herz aus und wurde in ihrem geliebten Ungarisch von dieser auch mitfühlend getröstet.

Ida von Ferenczy, die Vertraute der Kaiserin

Stets war Ida auf Reisen an der Seite der Kaiserin

Sisi fand Halt bei ihrer Vorleserin

Ida durfte stets bei der Prozedur des Haarewaschens und Kämmens im Privat-Boudoir Sisis zugegen sein. Als Ida von Ferenczy nach 34 Jahren, nach dem schrecklichen Tod der Kaiserin, aus dem Dienst schied, ging sie unter Mitnahme aller Briefe, Telegramme und sonstigen Erinnerungsstücke in ihre Heimat zurück.

Farkás' Archiv

Mit 87 Jahren starb die treue Hofdame Ihrer Majestät im heimatlichen Kecskemét. Sie, die mit Liebe und Hingabe jedes Erinnerungsstück an ihre große Zeit gehütet hatte, mußte nicht mehr erleben, wie im Zweiten Weltkrieg und danach unersetzliche Aufzeichnungen entweder vernichtet oder in alle Winde verstreut wurden.

Durch Erbschaft fiel der gesamte Nachlaß Idas an ihren Neffen, Laszlo Farkás. Als der Biograph Conte Corti sein berühmt gewordenes Buch „Elisabeth, die seltsame Frau" vorbereitete, stellte Farkás ihm alle Briefe zur Verfügung. Corti bezeichnete in seinem Buch ab diesem Datum Idas Nachlaß als „Farkás-Archiv".

Behütet blieb der Schatz auf Schloß Felsöbabád auch nach Farkás' Tod. Im Frühjahr 1945 wurde das Schloß jedoch von Russen besetzt. Alles, was nicht niet- und nagelfest war, wurde geplündert. Die Besitzer, Witwe Elisabeth Farkás und Maria von Kiss, geborene Farkás, nebst Kindern und Ehemann, durften sich in ein Nebengebäude zurückziehen, wo sie kläglich dahinvegetierten. Trotz eifrigster Suche war auch die Kiste mit dem Farkás-Archiv spurlos verschwunden. Hatten die Soldaten sie verbrannt oder verschleppt?

Eines Tages bemerkten die Kinder auf dem Dachboden einen russischen Soldaten, der seinen Gebetsteppich gen Mekka ausgebreitet hatte und seine Andacht hielt. Neben dieser Stelle hatte er Stroh aufgeschüttet, um dort zu schlafen. Zugleich aber verirrte sich ein Huhn in das Stroh und legte dort ein Ei. Das war Anlaß für die halbverhungerten Farkás-Kinder, sich jubelnd darauf zu stürzen. Im Triumph führten sie ihren Vater auf den Boden, der sich dort genauer umsah. Und so entdeckte er unter seinen Füßen die Briefe aus dem Farkás-Archiv. Welch ein Fund!

Und doch vergingen noch etliche Jahre, bis Maria Tolnay, die Tochter des Hubert von Kiss, in Budapest darangehen konnte, das reiche Material zu sichten und zu übersetzen, denn viele der Briefe waren nicht nur ungarisch, sondern auch französisch und englisch abgefaßt. Viele stammten von anderen Hofdamen, einige auch von Gyula Andrássy und nicht wenige von Katharina Schratt, der treuen Gefährtin Kaiser Franz Josephs in seinen letzten Jahren.

Schwarze Stunde

Um die bedeutende Rolle Ida von Ferenczys richtig zu werten, sei an den verhängnisvollen 30. Januar 1889 erinnert. Da war sie ausersehen, die furchtbare Todesnachricht, die Baron Franz Nopsca zu überbringen hatte, an Sisi weiterzugeben. „Er bringt schlechte, wichtige Nachricht von Seiner Kaiserlichen Hoheit, dem Kronprinzen", unterbrach sie die Griechischstunde Ihrer Majestät zitternd.

Wenig später, als Seine Majestät ahnungslos die Gemächer seiner Gemahlin betreten wollte, hielt Ida ihn vorsorglich zurück. „Ich bitte Eure Majestät inständigst, noch einen Augenblick zu warten", flehte sie, damit die zusammengebrochene Kaiserin Zeit hätte, sich zu fassen. So war Ida von Ferenczy für Sisi wie für Franz Joseph in ihren schwärzesten Stunden eine ergebene mitfühlende Gefährtin.

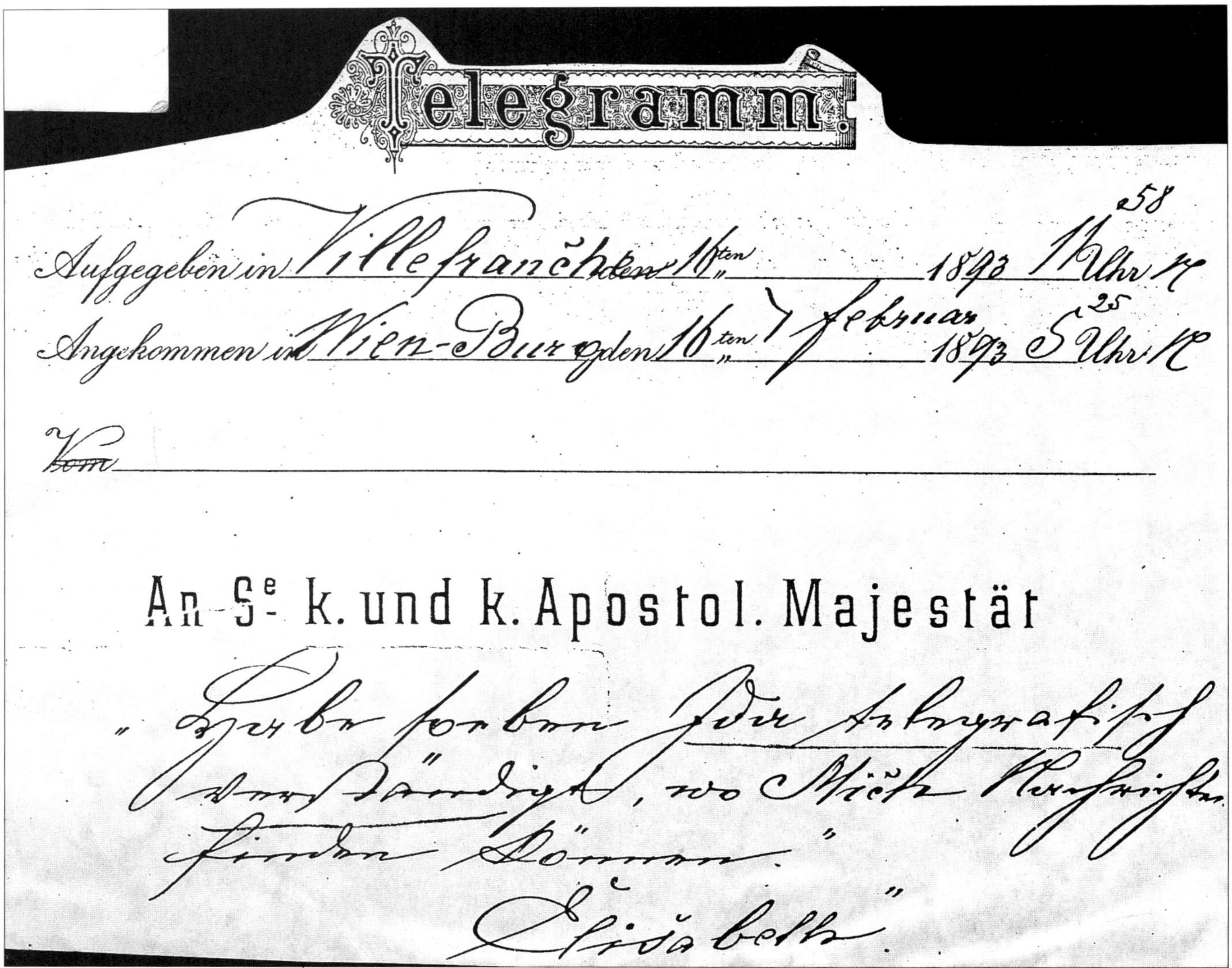

Telegramm

Aufgegeben in Villefranche 16ten 1893 11 Uhr 58 M

Angekommen in Wien-Burg den 16ten Februar 1893 5 Uhr 25 M

Vom

An Se k. und k. Apostol. Majestät

Elisabeth

Ida war Bindeglied zwischen den Eheleuten

Spät erschien in Budapest eine Auswahl aus dem regen Briefwechsel der Hofdame, „Kedves Idám!“ („Liebe Ida!“) betitelt, in ungarischer Sprache mit deutschem Nachwort.

NACH SISIS TOD EIN LEBEN DER TRAUER

Kaiserin Elisabeths letzte Hofdame blieb einsam

Irma von Sztáray war die letzte Begleiterin Kaiserin Elisabeths, als diese in Genf die Waffe des Mörders traf. Niemals mehr in ihrem Leben konnte die ungarische Gräfin die Erinnerung an das entsetzliche Geschehen abschütteln. Es war aber, als begegnete Irma der Schatten des Unglücks vom allerersten Augenblick ihrer Begegnung mit ihrer zukünftigen Herrin bis zum letzten. Denn genau an jenem Tag, als sie Nachricht von ihrer Berufung aus Ischl erhielt, hatte sie selbst der Tod gestreift. Sie schrieb in ihren Erinnerungen darüber: „Ich machte ... einen Ausflug nach dem nahegelegenen lieblichen Meerauge. Bergab fahrend, wurde mein Kleid vom Rade erfaßt, das mich mit sich fortschleifte. Ich schwebte in Lebensgefahr.“ In ebendiesen Erinnerungen drückte sie später auch aus, was sie nach der Audienz beim Kaiser dachte: „Daß ich selig gestorben wäre, wenn ich jenen Dolchstoß hätte von der Kaiserin abwehren und selber empfangen können.“

Nur eine Pilgerfahrt nach Rom zum Papst, der sie 1898 in Privat-Audienz empfing, rettete die empfindsame Ungarin in

Irma von Sztáray, Sisis letzte Hofdame

Luigi Lucheni bei der Festnahme

jenen schweren Tagen vor der Selbstvernichtung. „Als ich mich zu Füßen des Heiligen Vaters ausgeweint, sänftigte sich der verheerende Schmerz zu stiller Trauer, und als ich seinen Segen empfangen hatte, fühlte ich mich dem Leben zurückgegeben“, vertraute sie ihren Memoiren an.

Intrigen und Schicksalsschläge

Kaum hatte die hübsche, dunkelhaarige Gräfin Anfang August 1894 – eben dreißigjährig – ihren Dienst bei Hofe angetreten, verfolgte man sie auch schon mit Intrigen und üblem Klatsch. Zwar war nicht Ida von Ferenczy, deren „mütterliches Wesen“ die Gräfin in ihren Memoiren später erwähnte, die Urheberin, dafür aber die altjüngferliche Marie von Festetics, die zu Recht Irmas jüngere Konkurrenz fürchtete. Bei passender Gelegenheit nannte sie die unerfahrene Irma „frivol“ und

Letzte Aufnahme mit der Kaiserin

warf ihr allerhand angebliche Versäumnisse vor. Als ob das Unglück sie verfolgte, brach das alte Leiden, die Lungentuberkulose, bei der Sztáray aus, das sie nach mehrmonatigem Urlaub auf dem Familiensitz Szöbranez auskurierte. Eine Einladung auf das Gut von Erzherzogin Maria Theresia, Sisis Schwägerin, mit welcher Irma eng befreundet war, beschleunigte ihre Ernennung zur offiziellen Hofdame. Sisi hatte sich mittlerweile so sehr an die stille Begleiterin gewöhnt, daß sie diese nicht mehr verlieren wollte.

Ein schwerer Schicksalsschlag machte im Sommer 1896 gemeinsame Reisepläne zunichte. Irmas Bruder, Stephan, wurde am 12. Juli meuchlings ermordet. Ob politische Hintergründe diese Bluttat auslösten oder es um eine private Fehde ging, wurde nie richtig aufgeklärt. Fest steht, daß der furchtbare Schock Irmas zarte Gesundheit erschütterte. Erst Anfang Mai 1897 sollte es ein Wiedersehen in der Hofburg geben. Von diesem Zeitpunkt an trennten sich die Kaiserin und ihre letzte Hofdame nicht mehr.

Sie lebte nur in der Erinnerung

Ebenso wie Sisis Hofdamen Ida von Ferenzcy und Marie von Festetics blieb auch Irma von Sztáray unverehelicht. Sicher spielte auch ein guter Teil Egoismus mit, wenn die Kaiserin bestrebt war, ihren Vertrauten eine Ehe auszureden, wie es etwa Marie von Festetics geschah, um die sich der russische Fürst Dolgurukij bemühte. Daß Irma eine heimliche Zuneigung zu ihrem weitläufig verwandten Cousin Laszlo Graf Török gefaßt hatte, blieb der Kaiserin sicher nicht verborgen, doch Irma verzichtete aus Hingabe zu ihrem Dienst bei Hofe, was wir heute kaum mehr nachempfinden könnten.

Stephan von Sztáray wurde ermordet

Schließlich war die Liebe zur Kaiserin sozusagen Familiensache bei den Sztárays. Schon Irmas Vater, Johann Graf Sztáray, war auf Hofjagden beliebter Gast und Reitgefährte Sisis gewesen. Ihre Mutter, Marie geborene Gräfin Török, galt als engste Vertraute von Erzherzogin Klothilde, die auf Gut Alcsut karitative Arbeit leistete. Schließlich hellten sich die düsteren Wolken über der Familie durch die Heirat des jüngsten Sohnes Alexander mit der Baronesse Pauline Vecsey wieder auf. In deren Heim, auf Schloß Sztáray, verbrachte Irma nach dem Ableben ihrer geliebten Mutter viele Jahre. Sie war die bewunderte Tante der Kinderschar, denen sie immer wieder von ihrem Dasein neben der Kaiserin berichten mußte.

Eine Bitte Seiner Majestät

Ganz besonderen Umständen war es schließlich zu danken, wenn Irma von Sztáray sich mit 45 Jahren entschloß, ihre Erinnerungen zu schreiben. Kaiser Franz Joseph ließ der loyalen Hofdame von einst seinen Herzenswunsch übermitteln, „das wahre Bild der Verstorbenen aus dem Schatz ihrer Erinnerungen" erstehen zu lassen, denn gehässige Pamphlete, deren Urheberin die vom Hof verbannte Nichte Sisis, die Baronin Marie Larisch-Wallersee, war, verdunkelten dieses Bild. So setzte die Erpresserin das Märchen in die Welt, die Kaiserin habe in Sâssetot einst einem Kind das Leben geschenkt. In Wahrheit hatte sie jedoch einen schweren Reitunfall gehabt ...

Irma von Sztáray kam diesem Wunsch Seiner Majestät liebend gern nach. Noch einmal durchlebte sie die herrlichen Reisen, die schönen gemeinsamen Stunden mit Sisi, aber auch den schweren Tag von Sisis Ermordung in Genf.

Sie selber starb 1912 auf Schloß Szobranez – still und unbemerkt. Nur die beiden anderen Hofdamen Festetics und Ferenczy überlebten sie noch um etliche Jahre.

SISIS HOFDAMEN WAREN GOURMETS

Während die Kaiserin hungerte, nahmen ihre Hofdamen durch Super-Menüs mächtig zu

Die Kaiserin wollte nicht, daß ihre Hofdamen heirateten. So bat sie auch Marie von Festetics wiederholt, ja nicht den russischen Prinzen Dolgurukij, den 1. Flügeladjutanten des Zaren Alexander II., der sich um Marie bemühte, zu ehelichen. Notgedrungen gab die Hofdame ihm einen Korb. Denn Sisi hatte gefordert: „Unterhalten erlaube ich Ihnen, aber verlieben nicht und noch weniger heiraten, ich will nicht, daß Sie mich eines fremden Menschen wegen verlassen."

Sisis Hofdamen waren Gourmets

Am 4. Dezember 1911 sah das Menü bei Hofe in Wien so aus: Reissuppe mit Kalbsfüßen, Gebackene Fisolen, Garniertes Rindfleisch, Englisches Roastbeef, Gemüse, Frische Zunge mit Kartoffelpüree, Spargel in Bündeln, Gebratener Fasan, Salat, Kompott, Wiener Faschingskrapfen, Reiskuchen mit Marillen, Kleine Schokoladenäpfchen, Dessert.

Sicher hätte die Üppigkeit dieser Speisenfolge Kaiserin Elisabeths Mißfallen erregt. Doch sie, die ewig um ihre schlanke Linie besorgt war, war schon zwölf Jahre tot. Jedoch nahm ihre liebste Hofdame, Ida von Ferenczy, die ihr mehr als drei Jahrzehnte treu gedient hatte, noch gelegentlich an Hof-Essen teil. Während aber Sisi schon ihren Appetit zügelte, sobald die Waage auf über 50 kg schnellte, hatte sich die ungarische Vorleserin Ida bald erhebliches Übergewicht angegessen. Dementsprechend wirkte die um zwei Jahre Jüngere neben der mädchenhaften Kaiserin wie eine Matrone. Das wird besonders deutlich auf dem Gemälde von Lajos Márk, das die Kaiserin und hinter ihr im Gefolge Ida von Ferenczy zeigt. Damals war Sisi neunundfünfzig, Ida siebenundfünfzig.

Marie von Festetics durfte nicht heiraten

Ida von Ferenczy wurde im Hofdienst sehr dick

Auch dem Alkohol nicht abgeneigt

Während die Kaiserin stets Maß hielt, ja sich sogar gesundheitsgefährdende Hungerkuren auferlegte, machte es ihr Spaß, ihre Hofdamen zum Essen und Trinken anzuspornen. Das geht unter anderem aus einem Brief Sisis an Kronprinz Rudolf vom 4. Oktober 1865 hervor, in dem sie schilderte: „... Bei Tisch haben wir viel gelacht, denn ich habe alle Damen gezwungen, auf die Gesundheit des Papa (des Kaisers, Anm.) ein ganzes Glas Champagner auszutrinken. Königsegg war sehr besorgt, Paula (seine Frau, Anm.) möchte zu lustig werden, und Lily (Hofdame Hunyady, Anm.) konnte nach Tisch kaum mehr stehen." Solche abstru-

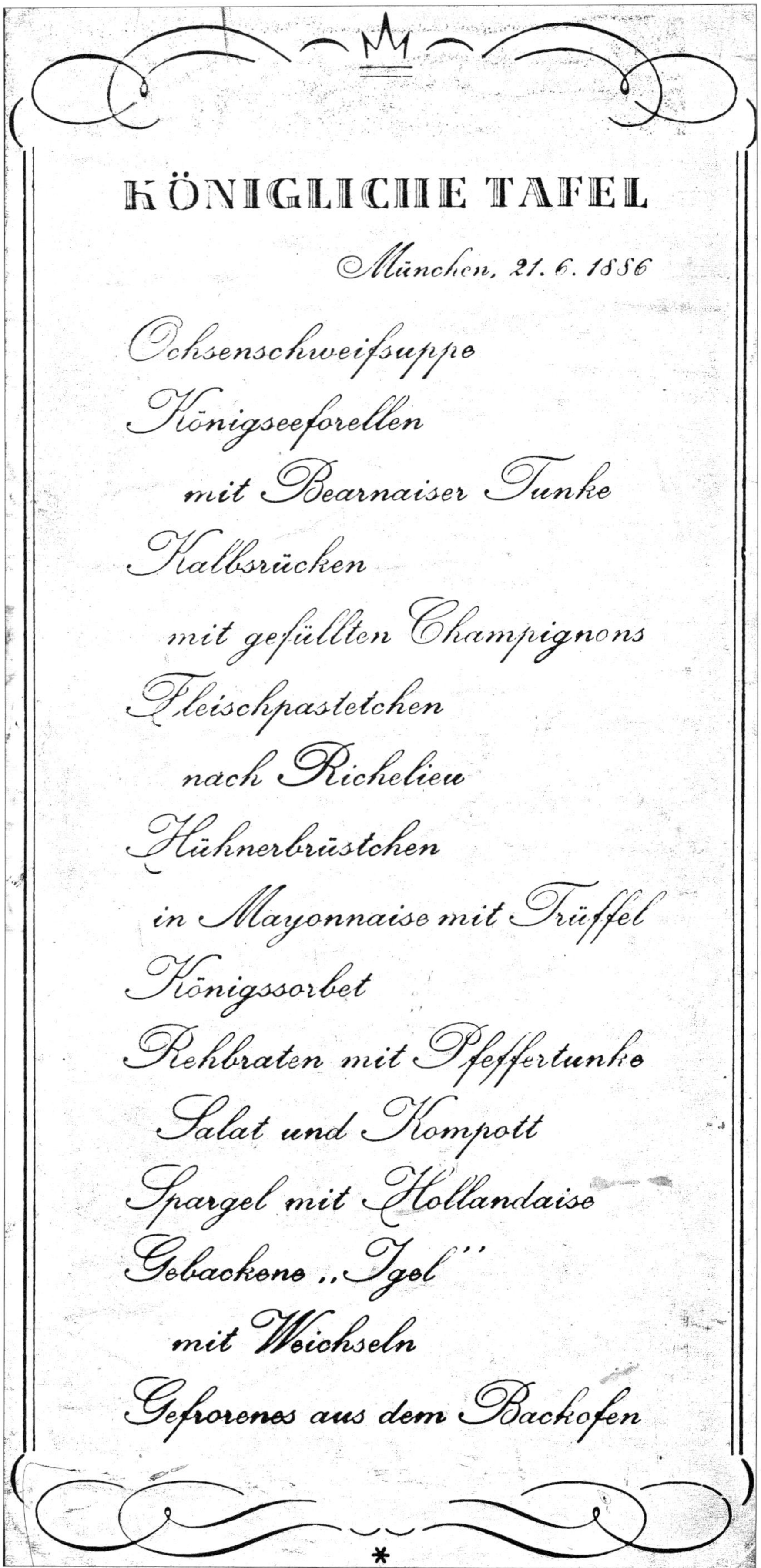

KÖNIGLICHE TAFEL

München, 21. 6. 1886

Ochsenschweifsuppe
Königseeforellen
mit Bearnaiser Tunke
Kalbsrücken
mit gefüllten Champignons
Fleischpastetchen
nach Richelieu
Hühnerbrüstchen
in Mayonnaise mit Trüffel
Königssorbet
Rehbraten mit Pfeffertunke
Salat und Kompott
Spargel mit Hollandaise
Gebackene „Igel"
mit Weichseln
Gefrorenes aus dem Backofen

sen „Vergnügungen" der Kaiserin waren jedoch um so verblüffender, als sie im Grunde fettleibige Menschen verachtete. Die Seelenfreundin ihres Gemahls, die mit den Jahren auch mehr und mehr zur Fettleibigkeit neigende Katharina Schratt, nannte sie verächtlich nur „das Butterfaß". Die Folge der Gewichtszunahme bei Ida von Ferenczy, daß diese nämlich ihren Hofdienst auf langen Spaziergängen nicht mehr wahrnehmen konnte, stachelte Sisi zu noch asketischeren Kuren an. Sie legte reine Milch- und Orangentage ein, womit sie ihr Gewicht zeitweilig auf 46 kg reduzierte. Als 1897 Hofarzt Dr. Eisenmenger bei der Kaiserin Hungerödeme feststellte, weil sie tagsüber nur sechs Orangen verspeist hatte, war nicht nur der Kaiser indigniert. Der Hofstaat schüttelte den Kopf. Doch niemand von ihren Hofdamen folgte dem Beispiel der Kaiserin. Alle hielten sich an die üppigen Diners, die zumeist eine festgelegte Speisenfolge hatten, wie Suppe, Vorspeise wie Aal, Sardinen etc. mit pikanter Beilage, Fisch, gebratenes Rindfleisch, Entrees in Form von Eierspeise oder Hirnroulade etc., Braten mit Salat, feines Gemüse, Kompott, Mehlspeise, Käse, Eis, Dessert, schwarzer Kaffee und Liköre, wozu eine Vielzahl erlesener Weine wie Chablis, Bordeaux, Sherry, Tokayer oder Lacrimae Christi gereicht wurde.

Während aber Sisi die meisten Gänge vorübergehen ließ, von anderen nur winzige Kleinigkeiten nahm, füllten ihre Hofdamen, allen voran Ida von Ferenczy, sich mit großem Appetit die Teller. Und nicht selten ließen sie sich nochmals vorlegen, wenn eine Speise ihnen besonders zusagte.

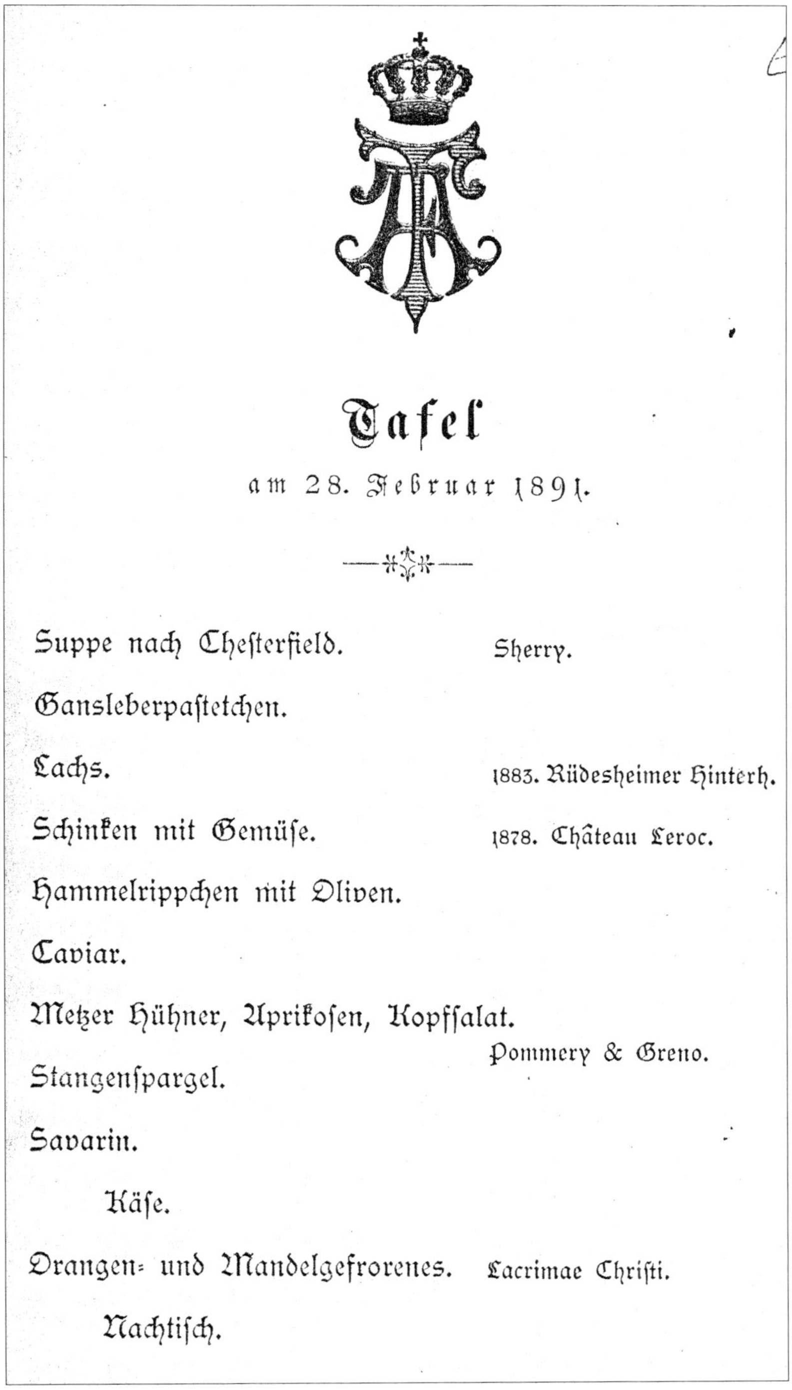

Tafel

am 28. Februar 1891.

Suppe nach Chesterfield.	Sherry.
Gansleberpastetchen.	
Lachs.	1883. Rüdesheimer Hinterh.
Schinken mit Gemüse.	1878. Château Leroc.
Hammelrippchen mit Oliven.	
Caviar.	
Metzer Hühner, Aprikosen, Kopfsalat.	Pommery & Greno.
Stangenspargel.	
Savarin.	
Käse.	
Orangen- und Mandelgefrorenes.	Lacrimae Christi.
Nachtisch.	

Den Hofdamen schmeckte Essen und Trinken (Bild o. li.) Trotz ihrer schlanken Taille aß die Hofdame mehr als alle anderen: Louisa Bombelles (Bild o. re.)

Schlemmerdiners auch auf Hofreisen (Bild ganz links)

Statt Veilcheneis lieber Würstel

Daß Ida von Ferenczy einen besonders deftigen Gusto hatte, zeigt die Speisenfolge, die sie in ihrer Privatwohnung am Ballhausplatz 6 dem Kaiser und der Schratt am 18. April 1895 servierte: Rostbraten, Schweinsbraten, Würstel und Apfelstrudel. Dieses deftige Déjeuner wurde von Tee begleitet! Sicher hätte ein Glas Bier dazu besser gemundet. Pilsner und Schwechater waren bei Hofe ja bestens eingeführt.

Unübertroffen aber war Idas Naschhaftigkeit! Während sich die Kaiserin auf Reisen nur ausnahmsweise und heimlich mit Schokolade und Veilcheneis labte, hatte die Ferenczy sich zu einer wahren Naschkatze entwickelt. Mißgünstig registrierte Sisis Wiener Leibköchin, Theresia Teufel, daß nicht einmal der Christbaumbehang vom Demel vor der gierigen Ida sicher war. Mit den Jahren bevorzugte die Vorleserin, die sich mit ihrer Schwergewichtigkeit abgefunden hatte, vor allem Süßigkeiten aus Tragant, wie sie Demel lieferte. Katzenzungen, eine üppige Bäckerei mit viel Schlagobers und Vanillezucker, versteckte sie in der Handtasche, um überall unbemerkt davon naschen zu können. Als Theresia Teufel ihr einmal einen Streich spielen wollte und anstatt der geliebten ungarischen Apponyi-Torte einen kalorienarmen Biskuitpudding auf den Tisch brachte, ärgerte sich die Hofdame so sehr, daß sie einige Tage das Bett hütete, worüber Sisi sich köstlich amüsiert haben soll.

Raffinessen aus dem Kochbuch von Hofkoch Munsch

Der Hofkoch Munsch schrieb nieder, was die Allerhöchsten Herrschaften und ihr Gefolge täglich schmausten. Viele Rezepte stammten auch von der Ferenczy, wie Englische Cakes, Gesundheitskuchen und die heißgeliebte Baba, ein Mandel-Guglhupf, der mit Rum übergossen wurde. Von der Baba aß Ida manchmal so viel, daß sie einen Schwips bekam. Doch auch sie hatte ihre lukullischen Triumphe, so zum Beispiel, weil Hofkoch Rudolf Munsch detailliert genau in Gramm jede Mahlzeit notierte und dadurch herauskam, wie Sisis Hofdame Gräfin Bombelles zum Frühstück üppiger schlemmte als Ida selbst.

Denn da stand schwarz auf weiß: „1 kl. Flacon mit gr. Tee, 1 kl. Flacon mit Rum, 5 dkg. Zucker, Obers, 4 dkg. Butter, 2 Eier, 2 Kipferl, 1 Semmel, 2 Brioches, 1 Stk. Landbrot, 4 Stk. Cabos-Bäckerei und kaltes Fleisch in zwei Sorten ohne Geflügel."

Ida, als Vielesserin bei Hofe verschrien, hatte aber „nur" 1 Brioche gefordert. Daß sie dafür kurz darauf verstohlen einige Katzenzungen verschlang, blieb ihr alleiniges Geheimnis. Und selbst wenn Sisi es bemerkte, quittierte sie dies amüsiert mit leisem Lächeln. Ihre schmale Taille und ihre Beweglichkeit waren es ihr wert, auf üppiges Essen und Schleckereien zu verzichten.

Déjeûner dînatoire.

Ischl le 31 Juillet 1890.

Potage à la Reine.

Petites croustades d'écrevisses.

Filet de boeuf à la jardinière.

Escalopes de poulardes, pointes d'asperges.

Truites à la majonnaise en bordure.

Rein de chevreuil, salade, groseilles.

Macédoine de fruits à la gelée.

Glaces.

Dessert.

Vom Dessert nahm die Ferenczy am meisten

SISIS ÄSTHETISCHER REISEMARSCHALL

Sie beauftragte Freiherr Alexander von Warsberg mit dem Bau des Achilleions

Sisi und Alexander von Warsberg waren Menschen aus ungleichen Lebenskreisen, doch in ihrer Liebe zur Antike trafen sie sich. Bis zum Tode des ästhetischen Reisemarschalls der Kaiserin verloren sie einander nicht mehr aus den Augen. Der kränkelnde, introvertierte Gelehrte und Hofbeamte Freiherr Alexander von Warsberg war jedoch anfangs gar nicht begeistert von der Aufgabe, als Fremdenführer für die Kaiserin zu fungieren. Der aus deutschem Adelsgeschlecht stammende Freiherr, der nach einem Jusstudium in den österreichischen Staatsdienst eintrat, war froh gewesen, dem Zwang eines Brotberufes als Beamter am k.u.k. Ministerium des Kaiserlichen Hauses und des Äußeren zu entrinnen und sich als Konsul von Korfu zu etablieren. Das gleichmäßig warme Klima und die eher freizügige Arbeitsweise taten dem Lungenleidenden gut, zudem machten ihn viele Reisen und die Beschäftigung mit Alt- und Neu-Hellas zum profunden Kenner des Landes. Alle diese Vorzüge gaben den Ausschlag für die Wahl, die von Sisis Obersthofmeister Baron Franz von Nopcsa getroffen wurde. Allerdings machten diverse Auflagen den eher scheuen, Frauen gegenüber kritischen Junggesellen mit seinen 49 Jahren voreingenommen, denn Nopcsa erwartete, daß sich Warsberg im Umgang mit Ihrer Majestät „kurz, concentriert“ fassen solle. Die Kaiserin vertrage nicht das viele Reden! Der hochgebildete Freiherr war vom ersten Zusammentreffen mit Sisi enttäuscht. „Sie säuselte mich an, knapp, nicht unartig; ich fand sie häßlich, alt, spindeldürr aussehend, schlecht angezogen, und hatte den Eindruck, nicht eine Närrin, sondern eine Wahnsinnige vor mir zu haben, so daß ich förmlich traurig wurde.“

Alexander von Warsberg, Sisis Reisemarschall

Die Kaiserin gefiel Warsberg anfangs nicht

Verliebt in eine griechische Statue

Viel wurde zu jener Zeit darüber getuschelt, daß ein so eleganter, hochgebildeter Mann kein Interesse für Frauen zeigte. Im Gegenteil, Warsberg nährte solche Gerüchte noch durch Aussprüche wie jenen, er habe außer seiner tiefverehrten Mutter, einer geborenen Freiin von Wittenbach, nur noch eine Karyatide geliebt, eine der langgewandeten tragenden Säulenfiguren, genauer gesagt, auf der Akropolis von vorne betrachtet die dritte von links ... Diese steinerne Geliebte bekam ab dem Herbst 1885 Konkurrenz: Warsberg erstes, vernichtendes Urteil schlug nach einigem Kennenlernen ins Gegenteil um. Nun schwärmte er voll Überschwang: „Sie ist bezaubernd liebenswürdig. Kann der Frau nicht widerstehen ... Mir liegt nur an ihr, der Frau ...“ Was jedoch irrtümlich ausgelegt werden konnte, denn Warsberg hatte nach einer Audienz in der Hofburg noch hinzugesetzt: „Und nicht an Seiner Majestät!“ Schon beim Einschiffen mit der „Miramar“, der kaiserlichen Yacht, bewies sich nach ersten Gesprächen die tiefe Affinität zwischen der Frau, die das Neugriechische beherrschte und sich allem Hellenischen verbunden fühlte, und ihrem Begleiter. Auf Korfu, dem Ziel dieser ersten gemeinsamen Reise, angelangt, wurden lange, kräftezehrende Wanderungen und Besichtigungen unternommen. Und Warsberg vertraute seinem Tagebuch bewegt an: „Hier ist sie eine andere Frau, gesprächig, formlos, gescheit, geradezu bedeutend, intim, vorurteilslos, kurz eine der bezauberndsten Erscheinungen, die mir im Leben begegnet."

Auch Elisabeth war vom Wissen und der ritterlichen Zuwendung Warsbergs beeindruckt. „Sie überschüttete mich mit Dankbarkeit und Huld", vertraute er dem Tagebuch an. Trotzdem waren die Schattenseiten der Ausflüge und Wanderungen unübersehbar. Warsbergs Lungenleiden verschlechterte sich besorgniserregend. Die Nachricht vom Winter 1886, daß Sisi beabsichtigte, ihm die Aufsicht und Planung für einen Palast auf Korfu zu übertragen, versetzte ihn eher in Unruhe. Würde er der Verantwortung gewachsen sein?

Generalkonsul in Venedig

Warsberg begann, das aufwendige Projekt mit dem italienischen Baumeister Raffaele Carito zu erörtern. Von seinem neuen Wirkungskreis in Venedig, wohin er als österreichischer Generalkonsul berufen worden war, pendelte er nach Neapel und von dort mit Planungen zur Kaiserin an ihre wechselnden Aufenthaltsorte nach Gödöllö, Miramare, Wien und München. Schon wurde auch über eine weitere Reise debattiert. Im Oktober 1887 stach man mit der Yacht „Greif" gen Korfu in See. In der illusionistischen Welt, die sie beide umgab, schien Warsberg noch einmal zu genesen. Doch erneute Gewaltmärsche auf Ithaka waren zuviel. „Die Übermüdung", notierte er todkrank in sein „Merkbuch", „übertrifft alles, was ich auf meinen gewiß nicht mühelosen Orientreisen erfahren." Die antiken Schönheiten des Achilleions konnte der Todkranke nicht mehr sehen. Alexander von Warsberg starb am Morgen des 28. Mai 1889 in seiner Residenz, dem Palazzo Modena d'Este in Venedig. „Vielleicht ist nie jemand ihr so nahe gestanden", vermutete der treue Begleiter, dem wertvolle Reisetagebücher zu danken sind, wenige Monate vor seinem Ableben noch. Was man nicht alles erlebt, und wie sonderbar, wie ungesucht, wie zufällig das Merkwürdigste kommt."

Korfu, Achilleion. Aufsicht und Planung waren Warsberg übertragen

Im Palazzo Modena d'Este verschied Warsberg unerwartet

ER HÄTTE DEN MORD IN GENF VERHINDERN KÖNNEN

Kaiserin Elisabeth schickte ihren Hofsekretär Dr.jur. Eugen Kromar nach Territet

Als am 10. September 1898 der Anarchist Luigi Lucheni in Genf die Kaiserin seine Schusterahle ins Herz stieß, war sie gegen die ausdrückliche Order Kaiser Franz Josephs mit ihrer Hofdame Irma Gräfin Sztáray allein. Denn sie hatte ihren jungen Hofsekretär, Dr.jur. Eugen Kromar, auf Quartiersuche nach Territet, dem nächsten Reiseziel, vorausgeschickt. Er konnte sie also nicht schützen. Daß er diesem Befehl folgte, hat ihm sein ganzes ferneres Leben schwere Gewissensnöte eingetragen. Wem hätte er gehorchen sollen? Dem Kaiser oder der von ihm über alles verehrten Kaiserin? Dem 27jährigen k.u.k. Hofsekretär konnte damals niemand die Entscheidung abnehmen. Und nach dem furchtbaren Attentat verzieh ihm auch Kaiser Franz Joseph, denn der ehrgeizige Jurist hatte sich schon seit dem Jahre 1896 bewährt. Da wurde er als Bewerber um den verantwortungsvollen Posten eines „Reise-Intendanten" Ihrer Majestät vorgeschlagen. Die Audienz des Ober-Hofkonzipienten bei der Kaiserin verlief in angenehmer Atmosphäre. „Letztlich gab die Tatsache den Ausschlag", berichtete später sein Sohn, „daß Kromar noch ledig war." Sisi hätte absolut keinen verehelichten Reise-Intendanten geduldet! Und als sie ihn fragte, ob er sie überallhin begleiten würde, antwortete er enthusiastisch: „Bis zum Mond, Majestät!" Da waren die Würfel gefallen.

Kaiserin Elisabeth ließ ihren Hofsekretär vorausreisen

Schreckliche Prophezeihung

Einst in Bayern hatte eine Zigeunerin den spielenden Kindern – Sisi, ihrer Schwester Sophie und ihrem Neffen Ludwig, dem späteren König Ludwig II. – prophezeit: „Fürchtet euch vor Wasser, Feuer und Stahl!" Ihre Weissagung traf ein. Sisi starb durch die Schusterahle aus Stahl, Ludwig ertrank in den Fluten des Starnberger Sees, Sophie, Herzogin von Alencon, kam beim Brand eines Wohltätigkeitsbazars in Paris ums Leben.

Der Reise-Intendant dachte oft an diese Prophezeihung. Auch die im sechsten Lebensjahrzehnt stehende Kaiserin äußerte oft: „Seinem Schicksal entgeht keiner, es ist alles vorausbestimmt." Diese innere Unruhe trieb sie zu immer neuen Reisen an. Der sensible Reise-Intendant konnte ihre Gefühle nachempfinden. Er ordnete sich oft ihren sprunghaften Wünschen völlig unter. Und so gestaltete sich das Zusammenleben mit dem Hofstaat erfreulich. Das Zeremoniell blieb auch im Salonwagen dasselbe. Die Mahlzeiten wurden mit dem Obersthofmeister, Generalmajor Albert von Berzeviczy, Sisis Hofdame Sztáray und ihrer Kammerdienerin, Frau Henike von Temsburg, gemein-

Sisis Reise-Intendant, Dr. Eugen Kromar, zur Zeit seiner Reisetätigkeit

sam eingenommen, während die Kaiserin allein in ihrem Speisesaal aß. Oft nahm sie nur Milch und Eier, hielt Diät. Und eben diese Vorliebe für ein Glas Milch wurde ihr in Genf zum Verhängnis. „Hätte die Kaiserin damals nicht in aller Ruhe noch ein Glas Milch getrunken, obwohl die Hofdame schon zum Aufbruch drängte, wären die Damen eher aufgebrochen", war Dr. Kromar bis zu seinem Tode überzeugt. „Denn der Attentäter gab, wie die Polizei eruiert hat, seinen Lauerposten am Quai auf, um irgendwo zu essen."

So eilte Elisabeth ihrem grausamen Geschick geradewegs entgegen.

Sisis Kammerdienerin Marie Henike von Temsburg war Vertraute auf vielen Reisen

Die exaltierten Launen überwogen

Wie sehr auch der Reise-Intendant, zu dessen Obliegenheiten die Betreuung des Reisefonds gehörte, unter den ständig wechselnden Launen und Stimmungen der Herrscherin litt, zeigte ein Vorfall, der sich drei Wochen vor dem Attentat ereignete.

Am 21. August 1898 weilte Sisi mit ihrem Gefolge zur Kur in Bad Nauheim. Von Schmerzen geplagt, ließ sie sich völlig abschirmen. Da erschien unangemeldet der deutsche Kaiser Wilhelm II. mit seiner Gemahlin. Die Hofkalesche stand schon vor der Tür der Villa, doch erregt sträubte sich Sisi, den hohen Besuch zu empfangen. „Vermutlich hat das energische Auftreten meines Vaters sie dann doch umgestimmt", war der Sohn Kromars überzeugt. „Denn er zögerte nicht, die Situation zu retten. Beherzt eilte er hinaus, die Majestäten zu begrüßen, wie ein Bild jener Zeit beweist. Die Kaiserin folgte langsam nach, und ist am Gartentor zu sehen."

21. August 1898 in Bad Nauheim. Das deutsche Kaiserpaar betritt die Villa; vorne im Gartentor ist Kaiserin Elisabeth zu sehen

Dem zutiefst loyalen Hofbeamten war es später zu danken, wenn noch Details der letzten Lebensstunden Sisis bekannt wurden. So war die Kaiserin am 9. September noch durch die Innenstadt Genfs geschlendert und hatte in einer Konditorei ihr geliebtes Veilcheneis verzehrt. Am nächsten Vormittag wollte sie für ihre Tochter Marie Valerie im Musikaliengeschäft Bäcker ein Ariston kaufen, ein Musikwerk. Doch nachts konnte sie nicht schlafen. Ein Sänger gab ein Ständchen, obendrein war Vollmond. Sie hatte immer eine ganz besondere Beziehung zu Vollmondnächten gehabt. Wie sie Dr. Kromar am anderen Morgen erzählte, hatte ihr der Mond gegen zwei Uhr früh direkt ins Gesicht geschienen ...

Ein böses Omen?

Dr. Kromar bestieg also auf Geheiß Ihrer Majestät am Vormittag des 10. September den Zug nach Territet. Dort sollte er in der Villa „Mon Bijou" Quartier machen. Plötzlich wurde in einer Bahnstation sein Name gerufen! Erschrocken hastete er zum Bahnhofsvorstand. „Dort berichtete man ihm von der entsetzlichen Untat, was zur Folge hatte, daß mein Vater unverzüglich umkehren mußte", wußte der Sohn. „Woher sollte er aber einen Gegenzug nehmen? Nach einigem Verhandeln stellte man ihm eine sogenannte Verschubmaschine zur Verfügung. Danach, hat er uns immer wieder rückblickend geschildert, ist er 48 Stunden nicht mehr aus den Kleidern gekommen." An der Bahre Elisabeths brach der verantwortungsbewußte Beamte zusammen.

Die Villa Mon Bijou in Territet wäre Sisis nächstes Reiseziel gewesen

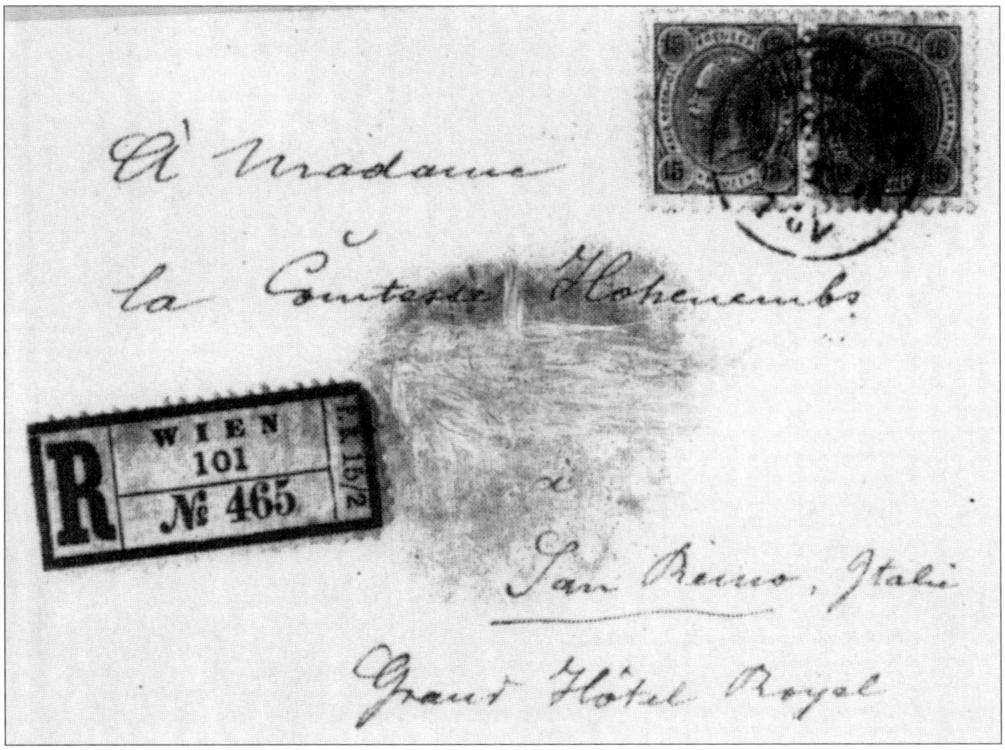

Die Kaiserin reiste stets inkognito als Comtesse de Hohenembs

Die Rückreise war eine Schreckensfahrt

„Die Rückreise mit der toten Kaiserin wurde für uns alle eine Marter", hat der Reise-Intendant immer wieder erzählt. „Auf jeder Station wartete eine Trauergemeinde mit Blaskapelle. Überall mußte ich aussteigen und die Kondolenzen der Honoratioren entgegennehmen." Und dies bei quälendsten Selbstbezichtigungen und Vorwürfen wegen seiner Nichtbefolgung des kaiserlichen Auftrages.

Und doch nahm der gebrochene Kaiser die Schilderungen des jungen Beamten voller Verständnis auf. Er gab ihm auch die Zusicherung des Verbleibens im Hofdienst.

Als Hofsekretär wurde Dr. Kromar 1908 als „Eugen Kromar Edler von Hohenwolf" in den Adelsstand erhoben. Auch erhielt er auf Veranlassung des Kaisers eine Tabatière mit Urkunde überreicht. Franz Joseph wußte selbst am besten, daß gegen die Launen und Kapricen seiner Gemahlin keine Widerrede möglich gewesen war.

Nach der Auflösung des Obersthofmeister-Amtes wurde Kromar ins Ministerium für Öffentliche Arbeiten übernommen. Mit 54 Jahren ging er in den Ruhestand, doch unauslöschlich blieben die Erinnerungen an jene schicksalsschweren Tage neben der geliebten Herrscherin.

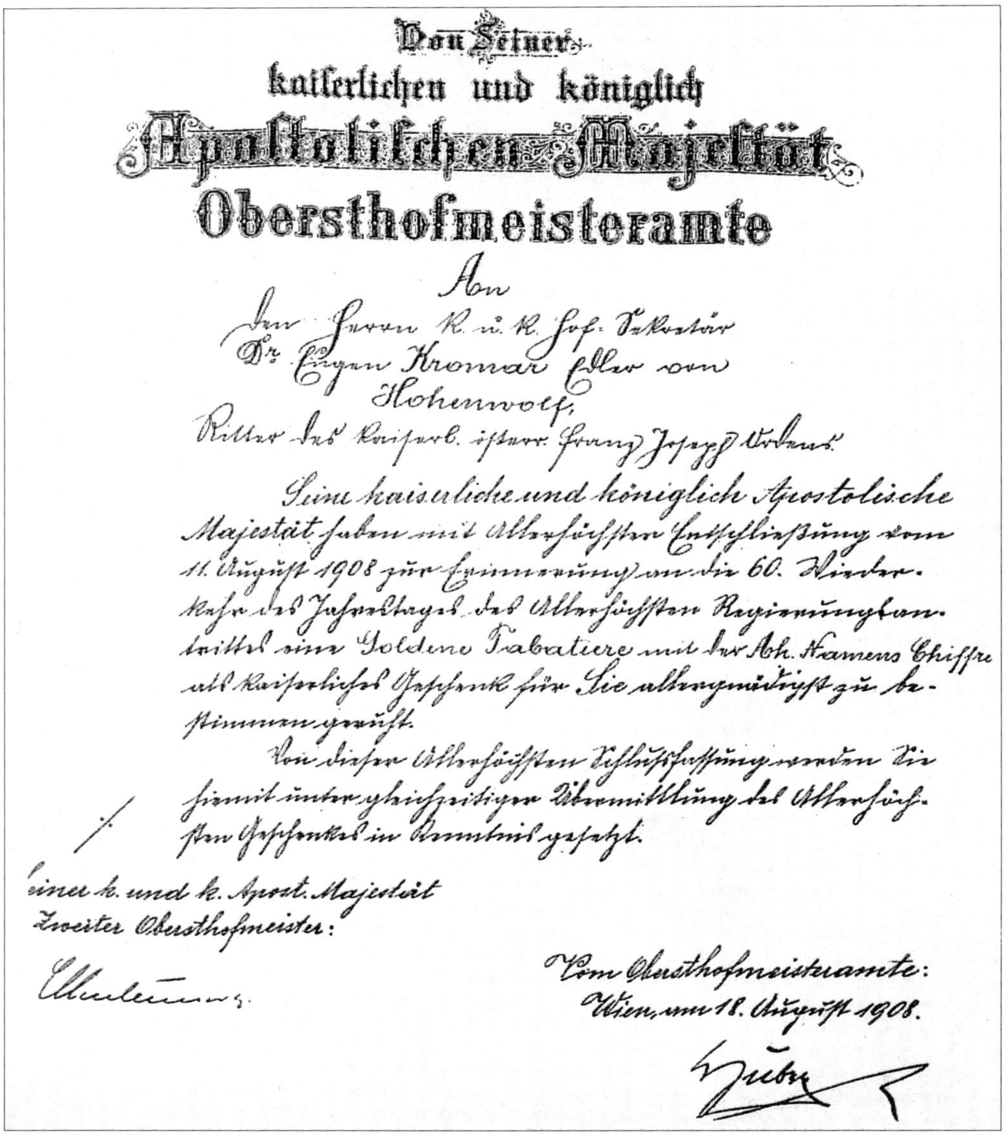
Von Seiner kaiserlichen und königlich Apostolischen Majestät Obersthofmeisteramte

An
den Herrn k. u. k. Hof-Sekretär Dr. Eugen Kromar Edler von Hohenwolf, Ritter des kaiserl. österr. Franz Joseph Ordens.

Seine kaiserliche und königlich Apostolische Majestät haben mit Allerhöchster Entschließung vom 11. August 1908 zur Erinnerung an die 60. Wiederkehr des Jahrestages des Allerhöchsten Regierungsantrittes eine Goldene Tabatiere mit der Ah. Namens Chiffre als kaiserliches Geschenk für Sie allergnädigst zu bestimmen geruht.

Von dieser Allerhöchsten Beschlussfassung werden Sie hiermit unter gleichzeitiger Übermittlung des Allerhöchsten Geschenkes in Kenntnis gesetzt.

Seiner k. und k. Apost. Majestät
Zweiter Obersthofmeister:

Vom Obersthofmeisteramte:
Wien, am 18. August 1908.

Kromar wurde geadelt und erhielt eine goldene Tabatière vom Kaiser

RUPERT HACKSTEINER WAR SISIS BERGFÜHRER

Durch sie wurde er reich und berühmt

Viel zu wenig bekannt ist, daß Kaiserin Elisabeth auch eine begeisterte Bergsteigerin war. Problemlos überwand sie Höhen bis zu dreitausend Meter. Ganz besonders liebte sie im Sommer Bergwanderungen mit ihrem Führer Rupert Hacksteiner in Bad Gastein. Als vor kurzem bisher unveröffentlichte Aufzeichnungen dieses zu seiner Zeit berühmten Bergführers auftauchten, fanden sich darin wertvolle

Sisis Bergführer: Rupert Hacksteiner

Die Kaiserin liebte die Berge

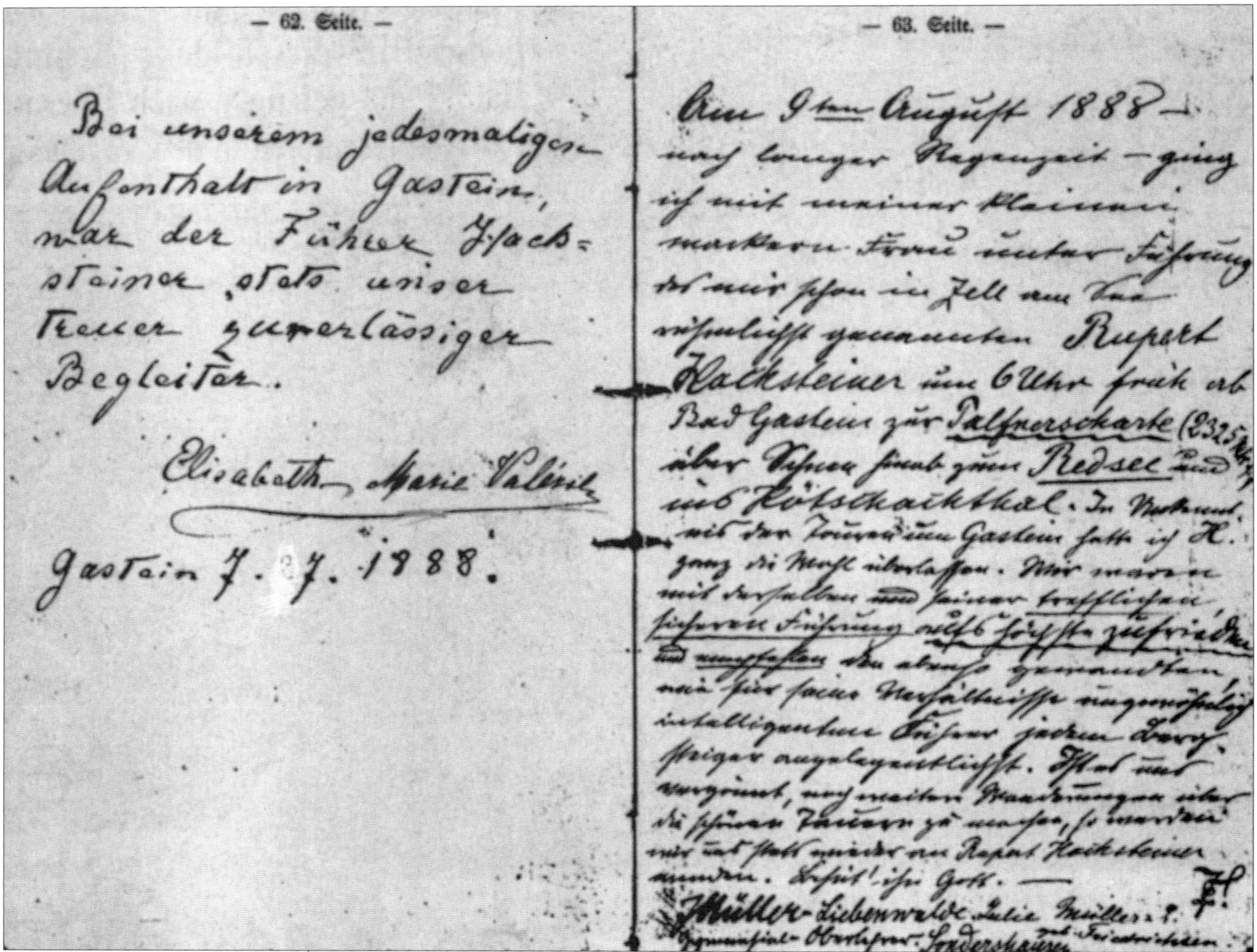

— 62. Seite. —

Bei unserem jedesmaligen Aufenthalt in Gastein, war der Führer Hacksteiner stets unser treuer zuverlässiger Begleiter.

Elisabeth Marie Valerie

Gastein 7. 7. 1888.

— 63. Seite. —

Am 9ten August 1888 — nach langer Regenzeit — ging ich mit meiner kleinen wackern Frau unter Führung des mir schon in Zell am See rühmlichst genannten Rupert Hacksteiner um 6 Uhr früh ab Bad Gastein zur Palfnerscharte (2325 m) über [illegible] zum Redsee und ins Kötschachthal. Im Verkehr mit den Touren um Gastein hatte ich H. ganz die Wahl überlassen. Wir waren mit demselben und seiner trefflichen sicheren Führung aufs höchste zufrieden und empfehlen den ebenso gewandten wie für seine Verhältnisse ungewöhnlich intelligenten Führer jedem Bergsteiger angelegentlichst. Ist es uns vergönnt, noch weitere Wanderungen über die schönen Tauern zu machen, so werden wir uns stets wieder an Rupert Hacksteiner wenden. Behüt' ihn Gott. —

Müller-Liebenwalde Julie Müller u. [illegible]
Gymnasial-Oberlehrer. Sondershausen und [illegible]

Eintragung im Bergführerbuch

Hacksteiner mit einer Begleiterin Sisis auf der Haitzingalm

Hinweise auf Sisis Hobby. Seit sie ihm im August 1886 zum ersten Mal begegnete, war der knorrige Bergfex bis 1893 bei ihrem letzten Gastein-Aufenthalt ihr treuer Begleiter. Ob auf den Gamskarkogel mit seinen 2650 Metern oder den Bockhartsee, 1800 Meter hoch, die Kaiserin überwand alle Distanzen spielend, ganz im Gegensatz zu ihren Hofdamen, von denen man sagte, Sisi habe sie „halb tot gegangen". In weiser Voraussicht hatte Sisi sich schon ab 1891 eine junge Hofdame zugelegt, die 25jährige Janka Mikes. Sie war auch in Bad Gastein stets mit von der Partie. Mehrmals wurde sie auch von ihrer Tochter Marie Valerie begleitet, so etwa am 7. Juli 1888, wie ein Eintrag beider Damen im Bergführerbuch beweist. Von einer Tour auf die Haitzingalm wurden sogar Fotos gemacht, jedoch handelt es sich bei der Dame, die neben Hacksteiner darauf zu sehen ist, nicht um die Kaiserin, sondern um jemanden aus ihrem Gefolge. Staubbedeckt, mit Wanderkleid und Haferlschuhen hätte sich Sisi auch bestimmt nicht ablichten lassen.

Kletterpartien waren teuer

Hohe Preise wurden zu jener Zeit für autorisierte Bergführer und ihre Dienste gezahlt. So mußte ein Bad Gasteiner Hotelier 1890 für die Wanderung zum Ankogel und zur Tischlerspitze rund 30 Gulden hinlegen, dazumal 3000 Kreuzer. Zum Vergleich: eine Semmel kostete 2 Kreuzer. Nach heutigem Geld wären das etwa 12.000 Schilling.

Hacksteiner wurde Hotelier

Im Gegensatz dazu berichtete mir der Bergführer Luis Kravanja, daß er heutzutage für eine zweitägige Tour zu obigen Zielen nur rund 3500 Schilling verrechnen würde. So würde es heutzutage einem Bergführer sicher schwerfallen, sich wie Rupert Hacksteiner ein schönes Hotel bauen zu lassen, was dieser 1894 bereits tat. Seine Villa Alpenrose, zwei Minuten vom Bahnhof Bad Gastein und damals noch mitten im Fichtenwalde, führte er erfolgreich bis zu seinem Ableben 1935.

Sisi hingegen residierte in den Jahren 1888, 1889, 1890, 1891 und 1892 immer wieder in der Villa Helenenburg. Da sie auch Badekuren machte, brachten Pferdefuhrwerke die hölzernen Bottiche dorthin. Daß ihr die Bad Gasteiner Luft sehr gut tat, bestätigte auch der Kurarzt Dr. Arthur Pröll. Der Kaiser konnte befriedigt am 18. Juli 1891 aus Bad Ischl schreiben: „Du hast also die schönen Tage gut benützt und ich kann mir denken, wie genußreich diese Ausflüge gewesen sind."

Nicht immer allerdings verliefen Bergtouren störungsfrei. So geht aus einem anderen Brief hervor, daß die Tourengeher vom Gewitter überrascht wurden. Sisi, Rupert Hacksteiner und der Griechischlehrer Christomanos stiegen einmal vom Kötschachtal aus zum Gamskarkogel auf und mußten wegen starken Gewitters im Heu übernachten. Sicher trugen die Ruhe und Besonnenheit Hacksteiners dazu bei, daß die Nacht von allen Beteiligten problemlos überstanden wurde.

So wohltuend die Natur in der Bergwelt auf Sisi einwirkte, so hatte sie nach Rudolphs Tod in Mayerling doch auch in Bad Gastein mit so schweren Depressionen zu kämpfen, daß ihre Töchter beunruhigt waren. „Gib um Gottes Willen beim Wasserfall acht auf die Mama" soll Gisela ihrer Schwester Marie Valerie ins Ohr geflüstert haben. Und Sisi äußerte schwermütig: „Wie beneide ich Rudolph, aber man weiß ja nicht, was nachkommt. Wüßte man es, dann wäre es freilich leicht."

Referenzen des Hofkontrollors

Sicherlich hatten die lobenden Worte ihres Kontrollors Karl Linger großen Anteil daran, daß Sisis Bergführer auch nach ihrem jähen Tode weiterhin habsburgischer Begleiter blieb, denn er hatte im Bergführerbuch bestätigt, daß „der Führer Rupert Hacksteiner Ihre Majestät die Kaiserin und Königin von Österreich-Ungarn bei allen Ausflügen, die in den Umgebungen von Bad Gastein gemacht wurden, geführt hat und sich bezüglich dieser seiner Dienstleistung die allerhöchste Anerkennung erworben hat." So vertrauten sich Sisis Schwiegersohn Erzherzog Franz Salvator, seine Gattin Marie Valerie und deren Kinder viele Sommer hindurch dem Bergkundigen an. Sein Ruf war bald legendär, sodaß der Ort nicht allein aus der Donaumonarchie viele hohe Gäste magnetisch anzog.

Wie herzerfrischend ehrlich sich dieser biedere Mann auch gegenüber einer Majestät zu benehmen wußte, davon berichtet eine Anekdote. Als sich einmal der Himmel drohend mit Wolken bezog, meinte Sisi seufzend: „Schauen Sie, von Bayern her ziehen Regenwolken auf." Worauf Hacksteiner konterte: „Jaja, von Bayern is' für uns noch nie nix Guets her kemma." Momentan soll seine Begleiterin, die ja eine bayerische Prinzessin war, verdutzt geschaut haben. Aber dann lachte sie herzlich. Hacksteiner hatte wirklich nur die Wolken gemeint.

KAISERIN ELISABETHS KÜHE IM TIROLERGARTEN

Eine ihrer Kuhmägde machte ihr Glück in Prag

Unter einem vergilbten Packen alter Briefe vom Kaiserhof fand sich unlängst auch einer, der mitsamt einigen alten Fotografien ein besonderes Schicksal aufdeckte. Es ging darin um eine der Kuhmägde und Melkerinnen im kaiserlichen Hofdienst der Ställe im Schönbrunner Tirolergarten. Dort wurden die Kühe gehegt und gepflegt, deren Milch oft Sisis einzige Nahrung während ihrer Schlankheitsdiäten war. Oft ließ die Kaiserin auch auf Reisen Kühe, welche ihr besonders gesund erschienen oder deren Milch ihr exzellent geschmeckt hatte, per Fracht nach Wien kutschieren, wo sie in den Stallungen oberhalb des Schlosses Schönbrunn ihren Platz fanden. Kein Wunder, wenn auf die dort beschäftigten Meier und Kuhmägde besonderes Augenmerk gerichtet wurde. Die Kühe mußten stets auf das reinlichste gehalten werden. Alle zur Milch- und Buttergewinnung bestimmten Gefäße mußten andauernd gesäubert und glänzend blank poliert werden. Die Tracht der Meier und Kuhmägde war strikt vorgeschrieben. Über baumwollenen Kitteln waren weißgestärkte Schürzen zu tragen, den Kopf schmückte ein Häubchen. Selbst die Stiefel der Meier wurden kontrolliert, wie denn auch das Ausmisten von sogenannten „Dreckfahrern" und „Strapazierweibern" täglich zweimal ausgeführt wurde. Da der Dienst monatlich 280 Schilling einbrachte, wozu noch Kost und Kleidung sowie Unterkunft in den Dienstbotentrakten kamen, gab es wenig Wechsel. Jeder war froh, einen so guten Platz zu haben. Gelegentlich beehrte sogar die Kaiserin die Ställe, um sich ein Glas kuhwarme Milch geben zu lassen. Diese Aufgabe fiel regelmäßig an eine besonders servile Kuhmagd, nämlich Marie Berndl, ein resches Ding.

Brief wegen der Kuhmagd im Tiroler Garten

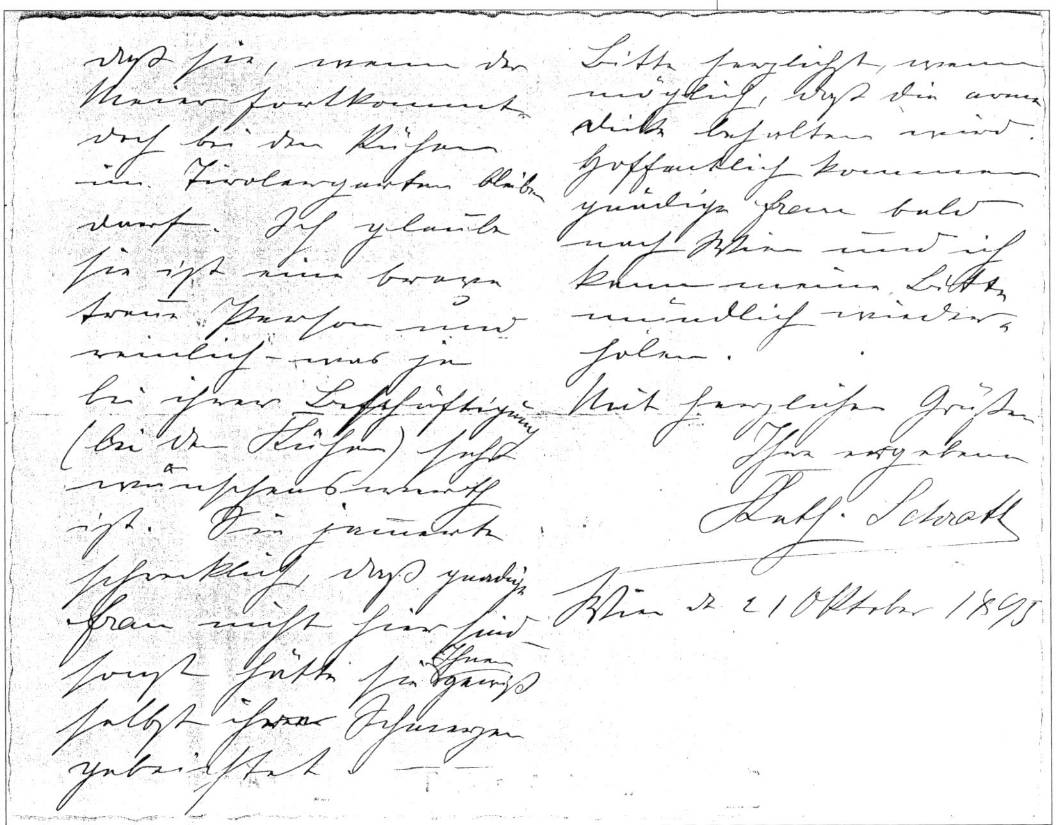

daß sie, wenn der Meier fortkommt noch bei den Kühen im Tirolergarten bleiben darf. Ich glaube sie ist eine brave treue Person und reinlich was sie bei ihrer Beschäftigung (bei den Kühen) sehr [illegible] ist. Sie [illegible] sehnlich, daß gnädige Frau nicht hier sind sonst hätte sie Ihnen selbst ihre [illegible] unterbreitet.

bitte herzlichst, wenn möglich, daß sie [illegible] erhalten wird. Hoffentlich kommen gnädige Frau bald nach Wien und ich kann meine Bitte mündlich wiederholen.

Mit herzlichen Grüßen
Ihre ergebene
Kath. Schratt

Wien den 21 Oktober 1895

Ein Pantscherl mit Folgen

Jedoch währte das Glück nur drei Jahre, dann beging die Kuhmagd den Fehler, sich in den Meier zu verlieben. Das wurde vom zuständigen Hofärar jedoch mit Mißvergnügen registriert, weshalb man dem Mann nahelegte, den Dienst aufzugeben. Schließlich war der Meier verheiratet und hatte etliche Kinder. Auch für Marie Berndl sah die Sache schlimm aus! Man wäre sie bei Hof auch gerne losgeworden, jedoch half ihr die Bekanntschaft mit der Hofschauspielerin Katharina Schratt, der sie tränenreich ihr Leid klagte. Prompt setzte diese sich am 21. Oktober 1895 mit Sisis Hofdame Ida von Ferenczy in Kontakt und schilderte ihr den betrüblichen Vorfall. Die Ferenczy war gerade im heimatlichen Ungarn, weshalb die Schratt schrieb: „... Bitte herzlichst, wenn möglich, daß die arme Dicke behalten wird ..." Schließlich wußte die Frau Hofschauspielerin genau, wenn Sisis liebste Hofdame sich für die Berndl einsetzte, würde man noch einmal Gnade walten lassen.

Ida von Ferenczy bat um Gnade für die Kuhmagd

Leider spitzten sich die Dinge in Wien zu. Jetzt stellte sich obendrein noch eine verschwiegene Schwangerschaft der Kuhmagd heraus. Was sollte nun werden? Ganz sicher würde die Kaiserin keinen „Pemperletsch", keinen Säugling, im Tirolergarten dulden wollen.

Die Ferenczy sucht einen Mann

Nicht für sich, sondern für die unglückliche Marie Berndl ging Ida von Ferenczy zielstrebig auf Männersuche. Und tatsächlich fand sich einer, dem die robuste, fleißige Kuhmagd für seine kleine Landwirtschaft eben recht erschien. Es war ein schon betagter Witwer, Ladislaus Kovacs, aus der Nähe von Prag, der sich sogar geschmeichelt fühlte, eine Ehefrau aus kaiserlichen Diensten zu bekommen.

Ausgestattet mit einem guten Stück Geld vom Hofärar konnte also geheiratet werden. Stolz ließ sich die nicht gerade schöne und rundliche Marie mit ihrem kleinen Mäderl fotografieren, ganz in schwarzer Seide, die Haare mit „Frissanten", wie damals die moderne Ponytracht hieß.

Marie Berndl mit der kleinen Janka

Angeblich sandte sie dankerfüllt auch der Kaiserin ein Foto nach Bad Ischl, wo diese eben weilte. Ob jedoch die Beilage zu einem Brief, den die Ferenczy abfaßte, weil Marie nicht schreiben konnte, je in die Hände Ihrer Majestät gelangte, ist unbekannt geblieben. Hingegen riß die Verbindung zur Hofdame nicht ab. Sie versprach sogar, einmal einen guten Dienst bei Hofe für die kleine Janka Kovacs zu suchen, wenn sie herangewachsen wäre.

Der Tod der Kaiserin machte hingegen diese Pläne zunichte. Von der einstigen Kuhmagd, welche der Kaiserin so manchen Becher guter Milch im Tirolerhof präsentierte, gibt es noch zu melden, daß sie verwitwet die Landwirtschaft aufgab und in Prag lebte, wo sie hochbetagt starb.

So nahmen sich zwei Damen, die dem Kaiserhof nahestanden, einer schlichten Kuhmagd an. Und das Zeichen ihrer Menschlichkeit, der liebevoll-fürsorgliche Brief der Schratt, ist bis in unsere Tage erhalten geblieben.

FRISEURIN EINER KAISERIN

Franziska Rösler stieg zu hohen Ehren auf

Sie hieß Franziska Rösler, war von Geburt her Wienerin und kam als Tochter eines gutsituierten Kaufmanns auf die Welt. Vater Albert Rösler und Mutter Anna, geborene Staud, wohnten im 7. Wiener Gemeindebezirk in einem alten Haus, das es heute nicht mehr gibt, in der engen Faßbindergasse No. 9-13. Niemand hätte es dem hübschen dunkelhaarigen Mädchen vorhergesagt, daß es einmal die Friseurin einer Kaiserin werden würde. Warum Franziska, Fanny genannt, sich zu diesem Beruf entschlossen hatte, ist nicht bekannt. Vielleicht war es dem Geschick, das eigene, reiche Haar schön zu frisieren, zuzuschreiben. Jedenfalls trat sie mit knapp 18 Jahren als Anfängerin in den Garderobendienst im Burgtheater ein. Bald machte sie Furore, weil einige der Theatergrößen damaliger Zeit sie wegen ihrer außergewöhnlichen Geschicklichkeit schätzten. Sogar der Kaiserin gefiel die Frisur ausnehmend, welche Franziska Rösler der berühmten Mimin Helene Gabillon in einem Lustspiel mit Chignons und Haarteilen gezaubert hatte. Auf drängende Nachfragen erfuhr Ihre Majestät den Namen der geschickten Coiffeuse. Für sie mit ihrer ewigen Sorge um ihre Haarpracht stand sogleich fest, daß in Zukunft nur Franziska Rösler und keine andere ihre Hoffriseurin werden würde. Es galt nur noch, deren Status als Hofbedienstete zu festigen, und auch dies gelang verhältnismäßig rasch.

Hofcoiffeuse Franziska Rösler, verehelichte Feifalik

Herrliche Friseurkünste für die Kaiserin

Ein Professoren-Gehalt

Es kam jedoch einem handfesten Skandal gleich, als am 24. April 1863 bekannt wurde, daß eine 21jährige Hoffriseurin in Hinkunft ein Jahresgehalt von rund 2000 Gulden vom Hofärar beziehen würde. Eine solche Summe entsprach damals dem Gehalt eines Universitätsprofessors. Es war durchaus nicht üblich, simple Hofbedienstete finanziell dermaßen zu verwöhnen. Zum Vergleich: Ein Küchenchef in der Wiener Hofburg wie Richard Munsch verdiente im Jahr zu Anfang seiner Laufbahn in der Hofmundküche 1200 Gulden. Nach heutigem Geld betrug Fannys Salär ca. 100.000 Schilling pro Monat. Besonders süffisant wurde in der „Morgen-Post“ aber vermerkt: „Daß, wenn es ihre Zeit erlaube, ein anderweitiger Kunstverdienst nicht ausgeschlossen für Fräulein Fanny Rösler sei.“ Kein Wunder, wenn solche Freizügig-

Amalie Hohenester lieferte Rezepte

keit auch genutzt wurde. Plötzlich bewarben sich auch andere Damen der allerhöchsten Gesellschaft darum, von Sisis Coiffeuse verschönert zu werden. Sie hatte sich umsichtig auch um geheimnisvolle Rezepturen zur Pflege der Haare und der sensiblen Haut ihrer Herrin gekümmert. Dabei stand ihr die damals weitberühmte Amalie Hohenester zur Seite, eine Zigeunerin, die in ihrem Kurort Mariabrunn Fürsten und Erzherzöge behandelte. Allerdings wertete der Hof solche Bemühungen auch als „Faxen" ab. Solange die blutjunge Franziska allein dastand, mußte sie also geschickt lavieren. Bald aber zeigte sich ein Bewerber um ihre Hand, der um elf Jahre ältere Handelsangestellte Hugo Feifalik, ein gutaussehender Mann mit besten Manieren. Obwohl Hofbedienstete nach damaligen Bestimmungen gar nicht ohne weiteres heiraten durften, setzte Franziska ihren Kopf durch. Die Kaiserin, in Angst, ihre Haarkünstlerin und Vertraute, die sie oft auch als Double benützte, zu verlieren, drang beim Kaiser damit durch. Es durfte geheiratet werden und Hugo Feifalik avancierte obendrein zum Sekretär und Reisemarschall Ihrer Majestät.

Ein Umzug in die Nähe der Hofburg

Der Ehrgeiz des Paares schlug Kapriolen. Zuerst wurde ein neues, eleganteres Heim gesucht, das sich in der Burggasse fand. Das noch heute erhaltene Haus No. 6-8, ein typischer großbürgerlicher Gründerzeitbau mit Türmchen und Erkern, bot in der Beletage Platz für Eleganz. Obendrein war es günstig gelegen, sodaß die Feifaliks per Hofequipage in nur 15 Minuten schon die Hofburg erreichen konnten. Von nun an begleiteten Hugo und Franziska Feifalik die Kaiserin auch auf allen Reisen. Daran änderte sich nichts, als 1867 Sohn Hugo zur Welt kam. Das Streben, sich die erworbenen Rechte zu erhalten, ließ sie elterliche Pflichten überall spielend in den Hofdienst einbeziehen. Daß der kleine Hugo wie ein Prinz verwöhnt wurde, verstand sich von selbst. Er trat später auch im Hofdienst in die Fußstapfen seines Vaters, wurde wie er zum Ritter I. Ordnung, zum Hofrat, Schatzmeister des Sternkreuz-Ordens und Oberst im Hofmeisteramt. Allerdings übertraf der Senior den Sohn hinsichtlich seiner vielen Orden, die ihm auf Sisis weiten Reisen zuteil wurden. So war er zudem auch Besitzer des türkischen Hof-Ordens, des italienischen Kreuz-Ordens, des Ordens der Krone von Rumänien und Kommodore des bulgarischen Sterns. Hingegen trug Feifalik Junior, wie im Wiener Adreßbuch von 1914 angegeben, mit Stolz auch den preußischen roten Adler-Orden.

Hugo Feifalik wurde Hof-Reisemarschall

Mit 80 Jahren starb Hugo Ritter von Feifalik 1914. Die Frau, der er neben der Kaiserin seinen beispiellosen Aufstieg verdankte, Franziska, war ihm schon drei Jahre zuvor nach schwerem Leiden vorausgegangen.

Nur ein Zeitzeuge berichtete uns von ihrer Erscheinung: Sisis griechischer Vorleser Constantin Christomanos. „Hinter dem Sessel der Kaiserin stand die Friseuse", schrieb er in seinen Tagebuchblättern, „als Dienende selbst von imposanter Erscheinung – an eine bekannte vertriebene Königin zweiter Güte im europäischen Osten erinnernd." Diese Königin war zweifellos Darinka, Fürstin von Montenegro.

Wer die Bilder vergleicht, wird ihm Recht geben. In ihrer düster-schwermütigen Ausstrahlung sah Franziska Feifalik im Alter wirklich jener Ex-Monarchin ähnlich.

Die Feifalik hatte laut Zeitzeugen Ähnlichkeit mit Königin Darinka (Bild rechts)

SIE WAR DES KAISERS CHRISTKIND

Marie Tuma, Hofbedienstete

Sie schmückte des Kaisers Christbaum: Marie Tuma

Die Frau Tuma, die weiß noch alles vom Kaiser", sagte der Pförtner am Meidlinger Eingang von Schönbrunn. Die Frau Tuma mußte es ja wissen: Sie war die letzte Hofbedienstete, die in der kaiserlichen Hofgärtnerei half, in der Schönbrunner Küche das Gemüse putzte und zu Weihnachten für den alten Franz Joseph und die Seinen den Christbaum schmückte. Das geschah im „Antoinettenzimmer". Die kleine, schmächtige Frau sagte mit warmem Glanz in den Augen: „Nach Weihnachten, wenn der Christbaum weggegeben wurde, hat jeder von uns einen Zweig 'kriegt mit allem Zuckerwerk, das dran war ..." Und dann schwelgte die damals 99jährige in Erinnerungen, für die es sonst keinen Zeugen mehr gibt ...

In einem der alten Nebengebäude, seitlich der Wagenburg, „residierte" Marie Tuma, die nach Franz Josephs Tod im Haushalt von Kaiser Karl Beschäftigung fand und mit dem kleinen Otto von Habsburg Freundschaft schloß: „Blond war er damals und so lieb g'schneckerlt." Dafür drückte ihr Dr. Otto Habsburg 49 Jahren später – 1957 – auf

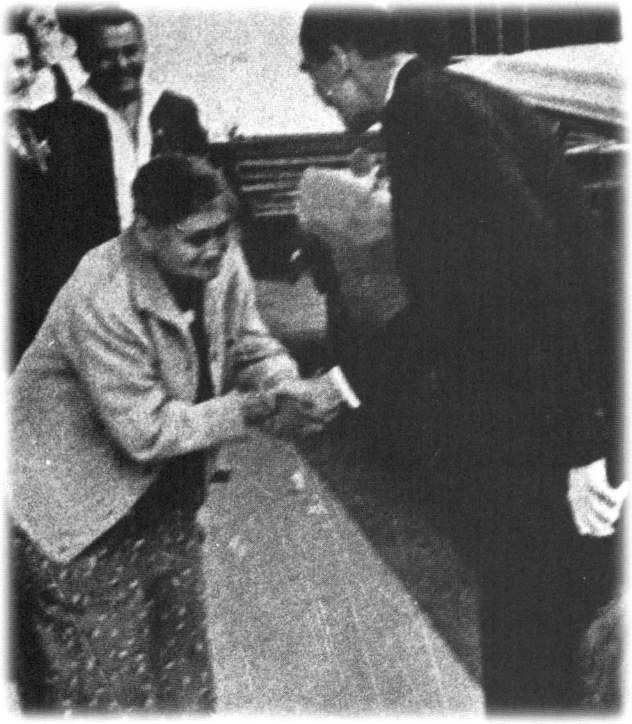

Dr. Otto Habsburg dankte Marie Tuma

Schloß Waldstein in der Steiermark kräftig die Hand und stellte auch seiner Gemahlin die „treue Perle“ seines Vaters vor.

Solche Begebenheiten verriet Marie Tuma erst nach längerem Bitten. Sie mochte lieber gar nichts von sich „hermachen“, weil eben doch alles schon viel zu lang her war. 1906 trat sie in kaiserliche Dienste, als 28jährige Tochter eines Faßbinders aus Deutsch-Böhmen, das inzwischen längst von der Landkarte verschwunden ist. Anfangs im Palmenhaus und im Kammergarten beschäftigt, wo sie dem Kaiser häufig begegnete („Er hat immer so freundlich genickt!“), wurde die fleißige Marie zeitweise auch in den Tierpark beordert.

Von da ging es wieder zurück zu den Blumen, die ihr am liebsten waren. Zwölf Stunden Arbeit, ein kleines Zimmer im Bereitergang, wo die ledigen Dienstboten untergebracht waren, kein Urlaub – den gab es damals noch nicht –, Abwechslung nur durch die Arbeit, die sie gerne tat: Ja, konnte denn ein Mensch überhaupt so leben?

Heute wäre das undenkbar, so meinen wir. Aber Frau Tuma war kerngesund („Das Herz ein bisserl schwach, sagt der Doktor“), fröhlich, ging täglich nach Hietzing einkaufen, mochte am liebsten noch soviel singen wie früher („Wenn's mit dem Atem ausging', doch der ist ein wenig knapp“) und sagte von der heutigen Zeit: „Die is' net schön!“

Wie dankte der Staat einer treuen Hofbediensteten 43 Jahre aufopfernder Tätigkeit? Im Falle der Marie Tuma war die Antwort einfach: mit ganzen 2798 österreichischen Schillingen. Das war sehr wenig. Und die alljährlichen fünf Gulden Weihnachtsgeld aus der Kaiserzeit fielen auch noch weg. Aber die gute, alte Seele beklagte sich nicht, in ihrer winzigen Zweizimmerwohnung am Molnárgang war sie zufrieden: Wenn nur der Kaffee nicht ausging. Er roch ein bißchen nach Zichorie und stand dampfend auf der heißen Herdplatte.

Mit 28 Jahren in kaiserliche Dienste

„Ich hack' noch täglich mein Holz zum Kochen und Heizen selber“, verriet sie und meinte gleich, daß gerade das sie sicher so lange gesund erhalten hatte. Und ihre Mäßigkeit! Mit ein wenig gedünstetem Reis und einem Stückchen Fleisch gelegentlich fand sie leicht ihr Auskommen. Denn: „Auch der Kaiser hat wenig 'gessen! Er war so bescheiden, daß seine Leut' mit den Portionen nicht zufrieden gewesen wären“, wußte sie zu berichten.

Zwar kannte sie die Kaiserin Elisabeth nicht mehr, ansonsten aber war Marie Tuma eine Fundgrube für Historiker. So erfuhr man von ihr, daß in jenen Jahren von

Frau Schratt nur wenig zu sehen war, hingegen ging der Kaiser täglich bei jedem Wetter im Kammergarten auf und ab. „Der war allgemein gesperrt, auch für uns. Nur zum Auspflanzen im Frühjahr und zum Gießen sind wir hineingekommen."

Früh morgens gegen neun, wenn der Leibarzt Dr. Josef Ritter von Kerzl dagewesen war, kam der Kaiser herunter. Vorher waren die Ordonnanzen zur Audienz oben. Während des Weltkrieges sah die Marie „einen Mann mit großer Tasche kommen", auf den sie sehr Obacht geben mußte, „denn er war vom Kriegsministerium". Es gab dann strenge Weisung für sie, „während des Essens wachsam zu sein, daß niemand an die Tische der Leute ging".

Mit einem Wort: In der Tasche waren Geheimbefehle, und hätte nicht auch die getreue Tuma aufgepaßt, wären sie womöglich in Verlust geraten. Davon wollte sie selbst natürlich nichts hören. Vielmehr lobte sie Kaiser Franz Joseph: „In Kriegszeiten ist er von Schönbrunn selten in die Burg g'fahren. Er hat sich dafür wenig Zeit gelassen, wissen Sie."

Marie Tuma wirkte auch für Kaiser Karl

Die große Zäsur kam mit des Kaisers Tod. Daran hatte sie eine unvergeßliche Erinnerung: „Über die Blaue Stiegen haben s' ihn heruntertragen. Gerad' wie ich da steh, seh' ich ein Sternräuschperl (Sternschnuppe, Anm.) niederfallen. A so a Zufall, oder net?"

Wie die anderen Hofleute weinte auch die Frau Tuma viel in dieser Zeit: „Sein letzter Wille war halt, daß wir a jeder noch sechs Monate lang Dienst tun und unsere Gehälter nebst Kammerzulag' kriegen, als wenn er leben tät'. Das hat er niederg'schrieben. So haben wir fast 'glaubt , er is' noch unter uns. Sein Jäger, der immer bei ihm war, ist bald drauf vor Gram auch g'storben. Und der Graf Paar, sein Flügeladjutant, ein sehr großer Herr, hat auch net lang mehr g'lebt, weil s' ihn alle halt g'wöhnt waren und so viele Jahr' bei ihm Dienst g'macht haben."

Sie rückten dann „enger zusammen": Der neue Kaiser Karl und dessen Familie sowie Prinzessin Valerie mit ihrem Gemahl, dem Erzherzog Este, den die Frau Tuma „einen netten Kerl" nannte.

„Die sind alle schon g'storben", seufzte sie, „nur a Tochter lebt wohl noch, und ein Sohn, der wird im Familienschloß sein."

Jedenfalls zog Marie Tuma zu jener Zeit in ihre jetzige Wohnung an der Molnárstiege und direkt ihr gegenüber, im Valerietrakt, wohnten die Estes, sodaß man einander in die Fenster sah und täglich herübergrüßte. Trotz der Standesunterschiede eine Schönbrunner Familie ...

Von da an machte sie es sich zur Gewohnheit, allwöchentlich „zu Fuß" von Schönbrunn zur Kapuzinergruft zu wallfahrten, um „ihren" Kaiser zu besuchen. Wo gäbe es das heute noch, daß die Angestellten freiwillig ihren Sonntag opfern, um stundenlang zum Grab des „Chefs" zu laufen? Ist solche Treue ausgestorben? Oder liegt es daran, daß wir keinen Kaiser mehr haben, nämlich einen, der seinen Leuten ein beispielhaftes Leben vorlebte und sie stets mit väterlicher Güte zu behandeln verstand?

Marie Tuma sagte still: „Die was für ihn getan haben, die haben's gern getan! Und das waren schöne Zeiten. Mit Freuden haben wir g'arbeitet. Aber jetzt, da wollen die Leut' ja nix tun ..."

Wie wird man so alt und bleibt dabei noch so frisch und leistungsfähig?

„Ich eß' fast nix", sagte Marie Tuma und verriet, daß sie an jenem Tag bis nachmittags um fünf erst „ein winzigs Stückl Leberwurst" gegessen hatte. Vielleicht machen es die Vitamine? Eine Kiste Äpfel stand im Schlafzimmer bereit. „Na, an Apfel eß' i' den Tag über net!"

Lag die Langlebigkeit in der Familie? Auch nicht? Der Vater starb mit 77, die Mutter mit 75 Jahren. Und ein Neffe an Herzinfarkt gar schon mit 50.

Waren es die Erinnerungen, die ganz besonderen, die ihr Kraft gaben? Das konnte schon eher sein. So freute es sie damals noch, daß „der Kaiser sogar Zwetschkenknödel 'gessen hat". Die wurden ihm dann auf einem tragbaren Herd von der Hofküche ins Arbeitszimmer gebracht, wo er seit Elisabeths Tod auch die Mahlzeiten einnahm.

Sie lebte ganz in der „alten Zeit", die für sie eine „gute Zeit" war. Und ihr mußte man das wohl glauben, denn sie hatte ja alles erlebt. Die alte, treue Perle des Kaisers ...

Mit 103 Jahren starb die liebe Marie Tuma 1981 ...

DER LOKFÜHRER DES KAISERS

Das aufregende Reiseleben des Ritter von Klaudy

Er gehörte in der Donaumonarchie zu den meistdekorierten Beamten bei Hofe. Die Rede ist von Claudius Ritter von Klaudy. Als ich mich mit seiner Nichte traf, zählte sie mir einige seiner wohlverdienten 40 Orden auf: „Goldenes Verdienstkreuz der Krone, Ritter des Franz Joseph-Ordens, des Ordens der Eisernen Krone, Ritter des russischen Annen-Ordens, des großherzoglich toskanischen Verdienstordens und und und ..."

Ein so hochgeschätzter Beamter gehörte sicher zur Elite am österreichischen Kaiserhof. Während andere seiner Klasse sich aber elitär gebärdeten, scheute Klaudy sich auch als wohlbestallter Hofrat und Generaldirektor der Lemberg-Czernowitzer-Bahn nicht, in einfachster Kluft auf die Dampflok zu steigen und seinen Kaiser sicher durch die Nacht, vorbei an allen Fährnissen, selber ans jeweilige Reiseziel zu bringen. „Er hat nie auf diesen Nachtfahrten geschlafen", wußte seine Nichte zu erzählen, die zu Recht auf den berühmten Onkel stolz war. Doch die Verantwortung für den Hofzug mit dem Monarchen rüttelte an seiner Gesundheit. Nach fast fünf Jahrzehnten harten Dienstes stellte sich ein schweres Nervenleiden ein, das endlich am 8. Februar 1903 zum Tode führte. Hochgeehrt starb Klaudy in Görz, das damals noch zu Österreich gehörte.

Claudius Ritter von Klaudy, Lokführer

Steiler Aufstieg von Mähren nach Wien

Niemand hätte es dem kleinen Claudius Alexander Klaudy an seinem Geburtstag, dem 11. Juli 1833, prophezeit, daß er einmal von Groß-Bistritz in Mähren als Aufsteiger nach Wien an den Kaiserhof gelangen würde. Doch der 18jährige Ingenieur-Eleve trat zielstrebig bei der k.u.k. südöstlichen Staats-Eisenbahn an und wechselte bald zu den Lombardisch-Venetianischen-Bahnen. Dann war Verona Dienstort des jungen Klaudy, der mit 23 Jahren Ingenieur wurde.

Die Bahn ließ ihn nicht mehr los. Als Sektions-Ingenieur wechselte er zur Kaiserin Elisabeth-Bahn, und 1866 zu Kriegszeiten mit Italien wurde er von Erzherzog Albrecht, Feldmarschall der Südarmee, für Militärtransporte angefordert. „Er muß außerordentlich tüchtig und gewissenhaft gewesen sein", vermutete seine Nichte. Kurz darauf schon fiel der Name Klaudy auch bei Kaiser Franz Joseph, der ihn wenig später zum jüngsten „Generalinspections-Commissär 1. Klasse extra Statum" ernannte.

Direktor für Hof-Eisenbahnreisen

Seit 1868 war allein Klaudy für alle Bahnreisen des unsteten Kaiserpaares zuständig. Er betreute sowohl Franz Josephs wie auch Sisis Hofreisezug. Dieser bestand aus mindestens fünf Waggons, nämlich dem Salonwagen mit dem Nebenabteil für Adjutanten und Leibjäger, ein bis zwei Waggons für die Suite und die sonstige Dienerschaft, einem Waggon für das Gepäck, einem weiteren für Klaudy, den er sich mit einem Ingenieur und zwei Bediensteten teilen mußte. Der fünfte Waggon war stets der Speisewagen. Einem Feenreich glich der eigentliche Speisesalon, der mit prachtvollen Deckengemälden, mit einer Vielzahl von Lustern und der langen Tafel ausgestattet war. Unterteilt folgten ein Rauchsalon, ein Buffetraum und der Vorraum, in dem die Speisen angerichtet wurden.

Über Klaudys Tätigkeit berichtete am 6. Dezember 1875 das Regionalblatt „Kaktus": „... Alle Reisen des Hofes, und namentlich die größeren, beschwerlicheren, sind seiner bewährten Führung anvertraut ... Ritter von Klaudy ist ein einfacher, wirklicher Lokomotivführer, unter dessen Führung sich's ruhig schläft. Kein Wunder also, daß der tüchtige, bescheidene Mann die Aufmerksamkeit des Hofes auf sich lenkte und persona gratissima wurde."

Klaudy begleitete den Kaiser auf allen Reisen

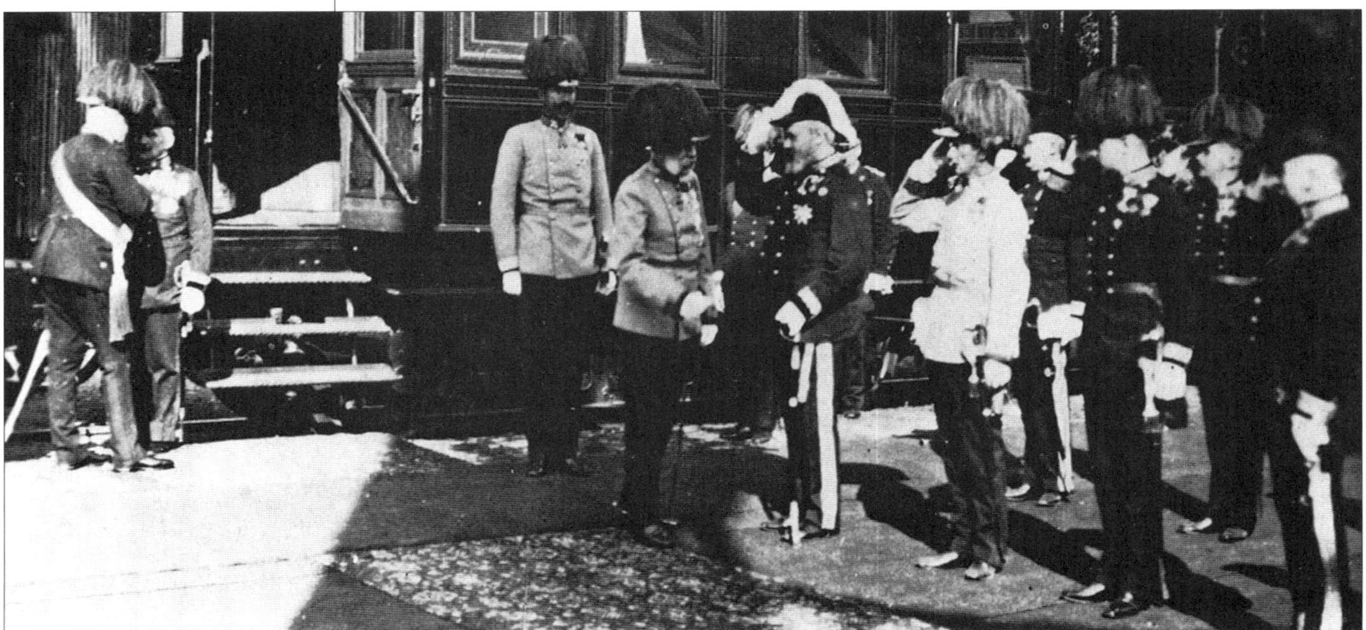

Empfangs-Bestätigung

über das von Seiner kaiserlich-königlich-Apostolischen Majestaet Allerhöchst eigenhändig unterzeichnete Ritterstands-Diplom

für den kk. Inspektor der General-Inspektion d. öst. Eisenb.

Claudius Alexander Ritter von Klaudy

Diplom

Wien am 6t Dezember 1871

Claudius Alexander Ritter von Klaudy

k. k. Inspektor der General-Inspektion der öst. Eisenbahnen.

Erhebung Klaudys in den Ritterstand

Auszeichnungen für des Kaisers Lokführer

Im Gegensatz zu manch anderem Kollegen war es für den geschätzten Hofbeamten selbstverständlich, auf jeder Bahnstation die Waggons zu prüfen, um etwaige Fehlerquellen aufzudecken. „Klaudy fährt, da kann der Kaiser ruhig schlafen", war ein geflügeltes Wort jener Jahre.

Trauerzug von Mayerling nach Wien

Eine schwere Aufgabe wurde Klaudy bei der Affäre von Mayerling zuteil: Er mußte die Überführung des toten Kronprinzen vom Badener Bahnhof nach Wien beaufsichtigen. Als sich um 0 Uhr 20 am 31. Januar 1889 der traurige Zug in Bewegung setzte, zählte die Fahrt für den erschütterten Klaudy sicher zu den tragischsten seines Lebens. Und sie mag unter anderem den Grundstein zu dem schlimmen Nervenleiden gelegt haben, das später immer wieder längere Unterbrechungen seines Dienstes erzwang.

Glückliche Ehe

Erst spät entschloß sich der ewig Reisende zur Ehe. Seine Frau Johanna konnte sich jedoch in Wien nicht eingewöhnen, deshalb übersiedelte das Paar bald darauf nach Görz, wo die junge Frau mehrere herrschaftliche Villen besaß. Die Ehe blieb kinderlos, doch die vielen Neffen und Nichten aus der sonst zahlreichen Nachkommenschaft ließen keine Einsamkeit aufkommen. Wenn der berühmte Onkel in seinen Erinnerungen kramte, scharten sich alle Kinder um ihn. Auch für andere Zeugen jener Zeit blieb der „Lokführer des Kaisers" unvergessen. So schilderte Leibkammerdiener Eugen Ketterl in seinen Memoiren ein Erlebnis seiner ersten Hofreise nach Mentone: „... Ich war wie im Traum ... So kam es, daß ich erst beim Verlassen des Waggons den Hofrat Klaudy um etwas französisches Kleingeld bat. ‚Wozu?' fragte er. ‚Für den Träger, der unser Handgepäck übernimmt', erwiderte ich. ‚Nein, lieber Ketterl, der Kaiser von Österreich zahlt nur in Gold', war die Antwort. Und der Träger bekam sein Goldstück."

Als der noble kaiserliche Lokführer am 8. Februar 1903 starb, trauerte auch der Hof um ihn. Seine Stelle wurde trotz der vielen Reisen des Kaisers nicht mehr besetzt. Vermutlich hätte sich auch niemand mehr gefunden, der im dampfenden, schnaufenden Ungetüm einer Hofzug-Lokomotive Tag und Nacht Dienst getan hätte ...

Späte Ehe mit Johanna

EIN COIFFEUR AUF ABWEGEN

Franz Kusman folgte seiner Angebeteten nach Venedig

Zwei Haarkünstler waren es, die sich für die letzten Lebensjahre Seiner Majestät das Barbieren und Haareschneiden, aber auch die Pflege seines inzwischen schütteren Haares täglich teilten.

Der eine war der Wiener Kammerfriseur Josef Sennhofer, der nicht nur in der Hofburg frühmorgens gegen fünf Uhr seinen Dienst antrat, sondern dem Kaiser auch nach Schönbrunn folgte. Der andere stammte aus Bad Ischl und hieß Franz Kusman. Und gerade er, der eigentlich eine Militärlaufbahn in der k.u.k. Armee angestrebt hatte, erlangte durch seine verantwortungsvolle Tätigkeit für den Kaiser eine besondere Berühmtheit.

Kaiser Franz Josephs Friseur Franz Kusman

Kusman ließ es durchaus nicht dabei bewenden, nur den silbernen Pinsel mit reichlich Schaum auf dem Antlitz des verehrten Monarchen zu schwingen, er stellte auch jede Menge Haarpomaden, Fixative, Brillantinen mit Parfümbeigabe, Haarwässer, Nähröle und Shampoos selbst her. So ist auch der recht stattliche Preis zu verstehen, den Seine Majestät für jede einzelne Behandlung bezahlte, nämlich 28 Kronen, nach heutigem Geld rund 1750 Schilling.

Perubalsam

Die Rezepturen hütete Kusman wie seinen Augapfel. Trotzdem drangen einige Zusammensetzungen an die Öffentlichkeit und wurden kopiert. Vor allem sein „Original russischer Haarspiritus“ mit echtem Perubalsam, Kampfer, Eucalyptus-Essenz, Rosmarin-Essenz, russischem und Ameisenspiritus erfrischte den Kaiser bei jeder Friktion hervorragend. Das sprach sich bald herum und machte auch einige Erzherzöge wie Hofbeamte zu Abnehmern dieser Kostbarkeit. Die eifrig verwendeten Haarnähröle fanden auch unter Hofdamen ihre Abnehmerinnen. Das „Kristallhaaröl“ mit süßem Mandelöl, Kakaobutter und Rosenduft rangierte an erster Stelle. Und genau das sollte den Ausgangspunkt für eine bittersüße Liebesgeschichte zwischen dem cleveren Haarkünstler und einer italienischen Contessa bilden.

Gräfin Trani

Die verwitwete Schwester der Kaiserin, Marie Gräfin Trani, eiferte längst schönheitsbeflissen dem Kult ihres Vorbildes Elisabeth in Toilettedingen nach. Als sie bei einem Besuch in Wien zusammen mit ihrer Hofdame Celeste Albrizzi, einer attraktiven Venezianerin, von Kusmans Rezepten erfuhr, mußte Celeste ihr gleich einige Fläschchen Kristallhaaröl mit Rosenduft besorgen.

Der stattliche Coiffeur, der als Leutnant aus der k.u.k. Armee ausgeschieden war, und die pikante Italienerin verliebten sich Hals über Kopf ineinander. Unter dem Vorwand, für ihre Majestäten Rezepturen auszutauschen, fanden immer wieder Treffen statt. Und schließlich wurde gar ein Rendezvous in Venedig vereinbart, wo die Familie der Albrizzi einen Palazzo am Canale Grande besaß.

Erwartungen

Kusman überreichte also Rasierpinsel und Haarpomade seinem Kollegen Sennhofer und folgte seiner Angebeteten in die Lagunenstadt. Doch seine kühnen Erwartungen wurden bitter enttäuscht! Noch in dem kleinen Hotel am Markusplatz, in dem er abgestiegen war, bekam Kusman unliebsamen Besuch: Der Advokat des Conte Albrizzi verbot ihm jeden weiteren Kontakt mit der Contessa und verlangte die sofortige Abreise – andernfalls man beim Kaiserhof in Wien vorstellig würde.

Hofdame Celeste Albrizzi

Zwar kam die Affäre dem Kaiser nicht zu Ohren, weil der enttäuschte Charmeur rasch klein beigab, doch hat Franz Kusman die schöne Aristokratin vom Canale Grande nie vergessen. Noch seinen Enkeln soll er von ihr berichtet haben.

Mit zunehmendem Alter verspürte Franz Joseph immer weniger Lust, das Personal mit dem jeweiligen Aufenthalt zu wechseln. So kam Kusman noch zu einem gewissen Wohlstand.

Als der Kaiser im Jahr 1909 von Ischl wieder in die Wiener Hofburg zurückkehrte, hatte er sich so sehr an Kusman und seine vorzüglichen Brillantinen gewöhnt, daß er seinen Leibkammerdiener Eugen Ketterl fragte, wie er es anstellen könne, Kusman einfach nach Wien zu beordern.

500 Kronen

Natürlich hätte er – wie Ketterl in seinen Memoiren später berichtete – „dies einfach anbefehlen können. Das fiel dem Kaiser aber nicht ein, und er wandte sich daher um Rat an mich, wie man das machen könnte. Ich schlug vor, dem Friseur eine Entschädigung für den Geschäftsentgang in Ischl von 500 Kronen auszubezahlen, ein Betrag, der sicher viel höher veranschlagt war, als der ihm der durch das frühere Schließen des Geschäftes etwa entgangene Verdienst."

Eine stolze Summe

Der Kaiser kam diesem Rat bereitwillig nach, wie er sich überhaupt allen Bediensteten gegenüber stets großzügig zeigte.

Nach heutigem Geld wurden Kusman damals also rund 31.320 Schilling ausgehändigt. Eine stolze Summe! Und dies nur als Äquivalent, während der normale tägliche Verdienst ja weiterging.

Kusman muß damals allerdings höchst verblüfft gewesen sein, als Seine Majestät bei der nächsten Rasur in Anwesenheit von Ketterl besorgt fragte: „Habe ich ihm nicht doch am Ende zu wenig gegeben?"

„Ich mußte Seine Majestät beruhigen", stellte der treue Leibkammerdiener in seinen Memoiren fest. „Auch das zufriedene Gesicht des Friseurs gab mir recht."

Sisis Schwester Gräfin Trani

EIN GETREUER KAMMERDIENER ERTRUG DEN TOD DES KAISERS NICHT

Kaiserfreundin Katharina Schratt folgte als einzige dem Sarg

Zur frommen Erinnerung im Gebete
an Herrn
Friedrich Spannbauer

k.u.k. Leibkammerdiener weiland Sr. Majestät des Kaisers Franz Josef des I., Besitzer des Ritterkreuzes, des Fr. Josef-Ordens, des goldenen Verdienst-Kreuzes mit der Krone, des goldenen Verdienst-Kreuzes, der goldenen Tapferkeitsmedaille, etc. etc.

gest. am 14. Mai 1917, im 58. Lebensjahre.

Du bist der Allmächtige über Leben und Tod, und wer darf zu Dir sprechen, warum hast Du das getan, der Du auch durch Leiden segnest; Du wirst die Tränen trocknen, die Trauer in Freude verwandeln, denn Du bist die Auferstehung und das Leben; wer an Dich glaubt, der wird leben, wenn er auch gestorben ist.

Gott gebe ihm die ewige Ruhe

Friedrich Spannbauer beging Selbstmord

Zur frommen Erinnerung im Gebete
an Herrn
Friedrich Spannbauer
k. u. k. Leibkammerdiener weiland Sr. Majestät des Kaisers Franz Josef des I., Besitzer des Ritterkreuzes, des Fr. Josef-Ordens, des goldenen Verdienst-Kreuzes mit der Krone, des goldenen Verdienst-Kreuzes, der goldenen Tapferkeitsmedaille, etc. etc.

gest. am 14. Mai 1917, im 58. Lebensjahre.

Du bist der Allmächtige über Leben und Tod, und wer darf zu Dir sprechen, warum hast Du das getan, der Du auch durch Leiden segnest; Du wirst die Tränen trocknen, die Trauer in Freude verwandeln, denn Du bist die Auferstehung und das Leben; wer an Dich glaubt, der wird leben, wenn er auch gestorben ist.

Gott gebe ihm die ewige Ruhe.

J. Heindl, Wien.

Parte für den armen Kammerdiener

Über zwei Jahrzehnte hatte er seinen Dienst bei Kaiser Franz Joseph treulich geleistet und aus blinder Ergebenheit gegenüber dem Allerhöchsten Herrn stets sein Privatleben hintangestellt. Doch als Seine Majestät starb, folgte der treuergebene Kammerdiener Friedrich Spannbauer ihm wenige Monate später nach. Er hatte sich das Leben genommen! Entsetzt rückten alle aus der engeren Umgebung bei Hofe nun von dem Selbstmörder ab. Er wäre ohne Einsegnung und Trauergefolge irgendwo verscharrt worden, hätte sich nicht die letzte Gefährtin des Kaisers, Katharina Schratt, für den Bedauernswerten eingesetzt. Mit der ihr eigenen Energie erreichte sie, daß man die „Selbstentleibung" als einen Akt geistiger Verwirrung wertete und die Kirche ein Einsehen hatte. Friedrich Spannbauer, 51 Jahre alt und ledig, fand seine letzte Ruhestätte am Hietzinger Nobel-Friedhof. Außer der Schratt, die in schwarzer Kleidung mit einem prächtigen Blumengebinde dem Sarg folgte, waren es lediglich noch Eugen Ketterl und Alois Kundrat, gleichfalls Kammerdiener, die den Weg nicht scheuten, hatten sie sich doch den Dienst und die Fürsorge für ihren Herrn, den Kaiser, stets geteilt. Franz Joseph brachte ihnen noch bis zu seinen letzten Tagen größtes Vertrauen entgegen, weshalb er auch vor seinem Tode geistliche Schwestern als Krankenpflegerinnen ablehnte: „Meine drei Diener, die dem gesunden Kaiser treu dienten, sollen auch den kranken betreuen", war seine Begründung gewesen.

Kaiser Franz Josephs Tod ertrug Spannbauer nicht

Wenn die Schratt Friedrich Spannbauer, der ihr viele Jahre als „Postillon d'amour" Briefe und Nachrichten vom Kaiser in die Wiener Gloriettegasse gebracht hatte, nun die letzte Ehre erwies, ganz entgegen der Ablehnung durch den jungen Kaiser Karl und Kaiserin Zita, so hatte das seine guten Gründe. Friedrich Spannbauer stand stets im Schatten von Ketterl und Kundrat. Er war viel zu bescheiden, um sich in den Vordergrund zu drängen, auch war seine Verschwiegenheit vielen Hofbediensteten ein Dorn im Auge. Daß sein Kollege Kundrat, dessen Sohn später zum Sektionschef aufstieg, stets behauptete, genau über die Affäre von Mayerling Bescheid zu wissen, erschien ihm obskur, denn außer dem Schloßdiener von Mayerling, Friedrich Wolf, war vom Personal nur die alte Köchin dort zugegen gewesen. Eine weitere Zurücksetzung bedeutete für Spannbauer, daß der Kaiser Ketterls zwei Söhne auf seine Kosten studieren ließ, ihm jedoch das Aufrücken zum Leibkammerdiener mit dem Hinweis versagte, er hätte mit Ketterl durchaus das Auslangen und es müsse gespart werden. Spannbauer, stets äußerst bescheiden lebend, mußte für eine große Schar von armen Angehörigen sorgen. So hatte er drei ledige Schwestern, die ihm auf der Tasche lagen. Auch daß Ketterl ihm stets das Schuhwerk Seiner Majestät zur Pflege zuteilte, Röhrenstiefel und schwere Militärschuhe, sich selber aber die Galakleidung vorbehielt, nagte an ihm. Da war es nur ein Tropfen auf den heißen Stein, wenn Franz Joseph ihm die kleine Auktion übertrug, die stets zu Weihnachten stattfand. Da wurden nämlich sämtliche ausgemusterten Kleidungsstücke sowie persönliche Dinge versteigert, der Erlös gehörte den Bediensteten. Spannbauer erstellte gewissenhaft eine Liste, die auch Socken, Bürsten, Kämme, Schwämme, sogar Seifenreste und Zahnbürsten vom kaiserlichen Toilettentisch beinhaltete. Sogar dieses kleine Privileg wurde Spannbauer von anderen geneidet.

Spannbauer mußte für drei ledige Kinder sorgen

Konkurrenzneid hinter den Kulissen

Einsegnung durch Hof-Pfarrer Seydl

Aufsehen erregte bei Hofe, daß Dr. Ernest Seydl, Kaiser Franz Josephs Beichtvater, den armen Selbstmörder einsegnete. Das war nicht allein einer Bitte der Schratt zufolge geschehen, vielmehr hatte Spannbauer immer wieder geistlichen Beistand bei Dr. Seydl gesucht. Dieser kannte seine Probleme und mußte, wie sein Vorgänger, Hof-Pfarrer Dr. Lorenz Mayer, bei der Katastrophe von Mayerling gleichfalls seine Ohnmacht erkennen, Menschen vor dem Selbstmord zu retten. Die tiefe Depression, in die der Diener nach Franz Josephs Tod verfiel, war damals noch unheilbar.

Die gleiche Wertschätzung, die Kaiser Karl gleich nach Franz Josephs Ableben der letzten treuen Gefährtin des Monarchen entgegenbrachte, erfuhren auch Spannbauers Schwestern. Vom Hofärar wurden sie mit einer Rente bedacht, die sie gut leben ließ, auch wurden das Grab und der Stein am Hietzinger Friedhof bis zum Ende der Monarchie vom Rechnungs-Departement des Obersthofmeisteramtes bezahlt.

In seinen Memoiren schrieb Eugen Ketterl, als Leibkammerdiener ein Kollege des unglücklichen Friedrich Spannbauer: „Glaubt mir, daß man als Minister eine Bedienstetenseele und als Kammerdiener ein aufrechter Mann sein kann!“ Dies zu erkennen, war dem ebenso treuen, aber sensibleren Spannbauer nicht vergönnt gewesen.

Hof-Pfarrer Dr. Lorenz Mayer kannte den Diener

SPARMEISTER UND GOURMET IN EINER PERSON

Kaiser Franz Josephs letzter Hofwirtschaftsdirektor Hofrat Karl Freiherr von Prileszky

Wie sein Vorgänger, Hofrat Franz Wetschl, war auch Kaiser Franz Josephs letzter Hofwirtschaftsdirektor, Hofrat Karl Freiherr von Prileszky, ein Sparmeister. Zu diesem Zweck taten ihm die herrlich verzierten Speisekarten leid, die nach den luxuriösen Hofdiners und Soupers nutzlos herumlagen. Der erklärte Feind aller höfischen Verschwendungssucht erfand daher eines Tages die eßbare Speisekarte, und zwar gemeinsam mit Hofchefkoch Otto Desbalmes, der seiner vielgerühmten Kochkunst wegen zu seinen Favoriten zählte. Also machte sich der gebürtige Franzose Desbalmes unter Prileszkys Anleitung ans Werk. Auf eine parfümierte Oblate mit Vanillegeschmack wurde mit heißer Schokolade die Speisenfolge geschrieben. Die einzelnen Gänge rahmte ein Kranz von kandierten Veilchen, buntem Nonpareillezucker und jeweils einer Marzipanrose. Gekrönt wurde die leckere Komposition von einer vergoldeten Marzipankrone, der ein Tupf Nougat besonderen Reiz verlieh. Wie die Fama berichtet, labte selbst Seine Majestät sich an dieser Novität und schätzte sie, während er ein anderes Dessert, den sogenannten „Stegschmarrn", ein für alle Mal von der Speisekarte verbannte.

Hofrat Wetschl galt als Geizhals

Baronisiert, weil er ein Pseudonym lüftete

Besondere Gunst bei Hofe erwarb Prileszky sich jedoch durch einen ganz anderen Umstand, der nichts mit lukullischen Freuden zu tun hatte. Im Jahre 1908 stieg unerkannt unter ihrem Mädchennamen „Condesa de Montijo" Frankreichs Kaiserin Eugénie, die Witwe Napoléons III., im Ischler Nobelhotel „Kaiserin Elisabeth" ab. Niemand erkannte die schon alternde Regentin, man hatte ihr sogar eine ungünstig gelegene Suite zur Verfügung gestellt. Doch dann überschlugen sich die damaligen Ereignisse: Aufgeregt kam der Hofwirtschaftsdirektor Prileszky und fragte, ob eine Gräfin Montijo Zimmer bestellt habe. Vom Reisebüro Cook & Sons wäre die billigste Kategorie bestellt worden, war die Antwort. „Sofort ändern", lautete Prileszkys Befehl, „die Dame ist Gast des Kaisers!" Zum Dank für seine Umsicht, die einen schweren Etikettefehler verhinderte, verlieh Franz Joseph seinem Hofwirtschaftsdirektor den Titel eines Barons. Der neugebackene Aristokrat aus altungarischem Geschlecht aber hatte noch einmal Gelegenheit, seine unbedingte Loyalität unter Beweis zu stellen, und zwar nach dem Attentat von Sarajewo auf das Thronfolger-Paar am 28. Juni 1914. Es war Prileszky, der an diesem verhängnisvollen Tage schriftlich die vom Hof-Telegrafenamt eingetroffene Horrormeldung an den Kaiserlichen Rat Bürgermeister Leithner von Bad Ischl, wo der Kaiser weilte, weitergab. Von ihm erfuhr Eduard Graf Paar das Entsetzliche, der es unverzüglich Seiner Majestät meldete.

Hofrat Karl Freiherr von Prileszky war sparsam

Eßbare Speisekarten – eine Erfindung von Prileszky

Vom Hofrat zum Kaffeehausbesitzer

Nach dem Ende der Monarchie verfügte Prileszky über die finanziellen Mittel, sich sowohl eine Gastwirtschaft als auch ein Kaffeehaus in Wien zu kaufen. Die Gastwirtschaft befand sich in der Sechshauserstraße und hieß „Zum alten Stadtgut". Das Kaffeehaus „Bellaria" genoß einen besonders guten Ruf und avancierte bald zu einem beliebten Künstlertreff jener Zeit. Oft bewirtete der Gastronom auch noch Kollegen vom Kaiserhofe, über die auch Verbindung zu Kaiser Karl und dessen Familie im Exil bestand.

Da der einzige Sohn Prileszkys kein Interesse für die Gastronomie zeigte, ließ der Vater ihn Jura studieren. So kam es denn, daß bald die Gastwirtschaft und das Kaffeehaus in andere Hände übergingen. Wie einen kostbaren Schatz hütete der hochbetagte ehemalige Hofrat ein letztes Exemplar seiner eßbaren Speisekarte eines Déjeuner dinatoire in Ischl vom 31. Juli 1890. Da hatte man noch Königinsuppe, Boeuf á la Jardiniére und Escalopes von Hühnern mit Spargeln, Mazedonia von Früchten, Eis und Petits fours geschmaust.

Als aber Prileszky das Zeitliche segnete, war Schmalhans Küchenmeister. Und es soll Prileszky noch in den letzten Lebenstagen geschmerzt haben, daß mangels Geldes der kostbare Tokayerwein aus den Hofkellereien der Hofburg an einen Berliner Weingroßhändler verscherbelt werden mußte. Von dieser Tokayer Essenz hatte immer nur der Kaiser allein trinken dürfen …

Prileszkys Baronisierungswappen

LIEBER FLITTERWOCHEN ALS KRIEG

Ein Don Juan in Petersburg verschlief die Kriegsgefahr

Immer wieder wurde gerätselt, warum man in Wien nach den Schüssen von Sarajewo hoffte, mit den Serben allein in wenigen Wochen fertig zu werden. Daß kaum jemand an einen Krieg mit Rußland dachte, lag nicht zuletzt an einem k.u.k. Militär-Attaché Seiner Majestät in St. Petersburg, der über Liebesglück und Flitterwochen seine Pflichten sträflich vernachlässigte. Die Rede ist von Prinz Friedrich Franz Hohenlohe-Waldenburg, einem 35jährigen Bonvivant, der sich damals unstandesgemäß mit einer Wiener Advokatentochter vermählt hatte. Dieser jungen Schönheit war es nicht nur gelungen, den eisernen Junggesellen ins Ehejoch zu spannen, die eben 18jährige hatte auch erreicht, daß sie von der kleinen Stephanie Richter zur Prinzessin aufstieg. Obendrein war sie schwanger. Der Ehebeginn war also turbulent: Um monarchistischen Hausgesetzen und einem kaiserlichen Veto aus dem Weg zu gehen, wurde in London geheiratet. Und anstatt sich um drohende Kriegswolken zu kümmern, die über der Donaumonarchie aufstiegen, schwelgte der Prinz im Liebesglück.

Prinz Friedrich Franz Hohenlohe-Waldenburg, k.u.k. Militärattaché

Das Roulette drehte sich

Also wartete in Wien der Minister des Äußeren, Leopold Graf Berchtold, vergebens auf Depeschen aus Rußland, und jene, die aufgegeben wurden, verschwanden auf rätselhafte Weise, was dem Flitterwöchner gar nicht auffiel. An seinem Schreibtisch in Schönbrunn, wohin Seine Majestät von Ischl geeilt war, wiegte sich der 86jährige in der Hoffnung auf ein kurzes Kriegsgeschehen. Viel zu spät depeschierte Prinz Hohenlohe dann die alarmierenden Tatsachen. Rußland machte mobil! Und dann ging es Schlag auf Schlag. Die Welt stand in Flammen und für den ungetreuen Militär-Attaché folgte die Strafe auf dem Fuße. Er wurde eingezogen und kam an die Front. Nach der Geburt des Stammhalters Franz folgte die Prinzessin ihrem Mann. Sie meldete sich als Schwester beim Roten Kreuz und war an der Italienfront tätig. Viel zu flüchtig waren ihre Begegnungen, sodaß mit Kriegsende die Ehe gescheitert war. Der Lebenshunger trieb die schöne geschiedene Prinzessin in die Welt hinaus. Mit Kammerdiener, Sohn Franzi und Kindermädchen kam sie nach Nizza, wo sich an den Spieltischen die Haute volée traf. Ob Rasputins Mörder, der russische Fürst Felix Felixowitsch Youssopoff, ob der Zeitungsmagnat Lord Harold Rothermere oder der Bankier Donald C. Malcolm, bald gehörten alle zum großen Kreis der Verehrer dieser koketten Prinzessin, die es Jahre später sogar verstand, sich dem Dunstkreis des „Führers" Adolf Hitler zu nähern. Welche Rolle sie dabei spielte, wurde niemals ganz geklärt. Viele bezeichneten die ehrgeizige Gesellschafts-Löwin als „Spionin", andere rückten von ihr ab.

Stephanie Richter wurde zur Prinzessin

Der ominöse Preis Schloß Leopoldskron

Während ihr geschiedener Mann, Friedrich Franz Hohenlohe-Waldenburg, standesgemäß die Gräfin Ella Batthyany ehelichte und nach Curitiba in Brasilien auswanderte, fiel seiner Ex-Frau ein ominöses „Geschenk" zu – Schloß Leopoldskron, das sein bisheriger Besitzer Max Reinhardt wegen der Nazis fluchtartig hatte verlassen müssen. Im November 1938 zog sie als neue Besitzerin ein, was die Londoner „Times" so kommentierte: „Prinzessin Stephanie setzt ihre Reize überall dort ein, wo es der Sache der Nazis am meisten nützt. Als Gegenleistung erlaubt ihr die Naziregierung, das wunderschöne Schloß Leopoldskron zu mieten, das dem Juden Max Reinhardt nach dem Anschluß weggenommen worden ist." Doch schon im Frühjahr 1939 fiel die stolze Schloßherrin in Ungnade und wurde hinausgeworfen. Ihr Sohn mußte auf Umwegen nach England fliehen. Es zeigte sich, daß auch Besuche bei Hitler auf dem Obersalzberg nichts genützt hätten. Wer einmal seinen Argwohn erregte, fiel in Ungnade. Trotzdem wagte der „Führer" sich nicht an die international bekannte Prinzessin heran. Deshalb zögerte sie keinen Augenblick, in die Vereinigten Staaten auszuwandern. Dort sattelte sie, weiterhin voller Tatendrang, um und wurde Reporterin. Viele Blätter schätzten ihre scharfzüngigen Kommentare und Prominenten-Interviews. Die „Mata Hari" und Femme fatale avancierte zur hart arbeitenden Presse-Dame während des 2. Weltkrieges. Doch ihre Feinde blieben nicht untätig und plädierten für ihre Ausweisung. Mit einem reichen Verehrer tauchte sie noch rechtzeitig in der Provinz unter. Aber auch dort war ihres Bleibens nicht lange. Die Weltenbummlerin war vielleicht sogar froh, als sie Nachricht von ihrem Sohn bekam, der bei einer Schweizer Bank arbeitete.

Die zweite Gattin von Prinz Hohenlohe-Schillingsfürst

Tod in Genf

Wie es ihrem Rang als Lebedame entsprang, starb Stephanie Hohenlohe bei einer Cocktailparty in ihrem Genfer Appartement. Der Anlaß war simpel genug: Durch reichlichen Tablettenkonsum hatten sich Magengeschwüre gebildet, die eine unstillbare Blutung auslösten. Auf einem stillen Dorffriedhof in Meinier bei Genf wurde sie beigesetzt. Von ihren unzähligen Verehrern war nur einer übriggeblieben, der ihren Sarg begleitete: Graf Benedikt Esterházy. Auch ihr einziger Sohn Franz begleitete sie auf ihrem letzten Weg. So widersprüchlich, wie sie als 18jährige Stephanie Richter in die große Welt getreten war, als sie ihren blind vernarrten Ehemann in spe, Prinz Hohenlohe, von seinen Pflichten abhielt, hatte sie sich auch Nazigrößen dargeboten und war dafür gemaßregelt worden.

Daß ihr Name dennoch unvergessen ist, während der ihres Mannes bedeutungslos blieb, mag ihrem unwiderstehlichen Charme und ihrer Schönheit zuzuschreiben sein ...

Auf dem Dorffriedhof von Meinier bei Genf ist Stephanie Hohenlohe bestattet

ER WAR JUNGGESELLE UND PESSIMIST

Franz Josephs Innenminister Ernest von Koerber sah das schlimme Ende der Donaumonarchie voraus

Gleich nach Kaiser Franz Josephs Ableben zog sein treuester Anhänger, Ministerpräsident Dr. Ernest von Koerber, ein bitteres Resümee: „Zweifach hat uns der Kaiser geschadet", äußerte er im vertrauten Kreise, „einmal durch seine Jugend und das zweite Mal durch sein Alter!" Was er meinte, lag klar auf der Hand – den ungarischen Aufstand von 1848/49, den Franz Joseph mit eiserner Hand niederschlug, und den Ausbruch des 1. Weltkrieges, den er nach Meinung von Insidern infolge des Fehlens geistiger Spannkraft altersmüde nicht verhindern konnte. Die scharfe Zunge des hohen Staatsbeamten war schon gefürchtet, als er noch Rechtspraktikant beim Wiener Landesgericht war. Daran änderte sich bei dem Aufsteiger auch dann nichts, als er das Amt des Bürochefs bei Olivier Marquis de Baquehem bekleidete. Vielleicht sah von Koerber schon das Drama von Mayerling voraus, als er im vertrauten Gespräch seinem damaligen Chef, dem Ministerpräsidenten Kasimir Graf Badeni gegenüber äußerte: „Was die Erzherzöge und Erzherzoginnen treiben, ist unerhört! Sie wollen wohl auf jeden Fall der Öffentlichkeit beweisen, daß die Dynastie dekadent und degeneriert ist. Sie brauchen sich gar nicht so anzustrengen, wir wissen alle längst, daß mit den Habsburgern nicht viel anzufangen ist." Von wem er sprach, war eindeutig. Erzherzog Leopold Ferdinand heiratete unstandesgemäß und nahm den bürgerlichen Namen „Wölfling" an. Ferdinand Karl tat es ihm nach und nannte sich förderhin „Burg". Erzherzog Otto, der „schöne Otto", führte ein ausschweifendes Leben und zog sich die Syphilis zu, an der er nach schwerem Siechtum starb. Kronprinz Rudolf wurde zum Mörder und Selbstmörder. Und Erzherzog Ludwig Viktor, des Kaisers jüngster Bruder, huldigte dem eigenen Geschlecht und wurde nach Schloß Kleßheim verbannt...

Ministerpräsident Dr. Ernest von Koerber

Nach drei Jahrzehnten ein Bürgerlicher

Obwohl solche Äußerungen wahrscheinlich Seiner Majestät zugetragen wurden, blieb von Koerber in kaiserlicher Gunst. Ja, er wurde am 18. Januar 1910 sogar zum Ministerpräsidenten der Donaumonarchie berufen, einem Amt, das drei Jahrzehnte lang nur dem Hochadel vorbehalten gewesen war. Heute sind seine Nachfahren stolz darauf, daß von Koerber zum „Retter in der Not" avancierte. Denn, seltsame Parallele zur Gegenwart, schon damals ging es um schwelende Nationalitätenprobleme. Die Konfrontation zwischen deutsch- und tschechischsprachiger Bevölkerung in Böhmen artete wegen mangelnder Koordination in ein Chaos aus. Im Parlament zu Wien wurden Sprachverordnungen erlassen, ausgesetzt und bald zur Gänze aufgehoben. Mit diesem Hader sollte von Koerber damals fertig werden. Eine schier unlösbare Aufgabe, weshalb sein Neffe, Brigadier in Ruhe Roman Schlauß, heute sagt: „Er war über die Berufung nicht glücklich und hat geäußert: ‚Könnte ich doch nur mein Demissionsgesuch überreichen. Wenn mich der Kaiser losließe, würde ich auf die Hälfte meiner

Bei allen Anlässen war Koerber anwesend

Pension verzichten. Lieber 6 Monate Bezirksgericht, als dieses Amt des Ministerpräsidenten.'"

Nur in geheimen Tagebuchaufzeichnungen legte der hohe Staatsdiener nieder, daß man sogar versuchte, ihn in jener schweren Zeit zum Staatsstreich zu bewegen. „Doch er ließ sich in seinem Bestreben nicht irremachen, auf verfassungsmäßigem Wege zum Frieden innerhalb der Nationalitäten zu gelangen", kann sein Neffe feststellen.

Es gab damals auch noch andere aktuelle Bezüge zum Heute. So initiierte von Koerber den Bau einer zweiten Eisenbahnstrecke nach Triest sowie ein ausgedehntes Wasserverkehrsnetz innerhalb der Donaumonarchie. Plötzlich waren die vorher verfeindeten Nationalitäten einig in ihrem Interesse für solch überdimensionale Projekte und zogen mildere Saiten auf. Im Parlament kam endlich wieder ein Budget zustande. Es schien aufwärts zu gehen ... Doch Sarajewo machte alles zunichte.

Ein schicksalsschwerer Mord

Der Krieg brach aus. Schwere Sorgen plagten den alten Monarchen. „Ich habe jetzt für ein gutes Ende zu sorgen, soweit das noch in meinen Kräften steht", äußerte Franz Joseph seinem Sektionschef, Oberst von Mikesch, gegenüber. Doch nach anfänglichen Erfolgen auf den Schlachtfeldern wendete sich das Blatt jäh. Und es mußte letztlich als böses Omen für das bittere Ende gewertet werden, daß der Sozialdemokrat Dr. Friedrich Adler am 21. Oktober 1916, mitten im Krieg, den Ministerpräsidenten Karl Graf Stürgk kaltblütig erschoß. Ihm folgte im Tode wenige Monate später der alte Kaiser. Alle Last lag nun auf Ernest von Koerber.

Umbau der Doppelmonarchie in einen Bund

Schon Jahre zuvor hatte von Koerber sein Konzept vorbereitet. Er plante die Umwandlung der österreichisch-ungarischen Monarchie in einen Bund gleichberechtigter Völker. Zu einem früheren Zeitpunkt hätte dieses Programm sicher das Ende einer latent drohenden Revolutionsgefahr bedeutet. Dafür war es jetzt zu spät.

Und so blieb von diesem Mann mit den zukunftsfreudigen Ideen nur das Abschiedswort: „Sie haben mir immer vorgeworfen, ich wäre ein Pessimist. Aber das, was dann geschah, war schlimmer als meine schlimmsten Befürchtungen."

Als führende Sozialdemokraten Wiens sich an von Koerber erinnerten, um ihn für ein Amt zu gewinnen, war er schon schwer krank. Nach dem zweiten Schlaganfall starb er am 5. März 1919 mit 69 Jahren. Sein Ehrengrab liegt am Zentralfriedhof in Wien. In historischen Werken wird er als „moderner Ministerpräsident" gerühmt, doch in Wirklichkeit ist der Staatsbeamte, der sich nie ein Blatt vor den Mund nahm, längst vergessen. Seine Offenheit hatte ihn auch dem jungen Kaiser Karl suspekt gemacht, dem er viel zu bedächtig war. „Ehrungen brauche ich nicht", soll er Karl kurz angebunden geantwortet haben, „ich habe genug Ehrungen von meinem letzten Herrscher erfahren."

Kaiserin Zita und Kaiser Karl schätzten Koerber nicht

KRONPRINZESSIN LUISE

alias Signora Toselli alias Gräfin Montignoso alias Comtesse d'Ysette

Es war keine Liebesheirat, die Luise von Toskana und den Kronprinzen Friedrich August von Sachsen zusammenführte. Die verwöhnte Aristokratin, Tochter von Großherzog Ferdinand IV. von Toskana und dessen Gemahlin Alice von Parma, war schon als Kind störrisch und unduldsam gewesen. „Um zu Musterkindern umgeformt zu werden, wurden wir Erziehern und Erzieherinnen übergeben", schrieb sie später in ihren Memoiren. „Unsere jungen Leben wurden der kalten, toten Stellung aufgeopfert, die wir später einzunehmen gezwungen waren."

Dieser Zwang einer durch Staatsraison geschmiedeten Ehe war es denn auch, dem die abenteuerlustige Kronprinzessin trotz ihrer fünf Kinder zu entfliehen trachtete. Zwar hatte sie noch in luxuriösesten Toiletten auf Hofbällen getanzt, doch der höfische Alltag ließ die Gefühle zu ihrem Gemahl erkalten. Mit zweiunddreißig Jahren erfaßte sie eine unstandesgemäße, verbotene Leidenschaft zum Sprachlehrer ihrer Kinder. Ihre Gefühle wurden erwidert! Der charmante Franzose André Giron verfiel ihr mit Haut und Haar. Die Flucht, der sich noch ein weiteres Mitglied ihrer Familie anschloß, war eine beschlossene Sache. Ihr in kaiserliche Ungnade gefallener Bruder Leopold Ferdinand Wölfling ging mit den beiden in die Schweiz. Daß auch Kaiser Franz Joseph Luises Gatten wenig Sympathie entgegenbrachte, wie man bei Hofe wisperte, änderte jedoch nichts an seiner starren Haltung. Wie auch ihr Schwiegervater, König Georg von Sachsen, verlangte er den Verzicht auf alle Rechte, Ehren und Vorzüge. Nur in einem Punkt war der Kaiser versöhnlicher. Die Suspendierung dieser Prärogativen als Erzherzogin hätte es immerhin gestattet, sie ihr bei nachhaltiger Reue wieder zuzubilligen. Doch davon konnte nach Lage der Dinge keine Rede mehr sein.

Kronprinzesssin Luise von Sachsen mit ihrer Tochter Anna Pia Monika

Sprachlehrer André Giron

König Georg von Sachsen

Das Kind der Liebe wird anerkannt

Zwar war die Vaterschaft ungeklärt, doch erkannte der Hof, um weitere Skandale zu vermeiden, das am 4. Mai 1903 geborene Mädchen, die kleine Anna Pia Monika, als ehelich an. Das Kind wurde am sächsischen Hof erzogen und heiratete später Erzherzog Joseph Franz Habsburg-Lothringen.

Schon 1903, ein Jahr nach ihrer Flucht, wurde die königliche Ehe geschieden. König Georg setzte seiner Ex-Schwiegertochter eine Apanage aus, die sie vor Not schützte, und gab ihr das Recht, sich „Gräfin Montignoso" zu nennen. Nach Zerwürfnissen mit dem Sprachlehrer verlegte Luise ihren Wohnsitz nach Florenz. Nur einmal noch kreuzten sich die Wege mit zweien ihrer Kinder, den Söhnen Georg Ferdinand und Friedrich Christian, die sie in Florenz besuchten. Dann blieb sie verlassen zurück.

Luise und Gatte Enrico Toselli

Doch noch ein letztes Glück sollte ihr beschieden sein. Sie begegnete dem jungen italienischen Komponisten Enrico Toselli. Der Fünfundzwanzigjährige und die um zwölf Jahre ältere „Gräfin" verliebten sich rasch ineinander. Gegen alle Vernunft heirateten sie in London 1907 standesamtlich. Der Vatikan hatte es abgelehnt, die kinderreiche erste Ehe zu annullieren.

1908 kam ein Sohn zur Welt. Sie tauften ihn auf den Namen Karl Emanuel Philipp. Trotz des Kindes aber wurde die Kluft zwischen ihnen breiter. Toselli hatte seine Kompositionen im Kopf. Seine Oper „Lea" wurde in Mailand uraufgeführt. Eine andere war im Entstehen, zu der Gabriele d'Annunzio das Libretto schrieb. Die „Toselli-Serenade" wurde überall gespielt. Luise fühlte sich alt und müde.

Wanderleben als Comtesse d'Ysette

Plötzlich reiste sie fort. Auf Schloß Wartegg am Bodensee reichte sie die Scheidung von Toselli ein. Sie sollte ohne Streit und Zwist geschehen. „Einvernehmlich" stand in dem Papier. In seinen Memoiren „Il mio Matrimonio con la Principessa Louisa de Sassonia" streute er ihr Rosen. Warum war sie nicht bei ihm, dem um so vieles Jüngeren, geblieben? Es heißt, Lebensgier hätte sie heimatlos in der Welt umhergetrieben. Nach anderen Quellen söhnte sie sich mit ihrem königlichen Ex-Gatten wieder aus, sah ihre Kinder wieder.

Als die Comtesse d'Ysette in Brüssel im Mai 1947 die Augen schloß, hatte sie Enrico Toselli um mehr als zwei Jahrzehnte überlebt. Der 2. Weltkrieg hatte ihr die Apanage genommen. Wie ihr Bruder Leopold Wölfling ging auch sie in bitterer Armut dahin.

ALS DER VATIKAN EINE FÜRSTENEHE ANNULLIERTE

Graf Tassilo Festetics von Tolna nahm einem monegassischen Fürsten die Gemahlin weg

Scheidungsgeschichten schlugen schon vor mehr als hundert Jahren hohe Wellen. So verliebte sich im Jahre 1876 die Gemahlin des monegassischen Erbprinzen Albert I., die aparte englische Lady Mary Douglas-Hamilton, während eines Besuches am Wiener Kaiserhof Hals über Kopf in den Grafen Tassilo Festetics von Tolna. Er gehörte zu den Reiterfreunden Kaiserin Elisabeths. Es gab kaum eine Fuchsjagd, an welcher Graf Tassilo nicht teilnahm. Auch begleitete er mit den anderen Vertrauten wie Ferdinand Kinsky, Franz Auersperg und Koloman Almassy die Kaiserin nach Easton Newton und Gödöllö. Beim gefürchteten Steeplechase von Pardubitz blieb er im Sattel, während sogar Herrenreiter wie Bay Middleton oder Rudolf Liechtenstein in den Graben fielen. Obwohl der Kaiser die ungarischen Aristokraten seit 1848 immer noch mit einigem Mißtrauen betrachtete, gab es über Graf Tassilo niemals Klagen. Überschritten andere Reisebegleiter der Kaiserin die ihnen vom Zeremoniell gesetzten Grenzen, wie Imre Hunyady 1860 auf Madeira, so traf das auf diesen Kavalier niemals zu.

Um so überraschender kam für den umschwärmten Junggesellen die Leidenschaft zu der verheirateten Fürstin, die allein vom Rang her weit über ihm stand.

Graf Tassilo Festetics von Tolna

Seine Heiligkeit vermittelt

Obwohl man sowohl in Monaco wie auch in Wien noch hoffte, die skandalöse Liebesgeschichte würde im Sande verlaufen, hatten die beiden Menschen, um die es allein ging, heimlich schon ungewöhnliche Schritte unternommen, doch noch zu einem andauernden Happy End zu gelangen. Man hatte sich an Seine Heiligkeit Papst Leo XIII. in Rom gewandt und um Annullierung der Ehe zwischen Lady Mary Douglas-Hamilton und Prinz Albert I. ersucht. Auch in England, der Heimat dieser kühlen blonden Lady, deren Vater dem englischen Königshaus nahestand, schlug die Affäre hohe Wellen. Man verübelte es der jungen Erbprinzessin, daß sie gewillt war, ihrem Herzen zu folgen und den Skandal auf sich zu nehmen, anstatt auf ihre Liebe zu dem Österreicher zu verzichten.

Graf Tassilo hatte vier Kinder mit Mary

Papst Leo XIII. annullierte die Ehe

Doch Papst Leo XIII. ließ sich wider Erwarten erweichen. Die Sacra Rota im Renaissance-Palast der Concelleria zwischen der Piazza Navona und dem Campo dei Fiori in der Ewigen Stadt kam nach monatelanger Wartezeit zu der Erkenntnis, daß diese Ehe zu annullieren sei. Bereits am 3. Januar 1880 erfolgte die päpstliche Aufhebung der monegassischen Ehe.

Glanzvolle Hochzeit in Florenz

Kaum ein halbes Jahr später erfolgte die glanzvolle Hochzeit von Tassilo Festetics von Tolna und Lady Mary Douglas-Hamilton! Im Baptisterium zu Florenz empfing das Paar den kirchlichen Segen. Über eine Woche dauerten die Festlichkeiten, für die der italienische König Viktor Emanuel II. seine Sommerresidenz Poggio a Caiano westlich von Florenz zur Verfügung stellte. Im prunkvollen Speisesaal mit den bronzefarbigen Blumen- und Wappenmotiven war die Tafel gedeckt. Ein Feuerwerk krönte das Fest. Die junge Gräfin Mary Festetics von Tolna bildete den strahlenden Mittelpunkt der Gesellschaft. In Wien begann für beide ein glückliches Eheleben, das auch dem Kronprinzen nicht verborgen blieb. Rudolf hegte längst selber Scheidungspläne. Seine Ehe mit der Belgierin Stephanie war für ihn längst gescheitert ...

Kronprinz Rudolf hatte Scheidungspläne

Einem Vertrauten, dem Wiener Heurigenmusiker Karl Udel, gegenüber äußerte er sich deshalb erregt: „Das ist eine merkwürdige Geschichte, aber man kann darüber nicht sprechen. Es ist jedoch ein Beweis, daß man auch beim Papst mit Geld alles richten kann."

Offen ist, ob sich der Kronprinz tatsächlich wegen Annullierung seiner Ehe an den Papst wandte. Die endgültige Klärung würde nur die Öffnung der Vatikanischen Archive bringen, doch die sind nach Aussage von Experten immer noch nicht zugänglich. Alle Bemühungen von Historikern in dieser Hinsicht schlugen fehl.

Insider des Wiener Kaiserhofes berichteten aber damals, der Kronprinz sei niemals ein Anhänger der Unauflöslichkeit einer Ehe gewesen, sondern im Gegenteil, er habe oft bekannt, daß die starre Satzung zur Unmoral führe und viele Menschen, die sonst glücklich und sittlich leben könnten, unglücklich mache.

Gerade diese starren Satzungen aber waren es vermutlich, welche dann zum grausamen Ende des Kronprinzen und seiner Gefährtin im Tode, Mary Vetsera, führten.

Lady Mary Douglas-Hamilton – Gattin von Albert I. von Monaco

EINE PEINLICHE AFFAIRE

Die beiden Louisen

Was die beiden Louisen aufführen, ist ein Skandal", schrieb Kaiser Franz Joseph im Jahr 1900 an seine Seelenfreundin Katharina Schratt. Gemeint waren Erzherzogin Louise von Toskana, Kronprinzessin von Sachsen, die mit dem Musiklehrer ihrer Kinder durchbrannte, und Prinzessin Louise von Sachsen-Coburg-Gotha, die ihrem Ehemann weglief und sich auf eine zweifelhafte Liaison mit einem kleinen kroatischen Oberleutnant einließ, die sie ihr Vermögen, ihren Ruf und ihre Kinder kostete.

Immerhin hielt ihre Liebe ein Leben lang, während Louise von Sachsen zwar den Mann ihrer Träume, den Komponisten Enrico Toselli, heiratete, jedoch schon bald wieder von ihm geschieden wurde.

Hochdramatisch aber verlief die Romanze der schönen, eleganten Louise, die schon mit dem jungen Kronprinzen Rudolf von Österreich geflirtet hatte und ihm gleichsam ihre Schwester Stephanie „offerierte", als er den Flirt noch ausdehnen wollte.

Schließlich war sie längst mit Prinz Philipp von Sachsen verheiratet, einem Duzfreund des Kronprinzen und stadtbekannten Roué, der seine junge Frau mittels „gepfefferter" Lektüre und schwerer Weine sowie obszöner Details aus dem Fernen Osten zur Femme fatale machte, die bald nur noch Interesse für sündteure Toiletten und jeden erdenklichen Luxus zeigte.

Louise und Ehemann Philipp Sachsen-Coburg-Gotha

Zwar schrieb ihre Mutter, Königin Marie Henriette von Belgien, ihr im Dezember 1901 noch mahnend: „Indem Du Dich amüsierst, spielst Du mit dem kostbarsten Besitz einer Frau: ihrem Ruf ...", doch da war es schon zu spät.

Unter anderem hatte die kokette Prinzessin einen heißen Flirt mit dem jüngsten Kaiser-Bruder Ludwig Viktor. Als sie ihn dann hohnlachend abwies, kannte seine Wut keine Grenzen mehr.

Und Louise rannte in ihr Verderben.

Ein schneidiger Kavalier

Wohin reiste ein flotter Turnierreiter und eleganter Oberleutnant, der ansonsten ein Habenichts war? Natürlich nach Wien! Und dort ließ er sich möglichst im Grand Hotel nieder, um einer Frau von Welt zu begegnen.

In diesem Fall war das die blonde Prinzessin – es genügte ihr flammender Blick, den Kavalier um seinen Verstand zu bringen.

Die Romanze nahm ihren Anfang.

Es war ja auch zu romantisch, und Géza von Mattachich notierte in sein Tagebuch: „Wie ein elektrischer Schlag kam über mich ein Empfinden, als ob etwas geschehen wäre, ohne daß ich mir darüber klar wurde. Durch Wochen ritt ich täglich in den Prater, täglich begegnete ich der Frau Prinzessin. Es gehörte sozusagen zu meinem Leben, daß ich sie sah!“

Oberleutnant Géza von Mattachich

Aus der Ferne warb der heißblütige Kroate um die verheiratete Frau, die leichtfertig mit dem Feuer spielte, sich vielleicht auch dafür rächen wollte, daß ihr Ehemann, Prinz Philipp, sich mit dem Kronprinzen in Wiener Halbweltkreisen bewegte und für ihn Kupplerdienste besorgte.

Natürlich durfte die Prinzessin niemals allein ausfahren. Stets war eine Hofdame um sie. Auf Umwegen empfing Mattachich die Nachricht, daß sie ihre Schwester, die Kronprinzessin, in Abbazia, besuchen würde. Ein Regimentskamerad mußte ihm hundert Gulden leihen, dann reiste er Louise nach.

Ein Ball und seine Folgen

Nun waren den Geliebten keine Schranken mehr gesetzt! Louise war unumstrittene Königin eines Balles, bei dem sie ausschließlich mit Mattachich tanzte.
Stephanie war entzückt von diesem „Ritter ohne Furcht und Tadel“! Auch sie war ja heimlich rasend verliebt in einen polnischen Edelmann.

Denn ihre Ehe war, ebenso wie die ihrer Schwester, todunglücklich. Während aber Philipp von Coburg sich hauptsächlich auf Kupplerdienste für den Kronprinzen beschränkte, gab sich dieser gar keine Mühe mehr, das Dekor zu wahren: Von seinem Verhältnis mit einer stadtbekannten Kokotte sprach ganz Wien.

Die vielen kleinen Zufallsbekanntschaften wurden gleichsam unter den Augen des Hofes von seinem Leibkammerdiener in die Hofburg geleitet; der Kronprinz hatte unterdessen wieder seine Junggesellen-Suite dort bezogen.

Die Ehe mit Stephanie stand nur noch auf dem Papier ...

Sicher war auch dies ein Gesprächsstoff zwischen Louise und ihrem Galan. Hauptsächlich aber ging es um ihre eigene Liebe. „Wir werden uns nie mehr trennen“ schworen sie einander in einer lauen Sternennacht am Ufer der sanft rauschenden Adria. „Was immer geschieht, wir werden allem die Stirn bieten!“

Kaum in Wien angelangt, trafen sie sich ungeniert im Hotel Sacher – und wurden ausgerechnet von Louises heftigstem Verehrer, dem Erzherzog Ludwig Viktor, gesehen.

Der Zorn des Verschmähten hatte schlimme Folgen: Beim Kaiser angeschwärzt, fielen Louise und Mattachich in allerhöchste Ungnade.

„Ziehen Sie sich in Ihr Palais zurück, Madame! Sie werden auch verhindert sein, den nächsten Hofball zu besuchen", ließ Seine Majestät höchst indigniert die junge, lebenslustige Frau wissen. Die hielt es für das Beste, mit Mattachich an die Riviera zu fliehen.

Ihre beiden Kinder ließ sie in Wien zurück.

In Nizza ließ das Paar sich nieder. Sofort wurde eine Villa gekauft, Dienerschaft, Equipagen und Pferde angeschafft.

In ihrem Liebestaumel warf die Prinzessin das Geld zum Fenster hinaus. Bald war ihr Aufwand Tagesgespräch von Nizza.

„Ich lebe nur, wie es einer Königstochter würdig ist", betonte die schöne, üppige Blondine auf Vorhaltungen. „Mein Vater, König Leopold von Belgien, wird alles bezahlen!"

Der aber, Lebemann und Lüstling in einer Person, dachte anders darüber. Er hatte soeben seine jüngste Mätresse zur Baronin Vaughan erhoben und die beiden Söhne aus dem Verhältnis mit reichen Legaten bedacht.

„Die Schulden meiner Tochter zahlen?" wetterte er auf Schloß Laeken empört. „Ich habe keine Tochter. Madame, Sie sind enterbt!"

In Ungnade beim Kaiser

Ein verhängnisvoller Entschluß

Die Welt wird wohl nie mehr erfahren, wer die Idee hatte: Auf jeden Fall brachte das saubere Pärchen mehrere Wechsel mit einer Gesamtsumme von 600.000 Gulden in Umlauf, die eine gefälschte Unterschrift trugen, die Unterschrift der mittlerweile Witwe gewordenen Kronprinzessin Stephanie.

König Leopold von Belgien

Als man in Wien der jungen Frau in Trauerkleidern die Papiere vorlegte, mußte sie zugeben, sie nie zuvor gesehen zu haben.

Es lag eigentlich auf der Hand, daß Louise die Schuldige war. Da sie dies jedoch beharrlich verneinte, sprangen ihre beiden Kavaliere ein: Mattachich nahm die Fälschung auf sich, und ihr Noch-Ehemann Philipp von Coburg honorierte die gefälschten Wechsel; schließlich trug die Defraudantin seinen Namen.

Liebhaber hinter Gittern

Zwar schwieg der Wiener Hof, doch Kaiser Franz Joseph sandte nun seinen Ersten Obersthofmeister expreß nach Brüssel, um König Leopold über die Machenschaften seiner mißratenen Tochter aufzuklären.

Der König tobte.

„Man soll sie verhaften und ihn in Ketten legen lassen", schrie er aufgebracht, um dann dem österreichischen Monarchen vollste Freiheit für alles zuzusichern, was er gegen Louise und Mattachich unternehmen würde.

Sogleich schritt der Kaiser zur Tat. Louise wurde auf einem kroatischen Schloß aufgestöbert und mit Gewalt in eine Wiener Irrenanstalt gebracht. Auf Mattachich wartete der Kerker. Er mußte seine Liebe teuer bezahlen. In einem kurzen Verfahren wurde ihm „Defraudation und Fälschung von ungedeckten Wechseln“ vorgeworfen. Da er keinen Einspruch erhob, verurteilte man ihn nicht nur zu sechs Jahren Festungshaft, sondern erklärte ihn zugleich seines Offizierranges für verlustig.

Als Sträfling der I. Kategorie gab es für den „Allerhöchsten Liebhaber“ am 15. jeden Monats ein hartes Lager, am 25. Fasten und Einzelhaft während des ersten und siebten Monats jeden Strafjahres ...

Jeder andere wäre an dieser Härte zerbrochen! Nicht so Mattachich. Seine Gefühle blieben unwandelbar, seine Liebe zu Louise unzerbrechlich.

Vom Kaiser befohlen: Ein Duell

Inzwischen wurde der gehörnte Ehemann in Wien zutiefst bedauert. „Der arme Philipp ist sehr gedrückt durch die unglaublichen Schweinereien seiner Frau, falsche Wechsel etc.“, schrieb der Kaiser am 10. März 1898 an die Kaiserin.

Die ganze Angelegenheit sollte streng geheim bleiben. Dennoch war allen Beteiligten klar, daß die Ehre des Prinzen von Coburg halbwegs wiederhergestellt werden müsse.

Also befahl der Kaiser ein Duell zwischen dem Prinzen und dem Verführer seiner Frau. Es fand im gleichen Jahr in Wien statt. Die Sekundanten des Prinzen waren Minister Géza Fejerváry und Feldmarschall-Leutnant Hugo Graf Wurmbrandt-Stuppach.

Die Abmachung lautete auf zweimaligen Kugelwechsel. Doch Mattachich, der weit bessere Schütze, schoß absichtlich in die Luft. Er wollte nicht auch noch den Tod eines Menschen verschulden, wenn er schon dessen Ehe zerstört hatte.

Danach blieben die Sekundanten unerbittlich: Sie bestanden auf einer Fortsetzung des Duells. Also stieg man auf Säbel um.

Auch hier war Mattachich eindeutig im Vorteil. Er erwischte den Prinzen und durchtrennte ihm die Sehne des rechten Daumens. Er selber blieb unverletzt.

Damit war dem Ritual Genüge getan.

Der wieder zu Ehren gelangte Prinz reichte unverzüglich die Scheidung ein. Zugleich erschien in allen großen internationalen Zeitungen die Warnung, daß er für die Schulden seiner Gemahlin nicht mehr aufkommen würde.

Das Kapitel war für Wien abgeschlossen.

Man ging zur Tagesordnung über.

Vier Jahre Hölle

Mattachich mußte vier Jahre seiner Haft absitzen. Dann kam er durch Fürsprache einer sozialdemokratischen Delegation aus Wien frei.

Sogleich begann er, seine Erinnerungen niederzuschreiben.

„Nun in Freiheit, war mein ganzes Sinnen und Streben, von der Frau Prinzessin zu hören, mich ihr zu nähern, sie zu sehen, zu sprechen und für ihre Befreiung zu kämpfen!“ bekannte er darin.

Gesagt, getan.

Durch geheime Kanäle erfuhren die Liebenden voneinander. Es gelang Louise, eine Kur in Bad Elster für sich und ihre Begleiterin zu erwirken. Auch Mattachich setzte sich nach Elster in Marsch.

Es war ein ergreifender Augenblick, als sie einander dort nach zehn langen Jahren wieder in die Arme schließen konnten.

Mittlerweile war die Geschichte ihrer unwandelbaren Liebe überall bekannt geworden. Nun fanden sich auch Helfer, um die Prinzessin zu befreien. Aufregend war die Flucht um Mitternacht, die Fahrt zum Bahnhof, der Weg des Paares über Berlin nach Belgien und schließlich nach Paris.

In einem Drittklasse-Hotel durften sie sich endlich ungehindert ihrer Liebe hingeben, doch auch hier sollten beide keine Ruhe finden.

Die Zeit des Prozessierens begann. Louise wollte ihr Erbe von ihrem Vater ertrotzen. Sie verlor den Prozeß. Immerhin machte ihr königlicher Vater ihr einen akzeptablen Vorschlag: Sie sollte sich von Mattachich trennen, dann würde er ihr eine Villa kaufen und ihr eine jährliche Apanage in Höhe von 10.000 Pfund Sterling aussetzen. Louises Antwort war: Nein!

Nie würde sie sich von ihrem Géza trennen, ließ sie den König wissen. Lieber verzichtete sie auf alles ...

Louises Grabmal in Wiesbaden

Wiedersehen mit Stephanie und das Ende

Der Skandal spitzte sich zu, als die beiden Schwestern einander heimlich in Paris trafen, denn Stephanie, die nun Gräfin Lónyay war, hatte sich über das Verbot Kaiser Franz Josephs hinweggesetzt.

Empört schrieb er ihr am 25. September 1904: „In Beantwortung Deines Schreibens theile ich Dir mit, daß ich Dich nicht sehen werde. Daß Du Deine Schwester nach ihrer skandalösen Flucht in Paris aufgesucht hast, daß Du nach allem was vorgefallen ist, so entschieden für sie Parthei ergreifest ... machen es mir ganz unmöglich, Dich zu empfangen ..."

Der Kaiser befahl, sie solle auch ihre Tochter Elisabeth nicht mehr wiedersehen. Die Staatsräson zählte für Franz Joseph mehr als Mutterliebe.

Währenddessen hatten ihre Gläubiger sich auf die Fährte Louises und ihres Begleiters gesetzt. Der König starb, und erneut wollte die Prinzessin Geld. Nach kostspieligen Prozessen erzwang sie ihr Pflicht-Erbe, rund 12 Millionen Francs. Es wurde durch die neuen Schulden fast zur Gänze aufgezehrt.

1920 starb Mattachich. Louise drückte ihm die Augen zu. Nur vier Jahre später starb auch sie, bettelarm und einsam. Aus dem Skandal war eine Tragödie geworden.

Als Gräfin, später Fürstin Lónyay setzte sich Stephanie über Verbote hinweg

TRAGÖDIE IM KÖNIGLICHEN HAUSE SERBIEN

Nach der Scheidung wankte auch der Thron

Sie waren ein schönes Paar, die bildhübsche Florentinerin Natalie Keschko aus bürgerlicher Familie und Prinz Milan von Serbien aus dem Hause Obrenovich. Die Braut war erst 14, als geheiratet wurde. 1882 bestieg Milan als König Milan IV. den Thron. Doch politische Umstände und die Gegnerschaft mit dem neidischen Fürstengeschlecht der Karageorgevic zwangen ihn bereits sieben Jahre später zum Thronverzicht. Mit dazu beigetragen hatten auch die Zerwürfnisse des Paares, das in denkbar schlechter Ehe lebte. Im Belgrader Schloß, dem Konak, waren die Sitten rauh. Man flüsterte von galanten Abenteuern Seiner Majestät und Vertraulichkeiten der Königin zu schönen Offizieren der Leibgarde. Oft, wenn König Milan seine wilden Gelage in seinem Trakt abhielt, brach die einsame Königin in Weinkrämpfe aus. Bei den herbstlichen Jagden war Natalie nicht zugegen. Sie reiste mit viel Gepäck nach Paris und besuchte sündteure Modehäuser. Ihre Verschwendungssucht und große wirtschaftliche Schwierigkeiten, die Serbien durch Sanktionen von Ungarn damals auferlegt wurden, führten die Dynastie immer näher zum Abgrund.

Kaiser Franz Joseph war mit König Milan eng befreundet

Saschas Mätresse

Alle Hoffnungen der Königin richteten sich auf den einzigen Sohn Alexander, denn immer wieder hatte Milan von Rücktritt und Exil gesprochen. Kaiser Franz Joseph hatte ihm seit langem ein Domizil in Wien angeboten. 1898 war es dann soweit: Milan dankte zu Gunsten seines 24jährigen Sohnes Alexander ab. Königin Natalie sah neue Hoffnung für das geschundene Serbien. Doch neue Probleme türmten sich nach der Abdankung auf. Alexander, von ihr liebevoll Sascha genannt, legte sich eine übelbeleumdete, um neun Jahre ältere Mätresse zu. Die Witwe Draga Maschin galt wegen ihrer vielen Affären als „Hure von Belgrad". Und ausgerechnet auf sie fiel die Wahl des neuen Königs. Ihre sinnlich-laszive Ausstrahlung brachte ihn um den Verstand. Sie sollte auch sein frühzeitiges, schreckliches Ende bedeuten.

Draga Maschin, „Hure von Belgrad", dann Königin

Der Anfang vom Ende war die von allen politischen Kräften, einschließlich seines Vaters, des Ex-Königs, mißbilligte Heirat mit Draga am

Vorderseite: König Milan von Serbien mit Familie (Bild ganz links)

15. August 1900. „Beim besten Willen kann ich Dir zu der unmöglichen Heirat meine Einwilligung nicht geben", hatte Milan Obrenovich aus Wien telegrafiert. Und gewarnt: „Du stürzt Serbien in den Abgrund – ich beschwöre Dich ..."

Fluchend zerriß Sascha das Telegramm und erließ eine Anweisung an alle Präfekturen des Landes: „Ex-König Milan soll mit Waffengewalt gehindert werden, das Land jemals wieder zu betreten ..." Nur eine triumphierte: Draga, die neue Königin Serbiens.

Tod hinter der Tapetentür

Am 10. Januar 1901 starb Ex-König Milan von Serbien in Wien. Er hatte das furchtbare Ende seines Sohnes vorausgesehen, das sich am 13. Juni 1903 erfüllte, denn an jenem Tag wurden Alexander und Draga von patriotischen Aufrührern hingemetzelt. Zwar hatten sie sich noch hinter einer Tapetentür im Schlafgemach des Königs versteckt, doch ihr Tod war beschlossen. „Alexander Obrenovich, wollen Sie abdanken?" hatte der junge Offizier, den Revolver in der Hand, gefragt. „Ich danke nicht ab!" Das war das Signal. Mit Alexander und Draga starben auch ihre Diener. Nur Ex-Königin Natalie wurde verschont. Sie war ja gegen diese Heirat gewesen.

Jahrzehntelang war ihr Schicksal unbekannt geblieben. Man wußte nur, daß die damals Vierundvierzigjährige, von der sich Ex-König Milan noch 1893 hatte scheiden lassen, in ihre florentinische Heimat zurückging.

Durch einen Zufall wurde ihr langjähriger Witwensitz bekannt. In einem Prospekt über Villen und Landhäuser in der Toskana scheint auch eine „Villa Natalia" auf. Und dort ist zu lesen, daß „sie im 19. Jahrhundert die serbische Königin Natalia beherbergte und deshalb ihren heutigen Namen erhielt." Im Park mit Zypressen, Palmen, Zitronenbäumen, unter toskanischer Sonne versuchte die unglückliche Königin, ihr grausames Schicksal zu vergessen.

In der Toskana fand die Exilantin Zuflucht

Die letzten Freunde

Zu ihren letzten Freunden zählten die Herzöge von Cadoligni, die ihren Herrensitz in Catignano, ganz in ihrer Nähe, hatten. Auch die Fürstin Giovanna Ghyka auf Schloß Gamberaia bei Florenz nahm sich der zuletzt depressiven Exilantin liebevoll an. Wie es heißt, bestritt König Viktor Emanuel III. von Italien bis zu ihrem Tod im September 1918 ihren Unterhalt. Im Grunde war die bürgerliche Natalie Keschko aus Florenz für Serbiens Schicksal das Zünglein an der Waage gewesen. Hätte sie vermocht, ihren Sohn von der verhängnisvollen Heirat mit der „Hure von Belgrad" abzuhalten, wäre womöglich die Dynastie zu retten gewesen. So aber folgten Balkankriege und das Land zerfiel.

DAS KINDERTAGEBUCH

Aus den Aufzeichnungen der jüngsten Kaisertochter Marie Valerie

Sie liegen in den Archiven der Bayrischen Staatsbibliothek, die mehrbändigen Tagebücher von Kaiser Franz Josephs und Kaiserin Elisabeths jüngster Tochter Marie Valerie. Auf 120 Seiten hielt die junge Marie Valerie, die von ihrer Mutter abgöttisch geliebt wurde und im Familienkreis „das ungarische Kind" hieß, weil sie in Budapest zur Welt kam, mit zierlicher Schrift den Tagesablauf fest.

Erzherzogin Marie Valerie. Sie schrieb schon als Kind Tagebuch

„Es fiel mir Dienstag ein mein Tagebuch zu schreiben. Und heute es zu beginnen." So hebt es in großen lateinischen Lettern an; um gleich fortzufahren: „Nun muss ich trinken. Da hör ich auf f. einen Moment. – Motti muß ihr Butterbrot holen da hör ich wieder auf. Ich war 2 Tage krank im bett forgestern bekam ich fon der guten Mama schöne schpilereien. Ich bin bald 8 Jahre alt und heisse Marie Valerie. Jetzt hör ich auf. Marie

Eigtl. War ich noch nicht fertig den ich vil nachschreiben ich habe e. kl. bruder Feri u. noch e. Bruder Rudolf dan e. schwester Gisela vir sind im ganzen 4. vir haben untz sehr lib vir sind Marie Gisela Feri und Rudolf."

Nach ein paar Einträgen endet dies nur in den ersten Seiten beschriebene Heft.

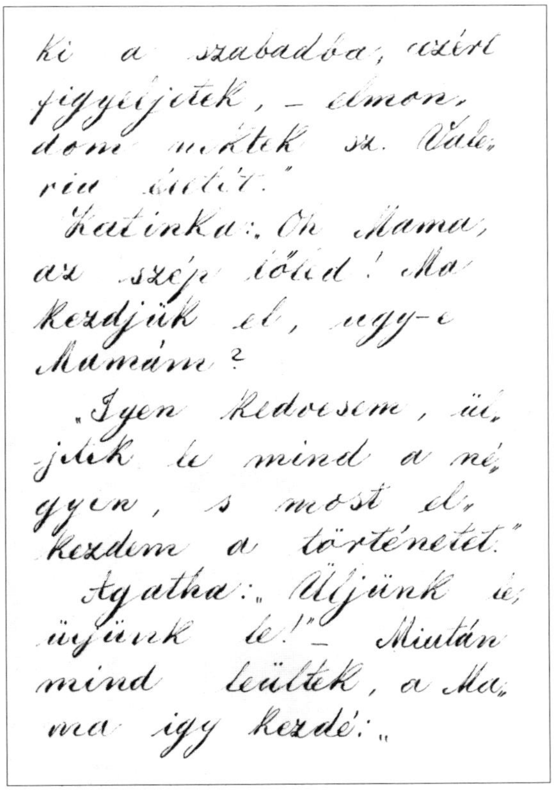

ki a szabadba; ezért figyeljétek, – elmondom néktek sz. Valeria életét."
Katinka: „Oh Mama, az szép lesz! Ma kezdjük el, ugy-e Mamám?
„Igen Kedvesem, üljetek le mind a négyen, s most el kezdem a történetet."
Agatha: „Üljünk le, üljünk le!" – Miután mind leültek, a Mama igy kezdé: „

Das „ungarische Kind" schrieb auch in Ungarisch

Das nächste Tagebuch Marie Valeries begann am 4. Mai 1879. Sie schreibt:

„12 Mai. Ich sagte heute zu Botz beiläufig so: ‚Botz – ich werde so wie Marguerit immer in m. Tagebuch schreiben das brave u. schlimme was ich thue ... u. ich Thue es auch.' Marguerite ist kein wirkl. Kind oder eher ich kenne sie nicht, aber ich lese e. Buch das heisst: ‚Le journal de M.' dieselbe schreibt wie ich von heute an schreiben werde.

Kleinkindersorgen und Freuden

Ischl 1879 Wir reisen am 11. 8. nach Teg. In Baiern. Dort hat Onkel Gagel e. Schloss, wo auch Grossmama u. alle Tanten u. Onkels u. Cousins u. Cousinen sind. Diese 14 Tage die wir dort sind sind Ferien f. m.

Mittw. 13. 8. 79 Tag. Also gestern kamen wir hier an, Grossm., Amelie u. ihre 2 kl. Schwestern Sofie u. El. Waren a. d. Terasse um uns zu empfengen. NM kamen Papa, Gisela Leopold u. d. Nichten hier an.

Ischl. 1879 22. 8. Wie schade dass es schon aus ist mit Teg. U. dass ich dort nur 1mal Tagebuch schrieb ... Aber man wirds sehr verdundern weil wir 5 Tage früher wegreisten, wir wollten ja 14 Tage bleiben, – je warum? Eigtl. Weis ichs selbst nicht ... o ein patzen ...

Am Vorabend v. Papas Gebtag war gr. Beleuchtg mit Feuerwerk... Oh es war brachtvoll. Alle diese beleuchteten Schiffe am See auf e. Schiffe war sogar Musik u. Männergesang. Und erst als FJ so schön beleuchtet kamen, dass war zu schön! Ich kam erst um 1/2 10 ins Bett

Valerie lehnte Captain Middleton instinktiv ab

29. 9. 79 Heute ist es 2 Jahre das ich m. 1. gutes Tagebuch schreibe

Gödölö 3. 10. 79 Als ich im Schloss ankam lief ich die Stiege hinauf – die Passy (Mamas Kammermädel) war am Gang u. sagte, dass ich zu Mama kommen solle, ich lief über den Gang hinüber – Mama war noch n. fertig, denn sie machte eben Gimnastik ich rannte hinein und Mama küsste mich viel!!!!!!!!!!!

5. Okt. Gestern Abds kam d. Capitain Mittelton! Oh!

28. 10. Nun muss ich sagen, dass d. Capitain M. weg ist, das Papa hier ist u. auch Gf Palfi

1880 Wie spassig 1880 zu schreiben

Vorbereitg. Z. 1.Kommunion nimmt viel Gedanken in Anspruch

13. 2. Dazwischen Kasperltheater

17. 2. Ein Jahr seit ich mit Kummer (dem Geschichtslehrer, Anm.) lerne... Ich habe viel Vortschritte gemacht in e. Jahr, ich lernte damals erst die Markgfen v Oesterr. U. gar k. allg. Gesch. Jetzt bin ich bei Franz II. U. dann Nap. Bon., aber ich muss sagen, dass d. beste herzigste Mann v. d. Welt m. 1. guter Pr. Eugen v. Sawoyen! O! ich glaube wenn er z. B. Moritz geheissen hätte, hätte ich ihn n. so gern aber Eugen!!! Oh!!! Wenn ich nur Eugen höre so stehen mir die Haare zu Berg!!"

Valerie schreibt auch in den folgenden Tagen über Geschichte und hat Bedenken, ob es nicht zu abgedroschen wäre, „aber ... nein das macht ja nichts, es wird ja nicht gedruckt, u. mich unterhaltet es; also ...". Sie setzte sich mit dem „schlechten" Mart.

Luther auseinander wie zuvor mit Ludwig XIV. „Oder Kaiser Max. I. der war gut! So gut wie Luther schlecht war (Mich wundert das Eugen n. s. Sohn war das wäre sehr möglich gewesen)

Dienst. 24. 2. 80 Es ist r. langw. U. auch schonungslos v. Kummer das er mir sagte: ‚Kaiserl. Hoh. Da wir nun die Neuzeit vollendet haben, so werden wir sie nun wiederholen.' Z. es ist gar n. wahr, den wir waren erst b. Kaiser Franz II. U. das nenne ich auch n. die Neuzeit vollenden, wenn man ganz einf. A. d. Stammtafel schreibt: Kaiser FJ I. Ich hätte so gern etw. V. Papa gewusst d.h. ich weiss dass Papa Kaiser geworden ist, weil Grosspapa f. ihn a. d. Thron verzichtet hat ... Aber wenn jemd. M. Tagebuch liest so glaubt er am End gar dass ich Kummer (den Geschichtslehrer, Anm.) n. mag! O Menschenkind! Das glaube nie! K. habe ich noch 1000mal lieber als Eugen selbst! U. oh! Wenn er n. verheiratet u. zu. Alt f. m. wäre, dann Menschenkind der Du dieses liest dann ... dann wohnte ich schon Salwatorg. Nr. 8."

Sie schrieb eifrig Tagebücher

Gar nicht so rar sind orthographische Fehler und höchst verblüffend auch zutreffende Urteile über Mitglieder der Familie. So vertraute sie am Mittwoch, dem 21. Dezember 1887, also mit neunzehn Jahren, schon voraussehend dem Tagebuch an: „... Unser sonst so gemütliches Diner wurde heute durch die Teilnahme Rudolfs und Stephanies steif und drückend. Als sie und auch Papa (Kaiser Franz Joseph, Anm.) fort waren, sprach Onkel Gackel (Kaiserin Elisabeths Bruder Ludwig in Bayern, Anm.) über Rudolf, sagte er sei wohl bedeutend, aber doch nicht so, wie er sich selbst dafür hält und er habe gewiß kein gutes Herz. So habe die Umgebung Rudolfs gute Anlagen erstickt und ihn zu einem unsympathischen – ja unheimlichen Menschen gemacht ..." – wie wahr angesichts der nachfolgenden Ereignisse von Mayerling, wo der Kronprinz zum Mörder und Selbstmörder wurde und Schande über das Haus Habsburg brachte.

Die schöngeistige Kaisertochter

Wie aus Marie Valeries geheimem Tagebuch hervorgeht, interessierte sie sich besonders für Politik. Vor allem mit ihrem bayerischen Onkel Ludwig verbrachte sie manche Stunde im vertrauten Gespräch politisierend, was dem blutjungen Mädchen zu erstaunlichen Einsichten verhalf. „... Er sagt, es sei möglich, daß es bald zum Krieg komme", notierte sie am Montag, dem 19. Dezember 1887 aufgeschreckt, „und dann wird es nicht mit einem Feldzug abgetan sein, sondern dann beginnt eine Völkerwanderung, ein entsetzlicher Kulturkampf des Slawentumes ..."

Marie Valerie und Franz Salvator im jungen Glück

Wenn sich die hübsche junge Dame, die 1890 ihren weitläufigen Cousin Franz Salvator aus der toskanischen Linie ehelichte, auch hauptsächlich für schöne Handarbeiten erwärmen konnte, daneben aber bald mehr Freude an der Malerei empfand, so blieb sie doch zeitlebens für das Zeitgeschehen offen. So durchschaute sie blutjung bereits die Hintergründe des 1. Weltkrieges, als sie notierte: „... Der Anstoß zu diesem Kampfe ist der Nihilismus in Rußland, der den Zar selbst wider seinen Willen zwingen wird, den Krieg zu beginnen, um die gärenden Elemente nach außen hin zu beschäftigen ..."

Onkel Ludwig war Valeries Lieblingsonkel

Backfisch-Schwärmereien

Höchst amüsant ist es, die Episteln der zwölfjährigen Marie Valerie zu lesen. Da stellt sich heraus, daß sie sich Männer der Weltgeschichte zu Idolen aussuchte – oder sie in kindlichem Überschwang in Grund und Boden verdammte. Wie etwa Napoleon Bonaparte, über den sie wutschnaubend auftrumpfte: „Oh dieser Napoleon! Das war ein arger Mensch! Aber nach diesem Einfall in Rußland ist es ihm nicht mehr so gut gegangen, die waren pfiffig die Russen!!! Mir wäre das sicher nicht eingefallen. Moskau so zu verbrennen! Pfiffig sind sie jetzt auch noch, das merkt man!!!" Und dann schilderte der Backfisch das tragische Geschehen um Alexander II. von Rußland aus seiner Sicht: „... Es war Abend und der Zar hätte ... mit der übrigen Familie soupieren sollen (die Frau vom Zar ist krank) also schlief diese Frau ein ... und erst als sie aufwachte, ging man zum Souper. Sie waren noch bei der Tür, da auf einmal ... krack! War eine Explosion von unten hinauf ins Speisezimmer!!!! Und der Zar??? Dem war gar nichts, rein gar nichts geschehen!"

Gleich kamen dem jungen Mädchen Erinnerungen an das Attentat auf den Vater: „Am Papa war nur EIN Attentat und das war ein Narr, dem es einfiel ...", war sie überzeugt.

Tageslauf einer kleinen Erzherzogin

Interessant ist der streng eingeteilte Tageslauf der kleinen Marie Valerie, wie er sicher auch für ihre Geschwister Gisela und Rudolf galt. „Zwischen 1/2 8 und 8 Uhr Aufstehen, Frühstück, um 9 Uhr kommt der Bischof, an anderen Tagen Kummer (ihr Hauslehrer, Anm.), von 10 – 11 spreche ich französisch, um 11 lerne ich entweder mit Kummer oder dem Bischof. Um 12 ziehe ich mich zum Ausfahren an oder wenn wir nicht ausfahren, freie Zeit für mein Tagebuch oder Lesen, deklamieren ... Um 1 bis 2 habe ich Rechnen, um 3 Uhr speisen wir, danach spreche ich bis gegen 1/2 6 Uhr Englisch, dann folgt die Klavierstunde, dann ist die englische oder französische Lektüre. Um 1/2 7 kommen Putti und Raab und wir haben zusammen Tanzstunde bis 7 Uhr. Da ist Souper und dann ‚Eile mit Weile' mit Rustimo (einem kleinen Mohren, dem Geschenk des Schahs von Persien, Anm.). Nach 1/2 8 kommt Papa bis 8 Uhr. Da gehe ich ins Bett."

Glückliche Mutter: Kaisertochter Marie Valerie

Marie Valerie bewies später, als Gemahlin von Erzherzog Franz Salvator und Mutter von 10 Kindern, soviel Rückgrat und Vernunft, die geforderte Verzichtserklärung zu unterschreiben und damit ihren Nachfahren das Bleiberecht in Österreich zu erhalten. Sie wohnte weiterhin, geliebt und verehrt, auf Schloß Wallsee, schrieb Gedichte und Einakter wie ihre Mutter, die Kaiserin, und zeichnete sich als Förderin wohltätig-karitativer Vereinigungen in bewegter Zeit aus.

DIE HEIMLICHE EHE DES ERZHERZOG ERNST

Erst seine Kinder brachten die Wahrheit an den Tag

Er war ein hoher Militär wie viele männliche Mitglieder des Erzhauses. Er galt als Junggeselle und untadeliger Ehrenmann. Erzherzog Ernst, Sohn des Vizekönigs von Lombardo-Venetien und dessen Gemahlin, der Prinzessin von Savoyen, nahm an Kriegen teil und schied im Range eines k.k. Generals aus dem aktiven Dienst. Daß er hohe Schulden angehäuft hatte, tat seinem Nimbus keinen Abbruch, denn seine Brüder Leopold, Sigismund, Rainer und Heinrich traten für ihn ein, um die Schulden zu tilgen. Dafür gab er sein Vermögen und Erbe an seinen Bruder Rainer ab. Somit war er, der in Laibach ein schönes Palais bewohnte, mittellos. Aber was machte das schon dem Erzherzog aus, da er ja ledig war? Es war ja lebenslang für ihn gesorgt.

Erzherzog Ernst (rechts sitzend) war heimlich verehelicht

Ganz anders aber stellte sich die Angelegenheit dar, als Ernst mit 75 Jahren 1899 starb. Plötzlich war der Teufel los! Denn da traten drei „eheliche Kinder" auf den Plan und verlangten das Erbe ihres Vaters. Nun kam das Doppelleben des angeblichen Junggesellen zutage. Aufgrund von Urkunden konnte bewiesen werden, daß Seine Kaiserliche Hoheit am 26. April 1858 in der Wohnung des Obergespan (eines Verwaltungsbeamten, Anm.) von Skublitz dessen Schwester Laura geehelicht hatte, und dies sogar im Beisein seines Bruders Heinrich als Trauzeugen, der als Brigadier ebenfalls in Laibach stationiert war. Die schöne Braut Laura war die Tochter des Gutsbesitzers Imre von Skublitz aus Bessenyö in Ungarn. Die Dame hatte jedoch, und deswegen konnte von vornherein der Konsens des Kaisers ausgeschlossen werden, bereits eine geschiedene Ehe hinter sich, der zwei Töchter entstammten. Es wäre also für den Erzherzog unmöglich gewesen, diese Ehe bei Hofe durchzusetzen.

Laura von Skublitz war die Gattin von Erzherzog Ernst

Sorge um die Kinder als Halbwaisen

Dennoch wäre für die Kinder weiterhin gesorgt gewesen, hätte ihre Mutter nicht bereits 1865 nach schwerer Krebskrankheit das Zeitliche gesegnet. Nun waren die Kinder Halbwaisen. Und da ihr Vater als mittellos galt, übernahm sein Bruder Rainer alles Weitere. Ihm ging es darum, jeglichen Makel zu beseitigen. Dafür wurden obskure Wege eingeschlagen. Die noch namenlosen Kinder wurden zwar zu „Baronen von Wallburg" erhoben, doch man ließ es an jeglicher liebevollen Fürsorge fehlen. Zuerst wurde ihr Onkel, der Obergespan, zu ihrem Vormund erklärt. Als Wohnsitz wurde die Grillen-Villa in der Hinterbrühl, ein düsteres Palais, bestimmt. Die beiden Söhne Ernst und Heinrich kamen ins Gräflich Löwenburgische Konvikt zu Wien. Die Ferien verbrachten sie stets auf dem erzherzoglichen Gut Schönkirchen in Niederösterreich. Von fern durften sie dort ihren leiblichen Vater, den Erzherzog, sehen. Doch sein äußerst kühles Verhalten mußte für die empfindsamen kindlichen Seelen wie eine kalte Dusche wirken. Bald sollten die nunmehr Halbwüchsigen merken, daß sie eigentlich keinen Vater mehr hatten.

Sich aller Erinnerungen entschlagen

Beim Eintritt ins k.k. Militär-Erziehungshaus in Strass wurde dem mittlerweile 20jährigen Ernst von Wallburg erklärt, er hätte sich aller früheren Erinnerungen zu entschlagen und Namen wie Stand des Vaters zu verleugnen. Weiter wurde ihm erklärt, daß Erzherzog Ernst lediglich sein Gönner sei. Wenn er jedoch diesen Befehlen brav folge, so würde er als Belohnung monatlich 10 Gulden vom Erzhaus erhalten. Das waren nach heutigem Geld 2800 Schilling. Mit seinem jüngeren Bruder Heinrich, für den ein Jusstudium vorgesehen war, hielt der entsetzte Wallburg Kriegsrat. Was war zu tun? Standen Laura, Ernst, Heinrich und Clothilde jetzt vater- und mutterlos da? In einem Anfall schwerer Depression nahm der labile Heinrich sich das Leben. Er hatte sich die Pulsadern geöffnet und verblutete ...

Ein Machtwort des Erzherzog Rainer kettete die 22jährige Laura an einen wesentlich älteren Kreisarzt, Dr. Sedelius Pegger. Ihre jüngere Schwester war schwachsinnig und zog mit in den Haushalt. Sie war die einzige, die dem leiblichen Vater nie Schwierigkeiten bereitete. Ganz anders aber ihr Bruder Ernst, der sich als junger Offiziersanwärter, seiner Abstammung wohl bewußt, in Wien ein flottes Leben angewöhnte. Bald betrugen seine Spielschulden eine stattliche Summe. Wohin sollte er sich zwecks Begleichung wenden? Er schlug den – verbotenen – Weg zu seinem Vater ein.

In seinen Erinnerungen schilderte der Gestrandete später, wie diese Reise nach Bozen endete. „Ich wurde nicht vorgelassen, man schenkte mir 500 Gulden. Danach besuchte mich in Wien Dr. Bachrach als Abgesandter des Kaisers und bot mir 2000 Gulden, damit ich den Erzherzog nicht mehr belästigte ..."

Heinrich Baron Wallberg nahm sich das Leben

Notenkopist und Oberkellner

Inzwischen verehelicht und Vater von drei Kindern, schlug sich Baron Wallburg nacheinander als Konduktor der Wiener Pferde-Straßenbahn, als Stallmeister und schließlich Notenkopist von solchen Koryphäen wie Johannes Brahms, Johann Strauß und Carl Michael Ziehrer durch, bis ein Schreibkrampf ihn arbeitsunfähig machte.

Erzherzog Ernsts Tochter Laura mit ihrem zweiten Ehemann

Wieder häuften sich große Schulden an, die von seiner heimlichen Großtante, der Prinzessin Montleart, beglichen wurden. Jetzt holte der Hof zum letzten Schlag aus: Mit der Begründung der Urkundenfälschung wurden Ernst und seine Schwester Laura verhaftet und in Budapest vor Gericht gestellt. Letztere war in zweiter Ehe mit einem Rittmeister Eugen von Szimió verehelicht, der nun seinerseits eine Schmähschrift gegen den Hof und seine Praktiken verfaßte, woraufhin er in den sofortigen Ruhestand versetzt wurde. Als Zahlkellner im Budapester Café „New York" tauchte der illegitime Habsburger-Sproß noch um die Jahrhundertwende wieder auf. Er soll in den zwanziger Jahren im Elend gestorben sein.

Ein Habsburger als Zahlkellner

MARIA JOSEPHA BILDETE SICH EINEN SCHAUSPIELER EIN

Ein Geliebter für die Ehefrau Erzherzog Ottos

Hinter den Kulissen des Wiener Hofes vollzog sich eine Tragödie, aus der wiederum zwei Skandale wurden.

Die Tragödie war die zutiefst unglückliche Ehe zwischen dem schönsten Erzherzog, den Österreich je sah, nämlich Erzherzog Otto, dem Vater des nachmaligen Kaiser Karl, und seiner Gemahlin Maria Josepha von Sachsen.

Das Paar war, wie damals an den Höfen üblich, blutjung zusammengeführt worden. Bald hatten sich die beiden so verschiedenen Menschen nichts mehr zu sagen. Der Erzherzog ging seiner eigenen Wege: als „Salonlöwe" und stadtbekannter Roué, vor dem praktisch keine Schürze sicher war.

Die blonde Erzherzogin blieb mit den Kindern allein im Augarten-Palais, das das Paar damals bewohnte.

Viele „kleine Mädel" liebte der Feschak, wenn sie nur „hübsch und liab" waren. Als Abfindung, wenn das kurze „Pantscherl" Folgen hatte, gab es dann wertvollen Schmuck oder gar eine Tabaktrafik.

Der schöne Otto – ein stadtbekannter Roué

Am allerliebsten waren dem Bonvivant jedoch die Damen von der Bühne! Immer wieder erlag einmal diese, einmal jene aus dem Corps de Ballet dem Werben des Elegants. Manche Soubrette oder Primadonna wurde von ihm hofiert, was jedoch auf eine Weise geschah, die nicht jeder verwöhnten Dame behagte.

Erzherzogin Maria Josepha – die betrogene Ehefrau

So beklagte sich die hübsche, erfolgreiche Ilka Palmay vom Theater an der Wien in ihren Memoiren darüber, daß der Erzherzog ihr jedesmal, wenn er ihr, wo auch immer, begegnete, zugerufen hätte: „No, Gnädigste, wann krieg' ich mein Busserl, wie?"

Sie aber, die sich später einen Grafen angelte, hatte keinen Gusto auf ein Verhältnis mit Seiner Hoheit, weshalb sie eines Tages den Erzherzog in unmißverständlicher Weise ersuchte, sie mit seinen Anträgen doch gefälligst zu verschonen.

Anders war eine junge, sehr attraktive Solotänzerin, die sich Hals über Kopf in Otto verliebte und viele Jahre mit ihm zusammenlebte.

Hofschauspieler Otto Tressler (Bild ganz links)

Das Ganze ging so weit, daß diese Marie Schleinzer von ihm zwei Kinder bekam, einen Sohn Alfred und eine Tochter Hilde, für die der Vater auch rührend sorgte. Außerdem kaufte Otto seiner ständigen Geliebten ein schönes Haus im 18. Bezirk, in der Anton Frank-Gasse 20, wo er mit ihr und den Kindern auch lebte.

Ein Wunsch an den Kaiser

Bei Otto mußte der Kaiser wirklich beide Augen zudrücken! Dieser Neffe war unbotmäßiger als alle anderen.

Eines Tages aber wurde er von der von ihm sehr geschätzten Maria Josepha mit einer Bitte überrascht, die dem damals schon nicht mehr jungen Kaiser die Rede verschlug. Maria Josepha verlangte nicht mehr und nicht weniger als dasselbe Recht wie ihr Mann. Das bedeutete, daß auch sie sich einen Geliebten zulegen wollte, um nicht mehr einsam zu sein.

Mit ihrem Sinn für Hofetikette und Reglement wollte sie das Ganze aber nicht „sündig und heimlich", sondern mit Billigung des Kaisers ausführen.

Hofschauspieler Otto Tressler bekam des Kaisers Placet

Man kann sich leicht denken, daß dem Monarchen eine Entscheidung nicht leicht fiel! Auch erhob sich ja die Frage, wen sich die schöne, junge Frau auserkoren hatte.

„Den Hofschauspieler Otto Tressler", soll ihre Antwort kurz und bündig gelautet haben. „Den oder keinen!"

Wußte aber der Glückliche von dieser Wahl? Und war er überhaupt frei, gab es da nicht neuerlich eine Tragödie, wenn wieder eine Ehe zerstört wurde?

Das alles hatte Maria Josepha längst ausgekundschaftet: Tressler war Witwer und Vater erwachsener Kinder.

Es stand also nichts im Wege, die Liebesidylle zu gestatten.

Fesch und gescheit

Otto Tressler war das, was man einen schönen, kultivierten Mann nannte. Er war Hofburgschauspieler, hatte jahrzehntelang als Liebling der Wiener klassische Heldenrollen gespielt und war auch vom Kaiser mehrfach in Audienz empfangen und ausgezeichnet worden.

Verwunderlich schien es also nicht, daß die Erzherzogin, die eine große Theaterfreundin war, sich in den Künstler verschaute! Er war ja solche Verehrung gewöhnt: Auch die rumänische Königin, als Dichterin unter dem Namen „Carmen Sylva" bekannt, hatte sich schon lebhaft für ihn interessiert und Tressler in Bukarest mehrmals zum Tee eingeladen ...

Dasselbe tat nun Maria Josepha, nachdem sie die Erlaubnis vom Kaiser hatte. Sie lud den großen Künstler zu sich ins Augarten-Palais ein, das sie seit der Liaison ihres Mannes mit den Kindern allein bewohnte.

Erzherzogin Maria Josepha zog den jungen Kaiser Karl auf

Der Kavalier alter Schule schwieg eisern über die große Liebe, die beide Menschen bald verband. Nur auf Umwegen erfuhr man damals davon, daß „die Maria Josepha und der Otto Tressler ..." liiert wären.

Der eine Umweg war eine berühmte Kollegin Tresslers: Katharina Schratt, die Kaiser-Freundin. Sie war in den eleganten Schauspieler so vernarrt, daß sie ihn sogar in ihre Villa nach Beaulieu an der Riviera einlud, als er wegen eines schweren Nervenleidens am Theater pausieren mußte.

Vermutlich trug der Zwiespalt, in dem sich Tressler wegen seiner Liebe zu der schließlich verheirateten Erzherzogin befand, dazu bei, seine Nervenkraft zu zerrütten.

An eine Trennung der erzherzoglichen Ehe war gar nicht zu denken! Da Erzherzog Otto nach dem Selbstmord des Kronprinzen eigentlich Thronfolger gewesen wäre, hätte der Kaiser hierzu niemals seine Einwilligung gegeben.

Andererseits war es ein offenes Geheimnis in Wien, daß Otto sich nun von seiner ständigen Mätresse Marie Schleinzer abgewandt hatte und auf neuen Liebespfaden schritt.

Es war die Sängerin Louise Robinson, die ihm so sehr gefiel, daß er nunmehr seine illegitimen Kinder mit der Schleinzer vernachlässigte.

Frauenliebling zeit seines Lebens

Einer von Tresslers größten Verehrern war Erzherzog Franz Ferdinand, der spätere Thronfolger.

Gespräch unter vier Augen

Man muß schon zwischen den Zeilen zu lesen verstehen, wenn man Tresslers Memoiren entnehmen will, daß er vermutlich den Erzherzog einschaltete, der selber in einer vom Kaiser nicht gebilligten Ehe lebte, um alle Möglichkeiten zu erforschen, die es für die unglückliche Maria Josepha und ihn gab. Häufig war Tressler ins Belvedere eingeladen, wo Franz Ferdinand mit seiner Familie residierte. Bestimmt sprach er bei einer solchen Gelegenheit unter vier Augen, von Mann zu Mann, mit dem Erzherzog. Aber sicher mußte auch der passen, rang er selber doch jahrelang um die kaiserliche Erlaubnis, seine Ehe vor den Augen des Wiener Hofes als ebenbürtig zu führen ... Nie verzieh ihm der Kaiser diese Wahl seines Herzens; und als das Thronfolger-Paar dann in Sarajewo ermordet wurde, meinte Franz Joseph nur ungerührt, das Schicksal habe die richtige Ordnung wieder hergestellt!

Da sie um die Sensibilität ihres Verehrers wußte, versuchte die Erzherzogin feinfühlend, ihm auf andere Weise die nötige Ehre zuteil werden zu lassen. Oft wurden im Beisein der Kinder im Augarten-Palais Soireen abgehalten, bei denen der Ton fast familiär war.

Gelegentlich gab es aber Mißtöne, wenn Tressler sich mißbraucht vorkam, so wie er selber es einmal schilderte.

Geliebter und Rezitator

So haßte er es geradezu, gelegentlich einer Einladung zum Diner als Rezitator fungieren zu müssen!

„...Ich freute mich, einmal Publikum zu sein ... als die Erzherzogin sich plötzlich an mich wandte und mich aus allen Himmeln riß: ‚Ach', sagte sie, ‚machen Sie uns doch die Freude, etwas zum Besten zu geben!'

Ich war außer mir und erwiderte prompt: ‚Kaiserliche Hoheit, ich bin gar nicht vorbereitet.'

‚Bitte, tun Sie uns trotzdem die Liebe ...'

‚Es tut mir furchtbar leid, aber ich weiß nichts auswendig.'

‚Dann sprechen Sie etwas Klassisches.'

‚Ich kann nichts.'

Die Erzherzogin begann schon wieder, in mich zu dringen, bis ich plötzlich aufsprang und Schillers ‚Handschuh' vortrug. Zum Schlusse näherte ich mich der Erzherzogin und rezitierte: ‚Und er warf ihr den Handschuh ins Gesicht' – nahm mein Taschentuch heraus, warf es der guten Maria Josepha zum allgemeinen Gaudium vor die Füße und zischte: ‚Den Dank, Dame, begehr' ich nicht! Und verläßt sie zur selbigen Stunde.'

Ich nahm mir vor, den Schluß der Ballade auch für mich als Abgang zu benützen, als mich der Obersthofmeister beim Arm packte und zur Erzherzogin zurückführte. Sie bedankte sich und lud mich ein, den Tee mit ihr zu nehmen. Wir saßen ... beim Tisch und plauderten über dies und jenes ..."

Sicher war die Rolle, die Tressler vor einer neugierigen Hofkamarilla bei der Erzherzogin spielen mußte, für ihn sehr schwer! Deshalb verzieh Maria Josepha ihrem Geliebten auch Kühnheiten wie diese, die ihn dem Zeremoniell nach in Ungnade hätten fallen lassen.

Rücksicht auf die geliebte Frau

In seinen Memoiren schwieg Tressler eisern über den Abschnitt „Maria Josepha". „Daß ich ... auch sonst eine Zurückhaltung übe, die Memoirenschreiber manchmal nicht üben, heißt nicht, daß ich etwas zu verschweigen habe, wohl aber, daß ich über persönliche Dinge schweigen möchte", schrieb er kurz.

Sicher fiel ihm auch die Rolle des Trösters zu, als Erzherzog Otto sich im Jahre 1905 anläßlich einer Reise nach Paris mit einer venerischen Krankheit infizierte, die den vitalen Mann binnen eines Jahres zum Wrack machte.

Mit dieser Krankheit, die den Skandal um die erzherzogliche Ehe noch vergrößerte, wurden ja alle geheimen Hoffnungen der Erzherzogin zunichte, ihr Gemahl möge mit den Jahren doch noch vernünftig werden und zu seiner Familie zurückkehren ...

Zweifellos hatte auch Otto Tressler in seiner noblen Art längst angeboten, in diesem Falle zurückzutreten und dem eventuellen Ehefrieden nicht im Wege zu stehen.

Das war nun alles hinfällig...

Voller Abscheu mußte die Erzherzogin erleben, daß ihrem Mann alle militärischen Ämter entzogen wurden und er praktisch als Geächteter in das alte Liebesnest seiner Mätresse Marie Schleinzer zurückflüchtete, wo er ein Jahr später starb.

Der Skandal war perfekt, als Maria Josepha sich weigerte, den Raum zu betreten, in dem der Tote lag, bevor er nicht desinfiziert war.

Nur einer stand ihr in diesen schweren Tagen zur Seite: Otto Tressler ... Bei ihm konnte sie sich ausweinen; zu ihm konnte sie Vertrauen haben, nachdem sie so schmählich um ihr Lebensglück betrogen worden war.

Ein Leben hinter schwarzen Schleiern

Obwohl sie nun frei war, erwog Maria Josepha sicher nicht einen Augenblick lang, Otto Tressler zu heiraten! Allzu groß waren die Gegensätze und allzu tief verwurzelt das Standesbewußtsein.

Die Mutter des nachmaligen Kaisers Karl blieb allein, im Kreise ihrer Kinder und Angehörigen.

Gleich nach Ottos Tod wurde es notwendig, den Familienbesitz Schloß Persenbeug zu verkaufen. Dieser riesige Besitz konnte von einer Frau nicht allein verwaltet und zusammengehalten werden.

Bald danach trennten sich die Wege Tresslers und der Erzherzogin.

Der Schauspieler ging eine neue Ehe ein, die nur drei Jahre hielt und danach geschieden wurde.

Maria Josepha reiste noch viel in ihrem Leben. Sie hatte die warme, achtungsvolle Zuneigung des alten Kaisers, der sie immer wieder in seinen engsten Kreis zog. Auch war Maria Josepha befreundet mit der Kronprinzessin-Witwe Stephanie, die sie oft in Abbazia und in deren zweiter Ehe auch auf Schloß Oroszvár in Ungarn traf.

Daß sie den Geliebten von einst nie vergaß, der noch eine Karriere als Filmschauspieler machte, ist internen Kreisen bekannt: Bis zuletzt sah sich die Erzherzogin insgeheim seine Filme an.

DAS ENDE DER AFFAIREN

Thronfolge ausgeschlossen

Daß nach Mayerling eine Thronfolge durch Erzherzog Otto nicht in Frage kommen konnte, lag durchaus nicht allein an dessen schlechtem Ruf, vielmehr war der Roué mittlerweile an Syphilis erkrankt. Wie man in Hofkreisen flüsterte, hatte das Liebesabenteuer mit einer rumänischen Zigeunerin ihm dieses damals noch unheilbare Leiden eingebracht. Vermutungen gab es viele; einige wollten sogar von einem gezielten Schlag gegen die Monarchie wissen, die ihn mit dieser Krankheit absichtlich von der Thronfolge gestrichen hatte. An Ottos Stelle rückte nun Franz Ferdinand, sein jüngerer Bruder, auf. Dieses Problem war einstweilen gelöst.

Nicht aber das Problem der alleinerziehenden Marie Schleinzer, die jahrelang als feste Mätresse galt. Sie näherte sich bereits den Vierzigern, als sich doch endlich noch ein Bewerber um ihre Hand fand. Es war der praktische Arzt in Abbazia, Dr. Julius Hortenau, ein ebenso geachteter wie beliebter Mann, bereits in erster Ehe geschieden. Großzügig beförderte Kaiser Franz Joseph ihn aus Anlaß der Hochzeit mit Marie Schleinzer vom k.k. Feldwebel zum Leutnant. Bald avancierte er zum Präsidenten des Küstenlager-Fremdenverkehrverbandes, auch erhob kaiserliche Huld ihn zum „Edlen von Hortenau", ein erblicher Adel, der Maries und Ottos Sohn Alfred zugute kommen sollte. Eine repräsentative Villa wurde erworben, die noch heute eines der raren Glanzstücke Abbazias ist, die „Villa Dottore Hortenau" vormals „Villa Splendid".

Ein Erzherzog ständig auf Abwegen: Otto

Die junge umschwärmte Marie Schleinzer

Das neue Leben hätte angenehm beginnen können, wenn nicht Maries Liebe zum unglücklichen Erzherzog unverbrüchlich gewesen wäre. Als aus Wien daher im Jahre 1900 traurige Nachrichten kamen, zögerte sie keinen Augenblick, zum Geliebten zu eilen. Ihrem Ehemann blieb nichts anderes übrig, als ihren Entschluß zu tolerieren. Bis zu Ottos Ableben 1906 pflegte sie immer wieder alternierend mit der anderen Dame seines Herzens, Louise Robinson, den Schwerkranken. Bald verlor er die Stimme, konnte sich nur flüsternd verständlich machen. Das Gesicht wurde zerfressen, eine Maske aus Gummi überdeckte für Fremde die entstellten Züge.

Dr. Julius von Hortenau, vom Kaiser hochgeachtet

Hortenau-Villa in Abbazia

Liebesnest in der Anton Frank-Gasse

Längst war Otto aus seiner Residenz Schloß Augarten ausgezogen und hatte sich ein Liebesnest im 18. Wiener Bezirk eingerichtet. Kontakte zu seiner Familie gab es praktisch nicht. Um so mehr hing der geläuterte Kranke an Marie und Louise sowie seinen illegitimen Kindern. Vor allem erfreute es ihn, daß sein Sohn Alfred in die Fußstapfen seines Stiefvaters trat und Medizin studierte. Auch Alfred ließ sich später als Kurarzt in Abbazia nieder und war dort als Armenarzt vor allem wegen seiner Mildtätigkeit beliebt. Für Bedürftige ordinierte er kostenlos und beschenkte sie reich.

Als Otto am 1. November 1906 die Augen schloß, standen Louise und Marie einträchtig weinend an seinem letzten Lager. Seine Gemahlin Maria Josepha ließ sich erst zum Besuch überreden, nachdem das Sterbezimmer hygienisch ausgeräuchert worden war.

Es kann nur den hingebungsvollen Gefühlen der beiden Frauen zugeschrieben werden, daß sie nach der Testamentseröffnung keinerlei Ansprüche an den Kaiserhof stellten. Vermutlich hatte Otto für seine Kinder schon vorher finanziell gesorgt, denn im Testamentsakt des Haus-, Hof- und Staatsarchivs finden sich für sie keinerlei Legate ausgewiesen.

Alfred von Hortenau wurde von seinem Vater Otto anerkannt

Auch Louise Robinson pflegte den „schönen Otto“ bis zum Tode

Marie Schleinzer verehelichte Cohn Edle von Hortenau starb erst 1949. Lange Jahre lebte sie als Witwe in Abbazia, bevor sie mit ihrem Sohn mit Kriegsende 1945 noch nach Triest auswanderte. Von Alfred von Hortenau ist nichts bekannt. Wie man in Abbazia erzählt, sprach er nie über seine wahre Herkunft. Sein leuchtendes Vorbild war sein Stiefvater, der dafür Verständnis hatte, wenn die Liebe seiner Frau für Otto übers Grab hinausreichte ...

Alfred Cohn Edler von Hortenau, von seinem Stiefvater mit diesem Namen bedacht, kam in den sechziger Jahren mehrfach nach Abbazia, um mit dem Archivar Prof. Nikola Crnkovic gemeinsam nach alten Familienpapieren zu suchen. Er war zweimal verheiratet, seine letzte Gattin stammte nach Aussagen von Zeitzeugen aus Zagreb. Er soll nach dem 2. Weltkrieg zuerst in Schweden gelebt haben, danach in den USA.

Hilde Cohn Edle von Hortenau ehelichte Madara Kuczor, der aus den Vereinigten Staaten nach Ab-bazia zurückgekehrt war. Er erwarb ein schönes Haus, Anschrift Abbazia Novacesta 100, das noch heute besteht, und richtete dort ein Blumengeschäft ein, in dem seine Gattin wirkte. Nach dem Jahre 1941 wurde das Geschäft geschlossen. Ab diesem Zeitpunkt lebte die Familie Kuczor nicht mehr in Abbazia.

Nach Gerüchten soll Hilde Kuczor später in Ungarn in ärmlichen Verhältnissen noch versucht haben, sich durch Klavierunterricht über Wasser zu halten.

So wechselhaft verlief das Leben der beiden illegitimen, jedoch von Erzherzog Otto anerkannten Kinder, die er mit seiner langjährigen Mätresse Marie Schleinzer hatte. In dem Grab am Friedhof in Abbazia sind bestattet: Dr. med. Julius Cohn Edler von Hortenau, Armenarzt von Abbazia und Stiefvater der beiden Kinder, wie auch Marie Schleinzer, verehelichte Cohn Edle von Hortenau.

Grabstelle Hortenau in Abbazia

EIN ERZHERZOG ALS ZIGEUNERFORSCHER

Erzherzog Josef setzte sich über Vorurteile hinweg

Erzherzog Josef Karl Ludwig, der zweite Sohn von Erzherzog-Palatin Josef Anton, war eines der hervorragendsten, vielseitig gebildetsten Mitglieder des Hauses Habsburg. 1833 in Preßburg geboren, zeichnete sich dieser Habsburger nicht nur auf den Schlachtfeldern als hoher Militär aus, sondern vor allem als Menschenfreund, der sich insbesondere mit dem fahrenden Volk beschäftigte. Während Kaiserin Elisabeth die Zigeuner nur zu gelegentlichen Mulaczags nach Gödöllö einlud, von wo aus sie weiterziehen mußten, siedelte Erzherzog Josef viele Roma auf seinen Landgütern Alcsút und Bankút in Ungarn an und sorgte für ihren Lebensunterhalt. Nach eingehenden Studien verschiedener Sprachen begann er um 1850, sich eingehend mit Romani-Dialekten zu beschäftigen. Ein reger Umgang mit Zigeunern war erforderlich, um linguistische Kenntnisse zu sammeln. Vor allem ging es dem Erzherzog darum, die reine Wortsprache Romanischel zu einer Schriftsprache zu formen, um sie auch für spätere Generationen zu bewahren. Sein Streben ging dahin, Roma und Sinti menschenrechtliche Gleichstellung zu ermöglichen, aber auch im sozialen Umfeld menschliche Kontakte zu intensivieren. Deshalb wurde Josef auch zum Schirmherrn eines „Oberungarischen madjarischen Kulturvereines", was den Neid anderer Volksgruppen hervorrief, die ihn bald anfeindeten. Der große Zigeunerkenner ließ sich dadurch jedoch keinesfalls von seinen Bemühungen abhalten. Im Gegenteil, nach vieljährigen Studien brachte er eine vielbeachtete Zigeunergrammatik heraus, „Románo csibákero sziklaribe", die 1888 in Budapest erschien. Noch im Jahre 1902, drei Jahre vor seinem Ableben, durfte der Erzherzog freudig eine deutsche Ausgabe in Empfang nehmen, die gleichfalls in Budapest erschien.

Erzherzog Josef Karl Ludwig – ein angesehener Dialektforscher

ERZHERZOG JOSEF

ZIGEUNERGRAMMATIK

BUDAPEST, 1902

AUSGABE DER ZEITSCHRIFT „ETHNOLOGISCHE MITTEILUNGEN AUS UNGARN"

Abb. 3. Haupttitelseite von JOSEFS Zigeunergrammatik.

CZIGÁNY NYELVTAN

ROMANO CSIBAKERO SZIKLARIBE

JÓZSEF FŐHERCZEG

BUDAPEST

Abb. 2. Haupttitelseite von JOSEFS Czigány nyelvtan — Románo csibákero sziklaribe. Der Igel mit dem Eichenlaub in den Zähnen ist das Wappentier der Zigeuner (und bei einigen Wanderzigeunern, ein wenig respektlos, auch eine beliebte Speise).

Bis heute gültig: die Zigeunergrammatik

Rumänische-ungarische-albanische Einflüsse

Die vielstrebigen Wanderbewegungen „seiner" Zigeuner brachten es mit sich, daß unterschiedliche sprachliche Eigenheiten die Arbeit Josefs erschwerten. Immer wieder wurde später von Sprachwissenschaftlern hervorgehoben, wie kompliziert seine Bemühungen waren, den grammatischen Bau verschiedener Romani-Dialekte zu erfassen. Unterschiede zwischen Dialekten pannonischer und karpatischer Zigeunergruppen gab es reichlich. So etwa beim Namen „die Romni", was bei einigen „i romni" heißt, bei anderen „e rokni" für „die Zigeunerin". Wie eng auch charakterliche Eigenheiten der Zigeuner mit ihrer Sprache verbunden waren, zeigte sich in vielen Worten, die absichtlich vor den „gadsche", den „Nicht-Zigeunern", verändert wurden. Nur dem engen Kontakt des Erzherzogs mit seinen Roma und Sinti war schließlich zu danken, wenn auch „verballhornte" Worte in seiner Grammatik richtig ausgedeutet schienen. So gelang es Josef etwa, das berühmte Zigeunerlied von etlichen Rätseln zu befreien. Es lautete:

Ejasz man pitanyi
Luptsianskom csajonyi
Oda pova lyacska
Oda za halyacska,

was soviel hieß wie:

Ich war auf Brautschau
Bei einem Mädchen in Lupca
Bei einer kleinen Nichtstuerin,
Einer kleinen Faulenzerin.

Der Verdienst des Erzherzogs lag aber auch darin, Romani-Dialekte gegen sogenannte Gaunersprachen wie Rotwelsch, Argot oder Bargoens abzugrenzen, mit denen Romani von übelwollenden Linguisten immer wieder verglichen wurde. Diese gingen sogar so weit, Romani als „Geheimsprache" einzustufen, um Zigeuner zu Geheimbündlern abzuwerten.

Verbindungen zum Sanskrit

Prinzessin Klothilde teilte die Interessen ihres Gatten

Noch heute kann man in etymologischen Quellen nachlesen, daß es Josefs wichtigstes Anliegen war, die sprachlichen Beziehungen und Zusammenhänge des Romani mit dem indischen Sanskrit aufzuzeigen, denn damit wurde auch ihre indische Herkunft legitimiert. Erst vor einigen Jahren wurde von Sprachwissenschaftlern der Akademie der Wissenschaften in Wien festgestellt, daß es „das Werk des Erzherzog Josef verdient, vor dem Vergessen bewahrt zu bleiben." Wenn gegenwärtig von der Universität Graz an einem Wörterbuch der Romani-Sprachen gearbeitet wird, so mag dies einer späten Würdigung unseres habsburgischen Zigeunerforschers gleichkommen. Zu danken war aber auch seiner Gattin, Prinzessin Klothilde von Sachsen-Coburg-Gotha. Denn sie, Mutter von 7 Kindern, half ihrem Mann eifrig dabei, den Zigeunern in Alscút und Bankút ein menschenwürdiges Dasein zu bescheren. Sie unterstützte die „Söhne des Windes", beschenkte deren Kinder und versuchte eifrig, sie heimisch zu machen. Und sie hatte Verständnis dafür, wenn ihr Wandertrieb sie wieder fortziehen ließ.

Daß sie dabei beide als Außenseiter der hochgeborenen Verwandtschaft galten, nahmen sie gern auf sich. Allzu deutlich mag dem Erzherzog und seiner Gemahlin noch jener Aufruf Kaiser Karls VI. von Innerösterreich gewesen sein, in welchem zur Tötung der Zigeuner aufgerufen wurde.

Es beschäftigte beide bis zu ihrem letzten Atemzug, diese Schuld abzutragen.

Zigeuner fanden eine Heimat bei Erzherzog Josef

ERZHERZOG UND EINTÄNZER

Erzherzog Leopold Ferdinand – einer der unehrenhaftesten Outsider im Hause Habsburg

Sein Vater war der Großherzog Ferdinand IV. von Toskana, der seit seiner Thronentsetzung von 1860 im Exil in Salzburg lebte, seine Mutter die Tochter Herzog Ferdinand Karls III. von Parma und in 2. Ehe mit dem Großherzog verheiratet. Das Paar erfreute sich bald eines reichen Kindersegens. Alljährlich lag ein weiterer Sprößling in der Wiege, weshalb Kaiserin Elisabeth den Großherzog – „Onkel Nando" genannt — als „Perlenfischer" bezeichnete. Der Kaiser ließ es sich nämlich nicht nehmen, der Mutter dieser Kinder anläßlich jeder weiteren Geburt eine wertvolle Perlenkette zu schenken. Später hatte er wenig Freude am großherzoglichen Nachwuchs. Ihm entstammten nämlich mit ganz wenigen Ausnahmen lauter Outsider. Zu den eigenwilligsten gehörte zweifellos der älteste Sohn, Erzherzog Leopold Ferdinand, später besser bekannt unter dem bürgerlichen Wahlnamen „Leopold Wölfling". Er sprengte im Laufe seines Lebens alle Fesseln, die ihn selbst noch an ein gutbürgerliches Dasein gebunden hätten. Er glitt ab zum Asozialen, zum Ausgestoßenen und Sozialhilfe-Empfänger, bis er am 4. Juli 1935 in Berlin aus dem Leben schied.

Der Outsider Erzherzog Leopold Ferdinand

Frühe Liebe und Enttäuschung

Später versuchte der Gestrandete seinen Absturz mit einer unglücklichen ersten Liebe zu entschuldigen. Schon als Sechzehnjähriger, so seine Behauptung, habe er sich unsterblich in seine Cousine Elvira von Bourbon, die Tochter des spanischen Thronprätendenten Don Carlos, verliebt. Doch die Dispens für die angestrebte Ehe bekam er nicht! Angeblich verweigerte Kaiser Franz Joseph diese unter Hinweis auf eine andere eheliche Verbindung mit dem Hause Bourbon. Zwei Jahre zuvor hatte Erzherzog Leopold Salvator Elviras Schwester Blanka geheiratet. Larmoyant schilderte Erzherzog Leopold Ferdinand die Vorkommnisse dieser Zeit in seinen Memoiren: „Etwas in mir war gebrochen. Elvira, meine stille Braut, mein Freund, mein Kamerad, die mir Halt, ja Freude und Liebe zum Beruf gab, für mich verloren."

Dem für Marine und Seefahrt Interessierten bot sich dennoch eine Gelegenheit, sich zu bewähren. Mitte Dezember 1892 durfte er an einer Schiffsreise mit dem Thronfolger Franz Ferdinand auf dem Rammkreuzer „Elisabeth" teilnehmen. Er leistete als Batterie- und Quartieroffizier Dienst, was zwangsläufig an jeder Station mit Landaufenthalten zusammenhing. Doch bald fielen Intimitäten zwischen Erzherzog Leopold und einem Kadetten auf, den er mit an Bord gebracht hatte. Aus geheimnisvollen Andeutungen ist zu entnehmen, daß es sich dabei um eine verkleidete Geliebte handelte.

Strafversetzung und vernichtendes Urteil

Um einen größeren Eklat zu vermeiden, wurde die Ausbootung 1893 in Sydney als „krankheitsbedingt“ dargestellt. Der gestrenge Zuchtmeister der Habsburger, die graue Eminenz Albrecht, fällte sein vernichtendes Urteil: „Leopold hatte immer einen schwierigen, um nicht zu sagen bösen Charakter.“ Nach einem Jahr erfolgte im März 1894 die Strafversetzung als Hauptmann zum Infanterie-Regiment Nr. 8 nach Brünn. Von dort ging es auf kaiserliche Weisung nach Przemysl, wiederum eine Strafversetzung. Konfidenten hatten gemeldet, daß der unbotmäßige Erzherzog nicht nur eine Geliebte mit Kind, sondern auch eine amouröse Beziehung zu einer Dirne mit „Gesundheitsbuch“ habe. Rapporte und Zurechtweisungen fruchteten nichts. Verstockt ließ er seine Geliebte, Wilhelmine Adamovic, zur Haushälterin „ausbilden“ und beschäftigte sie bei sich.

Wilhelmine Adamovic, die Geliebte des Erzherzogs

Wurde diese Liaison noch eine Zeitlang übersehen und folgten Ernennungen 1899 zum Oberstleutnant und ein Jahr später zum Obersten, so hatte die Geduld des Kaisers ein Ende, als Leopold Ferdinand um Heiratserlaubnis einkam.

Wie in ähnlichen Fällen wurde er „zur Heilung nervöser Zustände“ in eine Heilanstalt eingewiesen. Hinter vergitterten Fenstern schien die „Sinnesverwirrung“ abzuklingen. Ein Gelöbnis, die endgültige Trennung von der Adamovic zu vollziehen, führte jedoch nicht zur Wiederaufnahme in die Armee, was in dem Enttäuschten den Entschluß auslöste, endgültig die Geliebte zu heiraten und aus dem Kaiserhaus auszutreten.

Flucht mit der königlichen Schwester

Den Hang zur „freien“ Liebe teilten auch andere Geschwister des Erzherzogs. Um Trost bei seiner Schwester Louise zu finden, die sich als Kronprinzessin von Sachsen neben ihrem Gemahl, Friedrich August von Sachsen, unsterblich langweilte, nahm der Gemaßregelte zu ihr Kontakt auf. Die Folge war eine gemeinsame Flucht in die Schweiz, denn Louise hatte sich in den Sprachlehrer ihrer Kinder, André Giron, verliebt. Das Verhältnis war nicht ohne Folgen geblieben. Hochschwanger ging sie auf die Reise in die Schweiz, Giron und ihren Bruder zur Seite. Während aber Louises späteres Dasein zu diesem Zeitpunkt noch gänzlich ungewiß war, setzten Anwälte des Erzherzogs zumindest eine ansehnliche Leibrente durch. Daß sie im Zuge der Ereignisse mit dem Ende der Monarchie nur noch Makulatur sein würde, damit konnte zu diesem Zeitpunkt niemand rechnen.

Kaum verehelicht, ging es für das Ehepaar Wölfling, diesen bürgerlichen Namen hatte sich der Erzherzog erkoren, auf Hochzeitsreise nach Südfrankreich. Ein Haus im Schweizer Ort Zug wurde zur neuen Heimat. Nur zwei Jahre später wurde Leopold Ferdinand Wölfling Schweizer Staatsbürger. Daß die Ehe vor dem Aus stand, kümmerte ihn nur noch wenig, denn eine neue Liebe war rasch gefunden – wieder eine Dame mit zweifelhaftem Ruf: Maria Ritter ging in München dem „horizontalen Gewerbe“ nach.

Mit Maria Ritter ging Wölfling eine zweite Ehe ein

Wirrwarr bis zum traurigen Ende

Eine neue Ehe und vielfache Übersiedlungen folgten. Eine weitere Scheidung und eine letzte Ehe ließen das schmähliche Finale nur um so rascher kommen. Nach Weltkriegsende reiste Wölfling mit leeren Taschen nach Berlin. Er verdingte sich als Adressenschreiber, als Eintänzer im Hotel Adlon, als Ahnenforscher für einen Kriegsgewinnler und zuletzt, wieder in Wien, als Greißler, bis er dann in bitterster Armut seinem verfehlten Leben ein Ende setzte. Zu jener Zeit lebte er in einem Elendsquartier im Arbeiterbezirk Berlin-Kreuzberg, angeblich in eheähnlichen Verhältnissen mit der um dreißig Jahre jüngeren Klara Hedwig Pawlowsky. Für Kaiser Franz Joseph war er schon lange gestorben gewesen. „Erwähne den Namen Leopold nicht mehr", hatte dieser 1914 geäußert, „er ist, seit ich ihn verbannte, tot für mich und wird es immer bleiben."

DAS BAUEN WAR SEINE LUST

In Schloß Hernstein schuf sich ein einsamer Erzherzog eine Fluchtburg

Das Bauen war der bayerischen Monarchen Lust! Ludwig II. wurde deshalb für „wahnsinnig“ erklärt. Ähnlich erging es in Österreich einem Habsburger, Erzherzog Leopold Ludwig, dem ältesten Sohn von Erzherzog Rainer Josef und seiner Gemahlin Prinzessin Elisabeth von Savoyen-Carignan. „Diese idiotischen Erzherzöge“, schimpfte Otto Fürst Bismarck, der eiserne Kanzler, in Deutschland. Wenn er damit auch diesen Erzherzog meinte, so tat er ihm Unrecht. Leopolds Leidenschaft war die Kunst, er war außerdem ein integrer Verwalter des gewaltigen Erbes seines Vaters und widmete sich neben der Verschönerung von Schloß Hernstein nur noch einem anderen Hobby, der Aufzucht von Mufflons. Daß er zudem ein eifriger Jäger war, verband ihn mit Kaiser Franz Joseph und vielen anderen Habsburgern. Ein blindwütiger Schütze, wie etwa Franz Ferdinand, war Leopold jedoch nicht. Er hegte das Wild eher, als es sinnlos abzuknallen. Von seinem Vater, Erzherzog Rainer, seinerzeit noch Vizekönig des lombardo-venetianischen Königreichs, erbte Leopold das Interesse für Natur- und Geisteswissenschaften, insbesondere für Botanik, Kunst und Musik.

Fürst Bismarck hatte keine gute Meinung über Österreichs Erzherzöge

Erzherzog Leopold Ludwig war ein Eigenbrötler (Bild ganz links)

Mufflon-Zucht war das Hobby des Erzherzogs

Aus Staatsraison zum Militär

1823 wurde Leopold Ludwig in Mailand geboren, die Familie verließ kurz vor Ausbruch der Revolution Mailand und zog nach Verona. Später lebte sein Vater in Bozen mit den Seinen als Privatmann. Wie die meisten der Erzherzöge trat auch Leopold die militärische Laufbahn an. Seine Erfolge in der Armee waren wie jene seiner Brüder Rainer, Sigismund und Ernst umstritten. Zwar setzte Leopold sich im Range eines General-Genie-Inspektors maßgeblich für die Entwicklung von Torpedos, Seeminen und Minen ein und trieb auch die Feldtelegrafie voran, doch als Befehlshaber des 8. Armeekorps der Nordarmee gegen Preußen bewährte er sich 1866 nicht. Der deutsche König Wilhelm schlug am 18. Juli 1866 sein Hauptquartier in Nikolsburg auf. In Wien konnte man die Wachtfeuer der Preußen leuchten sehen.

Sicher hatte die schwere Last des Gefühls, versagt zu haben, auch auf die labile Gesundheit des Erzherzogs Einwirkungen. Angeblich war er von Geburt an Epileptiker. Hinzu müssen auch schwere Depressionen gekommen sein. Als der 57jährige endgültig aus der Armee ausschied, wurden gesundheitliche Probleme angegeben. In Hofkreisen hingegen wurde getuschelt, Leopold sei verrückt geworden. Unverständlich erschien, daß er fortan als Einsiedler auf dem vom Vater ererbten Schloß Hernstein in Niederösterreich lebte und auch nicht heiratete. Allerdings verbrachte dieser kunstsinnige Erzherzog keinesfalls seine Zeit mit Nichtstun, er engagierte vielmehr einen der berühmtesten Baumeister jener Epoche, Theophil Hansen, und übertrug ihm die Ausgestaltung des ehemaligen großen Meierhofes.

Wildbiologische Experimente

Bereits 20 Jahre zuvor war Leopold einer seltsamen Intention gefolgt, die von seiner Umgebung mit Kopfschütteln akzeptiert wurde. Er ließ Mufflons und Zakelschafe in 1000 Meter Seehöhe aussetzen und sorgsam ihre Fortpflanzung überwachen. Die Resultate waren verblüffend: „In den ersten zehn bis zwölf Jahren entstanden viele weiße und doppelfärbige Individuen, die allmählich ihre Farbe wechselten, gleichfarbig wurden und endlich das volle Aussehen von Mufflons annahmen“, wurde von seinen Leuten vermerkt. „Die auf solche Weise gewonnenen Bastarde, richtiger gesagt vollständige Wildschafe, gleichen den Mufflons in allen ihren Charakterkennzeichen.“

Eine Vorliebe des einsamen Erzherzogs waren auch Elchjagden in Ostpreußen. Bei den Groß-

Theophil Hansen stattete Schloß Hernstein prächtig aus

grundbesitzern um Rominten galt er als Koryphäe. Sein Wissen resultierte aus einer bedeutenden Bibliothek jagd- und forstkundlicher Werke.

Herrliche Residenz eines Einsamen

Währenddessen stattete Theophil Hansen die Hernsteiner Residenz auf das prächtigste aus. Goldene Karyatiden zierten den Empfangssaal, Portale und Möbel trugen die Initialen des Erzherzogs und im Ahnensaal hielt ein Zyklus von Kaiserporträts Erinnerungen an die Vorfahren wach.

Der einsame Tod des Mannes im Rollstuhl

Als Erzherzog Leopold nach jahrzehntelangem Siechtum im Rollstuhl am 24. Mai 1898 auf Schloß Hernstein starb, hinterließ er ein unvorstellbar großes Erbe. Nach heutigem Geld wären es rund 450.000.000 Schilling, nach damaligem Geld 3.381.000.102 Gulden. Laut seinem Testament vom 9. Januar 1893 ernannte Leopold seinen Bruder, Erzherzog Rainer, zum Universalerben. Allerdings fand sich in seinem Palais in Wien, Praterstraße 43, noch eine Kassette mit Gold- und Silbermünzen. Laut seinem Nachlaßverwalter, Graf Béla Csiraky von Csirák, war diese Kassette seinem getreuen Kammerdiener Hubertus Grimm zugedacht, dem sie auch ausgehändigt wurde.

Grimm war der letzte Getreue gewesen, der bei seinem einsamen Herrn ausgeharrt hatte. Als Erzherzog Leopold im Beisein aller Angehörigen des Kaiserhauses, des Diplomatischen Korps und ausländischer Delegationen in der Kapuzinergruft beigesetzt wurde, hatte ein Leben geendet, das – von vielen unverstanden – seinen eigenen, individuellen Werten entsprechend in Treue für Kaiser und Reich geführt worden war.

Der letzte Getreue: Kammerdiener Hubertus Grimm

EINE ERZHERZOGIN FOTOGRAFIERTE LEIDENSCHAFTLICH GERNE

Erzherzogin Isabella hinterließ etwa eintausenddreihundert Kunstfotografien

Sie hatte viele exaltierte Hobbies, die auf Schloß Halbturn im Burgenland ansässige Erzherzogin Isabella, Gemahlin von Erzherzog Friedrich, der zur Kaiserzeit als reichster Großgrundbesitzer der Donaumonarchie galt. Die aus der westfälischen Herzogsfamilie Croy-Dülmen stammende Erzherzogin war eine Meisterin auf dem Cimbal, weshalb oft Zigeunerkapellen auf Halbturn zu Gaste waren. Sie veranstaltete vielbeachtete Theateraufführungen, für welche sie sogar Burgtheater-Mimen als Lehrer engagierte. Sie jagte mit Begeisterung – aber die Kunstfotografie, damals noch mit Platten, war sicher ihr ganz besonderes Hobby. Darin leistete die 1856 Geborene Erstaunliches, sodaß ihre Fotos nicht nur bei Ausstellungen Aufsehen erregten, sondern auch in Fachblättern abgedruckt wurden. Für diese Passion, die von der damaligen Hofgesellschaft mißtrauisch aufgenommen wurde, hatte die energische Erzherzogin mit den emanzipatorischen Ansätzen aber erst Zeit, nachdem sie in ihrer Ehe neun Kindern das Leben schenkte. Da sie vielseitig interessiert auftrat, sich auch

Erzherzogin Isabella empfing auch den deutschen Kaiser in Halbturn

Zigeuner waren oft Gäste bei Isabella

Isabella war Meisterin am Cimbal

in der Politik gern einmischte und ihrem Gatten geistig weit überlegen war, stand der Erzherzog bald völlig unter ihrem Pantoffel. Ganz gleich, wo die weitverzweigte Familie auch weilte – ob in Halbturn, auf den Besitzungen Teschen, Seelowitz, Ungarisch-Altenburg, Béllye, im Palais auf der Augustinerbastei in Wien oder auf Schloß Weilburg bei Baden, überall mußten Fotoapparat und Stativ im Gepäck mitgenommen werden.

Familien- und Landschaftsbilder

Dankbare Foto-Objekte waren die hübschen Töchter Maria Christina, Maria Anna, Henriette, Natalie, Stephanie, Gabriele, Isabella und Alice sowie der Stammhalter Albrecht, doch entstanden auch einfühlsame Landschaftsaufnahmen, die in ungarischen Blättern gedruckt und vielbeachtet wurden. Oft waren auch Bedienstete oder ethnische Minderheiten wie südslawische „Schokatzen" optische Ziele. Dann wieder fesselten Jagdmotive die Erzherzogin, die mit Büchsenspanner und Kamera-tragendem Lakaien durch die Wälder streifte. Häufig nahm sie zur Verstärkung noch einen Hausfotografen aus Budapest mit, Gyula Jelfy, der wiederum die Erzherzogin fotografierte. Die Fotos erschienen sodann in der renommierten Sonntagszeitung Vasámapi Ujság und erregten sogar das Interesse Kaiser Franz Josephs, der Erzherzog Friedrich samt Familie sehr schätzte, denn diese Personen waren ganz auf seiner Linie hinsichtlich der Mesalliance von Thronfolger Franz Ferdinand. Schließlich war es deren

Hofdame Sophie Chotek, die der unbotmäßige Prätendent statt einer ihrer heiratsfähigen Töchter zur Gemahlin erkor. Diesen faux pas hatte die standesbewußte Erzherzogin dem Thronfolger und der nachmaligen Fürstin Hohenberg nie verziehen. Als der Kaiser nach dem Attentat von Sarajewo ausrief: „Nun hat das Schicksal die Ordnung wiederhergestellt, zu der ich nicht fähig war", soll sie angeblich genickt haben.

Berühmte Gäste fotografiert

Wir verdanken ein Stück Zeitgeschichte jener eifrigen Fotografin, die stets prominente Gäste bei sich hatte. So hatte die jüngere Schwester ihres Gatten, Maria Christina, König Alfons XII. von Spanien geehelicht. Dessen Sohn war häufiger Gast auf Schloß Halbturn und wurde entsprechend oft vor die Linse gebeten, desgleichen die im Exil lebende Königin von Frankreich, Eugenia Gräfin Montijo, die 1908 in Wien weilte. Am liebsten aber waren Ihrer Kaiserlichen Hoheit Schnappschüsse ihres einzigen Sohnes, Erzherzog Albrecht. Jede Phase seines Lebens wurde auf Platte festgehalten. Die stolze Mutter trug bis zu ihrem Tode sein schönstes Foto als Medaillon um den Hals. Isabella hatte im späteren Alter noch ein Faible für junge, gutgewachsene Männer, vor allem für Kammer-Lakaien. Vor allem schätzte sie die feschen Kutscher Josef und Franz Winkler aus Halbturn. Deren Nachfahrin erzählte mir: „Nach Empfängen und Theaterbesuchen konnte Ihre Hoheit oft nicht schlafen. Dann rief sie einen der Brüder. Und dann ging das Umräumen von Möbeln in den Gemächern noch bis Mitternacht los!" Auch das war ein bevorzugtes Hobby Isabellas, mit dem sie ihre Untergebenen leicht sekkierte. Diese Vorliebe teilte sie mit Fürst Elémer von Lónyay, Stephanies zweitem Gatten. Die Zeitzeugin Juliane Gräfin Gatterburg berichtete: „Er dirigierte die Diener zweiter Ordnung ... Sie schleppten und rückten im Schweiße ihres Angesichts venezianische Sakristeischränke, Brüsseler Spiegel, flandrische Renaissancetruhen von einem Raum in den anderen ..."

Fotografieren war ein Familienhobby

Die Kammerlakaien Josef und Franz Winkler halfen im Schloß

Im Exil

Leider war das Ende der Erzherzogin und ihres Gemahls alles andere als glänzend. Von ihren Gütern vertrieben, fristeten sie ihr Dasein zurückgezogen in Ungarisch-Altenburg und mußten erleben, daß ihr einziger Sohn sich rechtsextremen Kreisen in Ungarn anschloß und nach 1945 nach Brasilien floh. Nach zwei spektakulären Scheidungen und einer unstandesgemäßen Ehe mit einer Schauspielerin verstarb er 1955 im Exil. Erst vor Jahren brachte seine Witwe die Urne nach Halbturn, wo sie jetzt in der Familienkapelle der Barone Waldbott-Bassenheim ruht.

Fast ist es tröstlich, daß Isabellas Enkel in Halbturn, Baron Paul Waldbott-Bassenheim, vor kurzem mehrere hundert Fotoplatten zurückkaufen konnte. Es steht aber zu erwarten, daß irgendwann noch weitere auftauchen werden. Auch sie wären schöne Beweise für die größte Leidenschaft der Erzherzogin, die Kunst des Fotografierens.

Im Exil in Deutsch-Altenburg endete das Dasein

EIN ERZHERZOG AUF MALLORCA

Ludwig Salvator liebte ländlich

Wer in Valldemosa auf den Spuren Frédéric Chopins wandelt, wird dabei auch an eine andere Persönlichkeit erinnert, deren Leben mit Mallorca auf das engste verbunden war: mit dem Habsburger Erzherzog Ludwig Salvator, dem Cousin Kaiser Franz Josephs und Bruder des unglücklichen Johann Orth.

Erzherzog Ludwig Salvator lebte sehr freizügig

Die Mallorquiner haben nie vergessen, daß der „Märchenprinz" aus dem fernen Österreich eines Tages ihr Land sah und von seiner Schönheit so begeistert war, daß er beschloß, hier Ländereien zu erwerben und nie mehr fortzugehen.

Der Erzherzog, der aus der Ehe von Leopold II. von Toskana und seiner Gattin Maria Antonia Prinzessin Bourbon-Sizilien stammte, wandte sich sogleich nach seiner Rückkehr in Wien an seinen Cousin Kaiser Franz Joseph. Er erbat von ihm die Erlaubnis, auf der kleinen Mittelmeerinsel Mallorca, die damals noch fast unbekannt und wenig bereist war, ansässig werden zu dürfen.

Zu jener Zeit war der am 4. August 1847 geborene Erzherzog gerade 25 Jahre alt. Ebenso wie sein Bruder Johann Salvator, der sich erdreistete, als aktiver Offizier die österreichisch-ungarische Außenpolitik zu kritisieren, kannte Ludwig Salvator nur einen Wunsch: dem strengen Reglement der Hofburg zu entfliehen und auf einem ruhigen Flecken Erde sein Dasein zu genießen. Wie immer zeigte sich der Kaiser großzügig. Er gab seinem Cousin nicht nur die Erlaubnis zum Aufenthalt im Ausland, sondern stattete den Erzherzog obendrein mit genügend Geldmitteln aus, mit denen er „halb Mallorca" aufkaufen und sich zudem ein herrliches Landhaus an der schönsten Meeresbucht bauen konnte.

Als der Erzherzog zum ersten Mal auf Mallorca weilte, wohnte er unter einem Decknamen „Graf von Neudorf" im Gasthof „Ca's Frances" in Valldemosa. Mit seinem Sekretär besuchte der „Graf" – ein hochgewachsener, elegant aussehender junger Mann – die alteingesessenen Gutsfamilien der Insel. Dabei lernte er die Familie Son Moragues kennen, deren Vorfahren von jenen Arabern abstammten, die einst das Land urbar gemacht hatten.

Die weiten Ländereien der Son Moragues sagten Ludwig Salvator am meisten zu. Er bot eine für damalige Begriffe enorm hohe Summe – und kaufte sie ohne weiter zu überlegen. Ein anderer Grundbesitz – „S'Estaca" genannt – wurde gleichfalls

In Ludwig Salvators Palast auf Mallorca

von ihm erworben. Die ebenso freundlichen wie aufgeweckten Bauern wußten auch bald, wer da als neuer Gutsherr in ihrer Mitte weilte. „Su Alteza“, „El Archiduque“ wurde zur umschwärmten Persönlichkeit in dem an Sensationen armen Leben der Inselbewohner.

Allerlei Anekdoten begannen über den Fremden zu kursieren. So traf ihn einmal ein Bauer und sagte: „Ich wollte den Herrn sehen, der Son Moragues so teuer bezahlt hat!“ – „Das war nicht zuviel Geld“, erwiderte der Erzherzog, der rasch die spanische Sprache erlernt hatte. „Mit dieser Summe ist nicht einmal der Fels hier bezahlt.“

Als das schloßartige Landhaus im großzügigen mallorquinischen Stil erbaut war, gab sich dort die „große Welt“ jener Zeit ein Stelldichein. Nicht nur Kaiserin Elisabeth von Österreich weilte auf Mallorca, auch die Mutter des Erzherzogs kam. Entzückt zeigten sich die Herzogin von Toskana, die Infantin Isabella von Spanien, Herzog Wladimir von Rußland und König Eduard von England.

Sie alle verstanden die Wahl des „exaltierten kaiserlichen Cousins“, der hier das Leben eines unumstrittenen Herrn der Insel führte – im Schatten von Palmen, Feigen- und Granatapfelbäumen, angesichts des ewig blauen Mittelmeeres. Im Umgang mit den Spaniern lernte er nicht nur rasch das „Castellano“, die Landessprache, sondern auch den eigenartigen mallorquinischen Dialekt.

Und als er nach ausgedehnten Reisen über die Insel nach einigen Jahren begann, seine Erlebnisse niederzuschreiben, geschah dies auf „Mallorquin“, sodaß auch der einfachste Landarbeiter die 23 gedruckten Bände lesen konnte, die der „Archiduque“ im Laufe der Zeit schrieb.

Obwohl der Erzherzog am 12. Oktober 1915 nach schwerer Krankheit unverehelicht starb, gibt es doch heute noch auf Mallorca Nachfahren seiner illegitimen Kinder, einer Tochter und eines Sohnes.

Zahllose Liebesaffären rankten sich um die Person dieses Wahlspaniers. Daß jahrzehntelang eine Mauer des Schweigens um diese Amouren bestand, ist mit der spanischen Mentalität zu erklären. Noch immer haftet auf Mallorca einer verbotenen Liebe ebensosehr ein Makel an wie einer unehelichen Herkunft. Es war deshalb nicht verwunderlich, wenn die illegitime Tochter des Erzherzogs, Señora Luisa Vives Ribas, ihren Vater schamhaft als „Patenvater“ bezeichnete. Und obwohl die temperamentvolle alte Dame unleugbar Zeichen einer vorzüglichen Erziehung trug – sie sprach fließend Deutsch, Englisch und Französisch – wurde sie sehr schweigsam, wenn es um ihre Herkunft ging.

Die illegitime Tochter des Erzherzogs: Luisa Vives

Immerhin erzählte Señora Vives mir, daß sie als Kind ausländische Erzieherinnen hatte, Klavier studierte und mit ihrem „Patenvater“ auch in Wien war. Als der Erzherzog beim Ausbruch des 1. Weltkrieges auf Befehl des Kaisers nach Schloß Brandeis in Böhmen zurückkehrte und sich dort in Sehnsucht nach „seinem“ Mallorca verzehrte, durfte sie ihn dort besuchen. Als er an der Elephantiasis am 12. Oktober 1915 dort starb, folgte auch sie, die uneheliche Tochter, seinem Sarg in die Wiener Kapuzinergruft.

Alte Fotografien, die an den Wänden ihres Häuschens in Son Españolet, am Stadtrand von Palma, hingen, zeigten die kleine Luisa an der Seite des Erzherzogs bei Familientreffen der Habsburger auf Schloß Brandeis. Obwohl ihre Mutter nie zur „Erzherzogin“ avancierte, durfte die Tochter doch Eingang in jene Kreise finden, die einem einfachen Bauernmädchen zu jener Zeit sonst versperrt gewesen wären.

Als „Frauenheld“ ist der „Archiduque“, nach dem in Valldemosa die Hauptstraße benannt wurde, sogar noch heute in aller Munde. An den kleinen Souvenirständen wird das Buch mit den Erinnerungen an eine andere große Passion an die Touristen verkauft, nämlich die Geschichte von Ludwig Salvators Liebe zur kleinen Landarbeiterin Catalina Homar.

Wie Ana Vives war auch Catalina Homar Mallorquinerin. Auch sie arbeitete auf den Feldern des Erzherzogs, ehe er sie in sein Haus holte. Auch ihr ließ er eine gediegene Erziehung angedeihen, kleidete sie ein, verreiste mit ihr und stellte sie sogar in Wien dem Kaiser vor. Der äußerte sich enthusiastisch über die ebenso hübsche wie gebildete Spanierin: „Ich bewundere keine Frau so sehr wie sie“, sagte der Gemahl einer der schönsten Frauen ihrer Zeit, der Kaiserin Elisabeth.

Brief seiner illegitimen Tochter an den Erzherzog

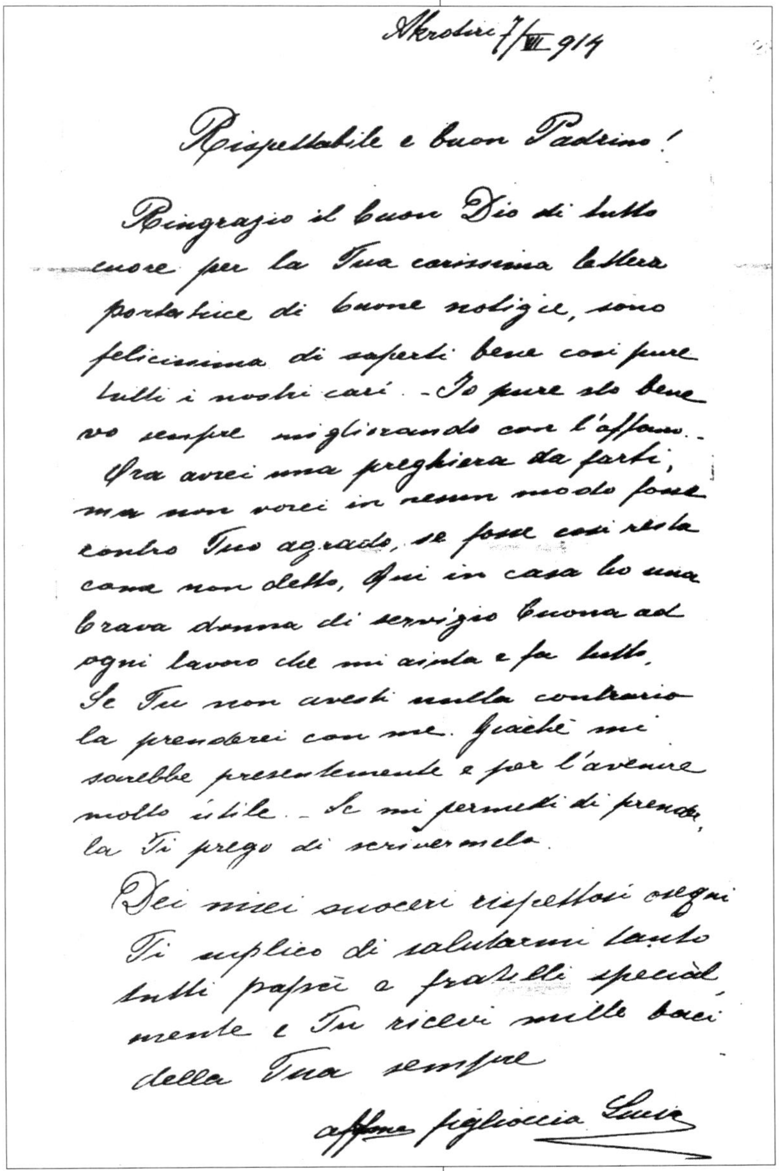

Akrotiri 7/VII 914

Rispettabile e buon Padrino!

Ringrazio il buon Dio di tutto cuore per la Tua carissima lettera portatrice di buone notizie, sono felicissima di saperti bene così pure tutti i nostri cari. – Io pure sto bene vo sempre migliorando con l'affanno. – Ora avrei una preghiera da farti, ma non vorei in nessun modo fosse contro Tuo agrado, se fosse così resta come non detto. Qui in casa ho una brava donna di servizio buona ad ogni lavoro che mi aiuta e fa tutto. Se Tu non avesti nulla contrario la prenderei con me. giachè mi sarebbe presentemente e per l'avenire molto utile. – Se mi permetti di prenderla, Ti prego di scrivermelo.

Dei miei suoceri rispettosi ossequi Ti supplico di salutarmi tanto tutti papà e fratelli specialmente e Tu ricevi mille baci della Tua sempre

affma figlioccia Luisa

Die große Liebe des Archiduque: Catalina Homar

Jedoch nahm die Liebe des Erzherzogs zu Catalina Homar ein jähes und trauriges Ende: Nach einer Orientreise erkrankte sie an Lepra und starb nach furchtbaren Qualen im Alter von 28 Jahren in Abwesenheit des Erzherzogs. Die Todesnachricht erreichte ihn erst viele Tage später. In Erinnerung an diese Zeit schrieb er das Buch „Catalina Homar", das 1905 in Prag deutschsprachig erschien. Jede kleine Begebenheit aus dem Leben dieses Mädchens findet darin Erwähnung.

An einer der Mauern in der Kapelle von La Estaca steht die Inschrift: „A la inolvidable memoria de Catalina Homar que por tantos años fue el alma de esta casa. Luis Salvator pase rogando a los que vienen recen por ella." Das heißt auf deutsch: „Zum unvergeßlichen Andenken an Catalina Homar, die für einige Jahre Seele dieses Hauses war. Luis Salvator errichtete die Kapelle mit der Bitte an jene, die kommen, für sie zu beten."

SISIS SEELENFREUND WAR EIN PECHVOGEL IN DER LIEBE

Erzherzog Ludwig Salvator hatte immer nur kurze, heftige Affären

Er galt am Wiener Kaiserhof zeitlebens als Sonderling, der ledig gebliebene Erzherzog Ludwig Salvator. Daß daran aber nicht, wie immer wieder behauptet, ausschließlich seine Abenteuerlust und lässige Adjustierung schuld waren, kam erst nach langwierigen Forschungen zutage. Warum der Name dieses vielseitig begabten und interessierten Erzherzogs, mit dem vor allem Kaiserin Elisabeth eine starke seelische Ähnlichkeit verband, bei Hofe totgeschwiegen wurde, lag an seinen wahllosen Liebesabenteuern. Denn „Luigi", wie er im Hause Toskana zärtlich gerufen wurde, war bisexuell veranlagt! Und dies vermutlich durch ein Schockerlebnis rund um seine erste, vermutlich einzige große Liebe, die sogar standesgemäß war. Hals über Kopf verliebte sich der 20jährige in die reizende Prinzessin Mathilde. Doch sie starb unter gräßlichen Qualen, als eine verbotene Zigarette ihr Tüllkleid in Brand setzte. Zutiefst geschockt floh der empfindsame Luigi aus Wien, um sich in Zukunft jahrelang von dort fernzuhalten. Nie mehr konnte er diesen Seelenschmerz vergessen. In seiner verzweifelten Haltlosigkeit klammerte er sich immer wieder an Bürgerliche beider Geschlechter, die häufig seiner Zuneigung gar nicht würdig waren. Oft empfanden diese, gleich ob Männer oder Frauen, seine heftige Zuneigung wie eine Umklammerung und flohen.

Erzherzog Ludwig Salvator litt unter seiner Veranlagung

Auch Transvestiten liebte der Erzherzog

Wieder ein Todesfall

Der Ausschließlichkeitsanspruch, den Ludwig Salvator an einen homoerotischen Freund, Vladyslav Vyborni aus Prag, erhob, führte bald zu heftigen Szenen zwischen den beiden. Der 24-jährige Vyborni fühlte sich überfordert und wurde depressiv. Auf Mallorca, wohin er dem erzherzoglichen Freund gefolgt war, verliebte er sich in eine junge Spanierin und wollte heiraten. Das wieder brachte den Erzherzog in Harnisch, der ihn jäh verließ. Kurz darauf war Vyborni tot! Nie wurde die wahre Todesursache geklärt. Die Ärzte in Palma sprachen von einem „Sonnenstich", denn er verharrte stundenlang auf dem Deck des Schiffes, als der aufbrausende Erzherzog ihn verlassen hatte.

Die Venezianischen Lotterbuben

Viel eher paßten dem flatterhaften Mitglied des österreichischen Kaiserhofes leichte Abenteuer mit hübschen Italienern, wie er sie am Markusplatz in Venedig kennenlernte. Daß ihm seine Affären eines Tages eine venerische Krankheit einbringen würden, bedachte Luigi nicht. Vielmehr belustigte es ihn vermutlich, die Liebesbriefe seiner Verehrer zu lesen und ihre Schneiderrechnungen zu bezahlen. Nur einer von ihnen, nämlich der Sohn eines Gondoliere, Francesco Spongia, schaffte es, das Verhältnis mit Seiner Kaiserlichen Hoheit jahrelang aufrecht zu halten, ja, ihn sogar auf seinen Besitzungen auf Mallorca zu besuchen. Die frechen Zeichnungen und vielen Anzüglichkeiten in seinen Briefen wurden von Historikern erwähnt. Einer von ihnen schrieb: „Sie sahen sich in kleinen versteckten Pensionen oder unverhofft auf Miramar (dem Landgut auf den Balearen), wohin Spongia auch seine Briefe mit obszönen Zeichnungen, seine überdeutlichen Grafiken, sandte."

Immerhin verstieg sich Spongia, der später auch an der Lustseuche starb, nicht zu so kitschigen Attitüden wie sein Landsmann, Vincenzo Atanasio, der dem Erz-

Homophile Beziehungen zu jungen Lotterbuben

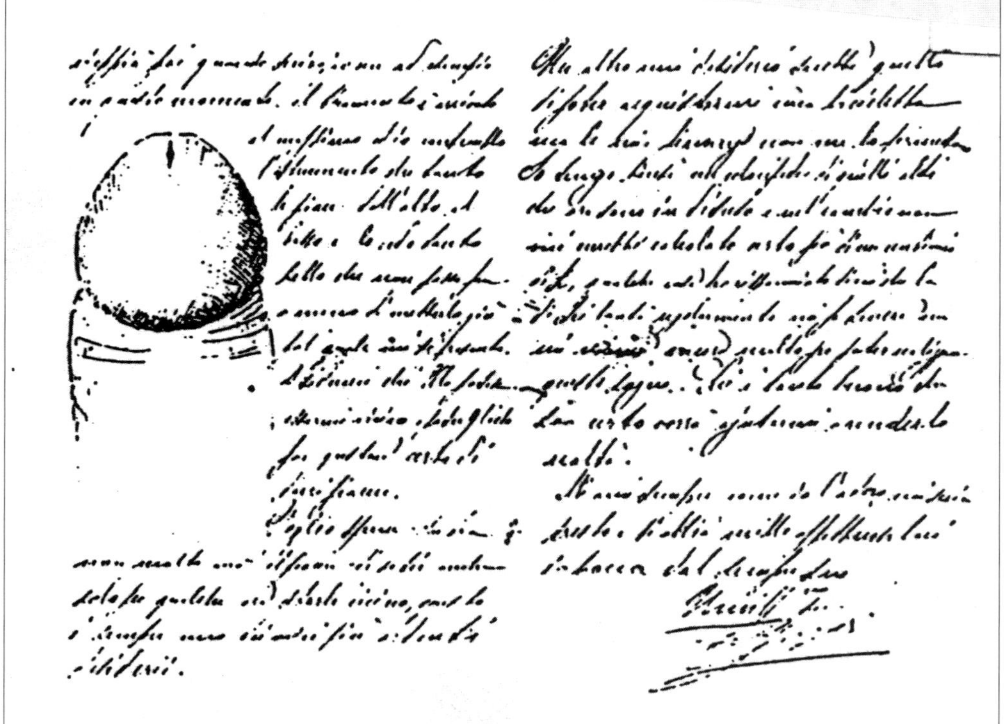

La calligrafia de Spongia.

Sohn eines Gondoliere: Francesco Spongia – langjähriger Geliebter

Anzügliche Grafiken in Spongias Liebesbriefen

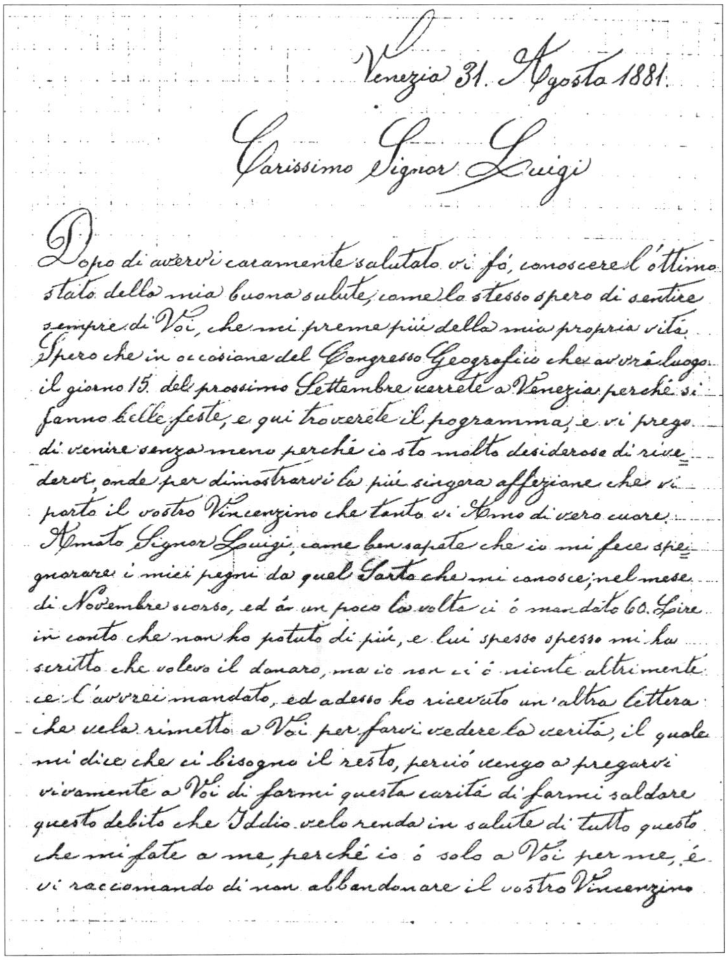

Venezia 31. Agosto 1881.

Carissimo Signor Luigi

Dopo di avervi caramente salutato vi fò conoscere l'ottimo stato della mia buona salute, come lo stesso spero di sentire sempre di Voi, che mi preme più della mia propria vita. Spero che in occasione del Congresso Geografico che avrà luogo il giorno 15. del prossimo Settembre verrete a Venezia, perchè si fanno belle feste, e qui troverete il pogramma, e vi prego di venire senza meno perchè io sto molto desideroso di rivedervi, onde per dimostrarvi la più singera affezione che vi porto il vostro Vincenzino che tanto vi Amo di vero cuore.

Amato Signor Luigi, come ben sapete che io mi fece spegnorare i miei pegni da quel Sarto che mi conosce, nel mese di Novembre scorso, ed à un poco la volta ci ò mandato 60. Lire in conto che non ho potuto di più, e lui spesso spesso mi ha scritto che voleva il danaro, ma io non ci ò niente altrimente ce l'avrei mandato, ed adesso ho ricevuto un altra lettera che vela rimetto a Voi per farvi vedere la verità, il quale mi dice che ci bisogno il resto, perciò vengo a pregarvi vivamente a Voi di farmi questa carità di farmi saldare questo debito che Iddio vele renda in salute di tutto questo che mi fate a me, perchè io ò solo a Voi per me, e vi raccomando di non abbandonare il vostro Vincenzino

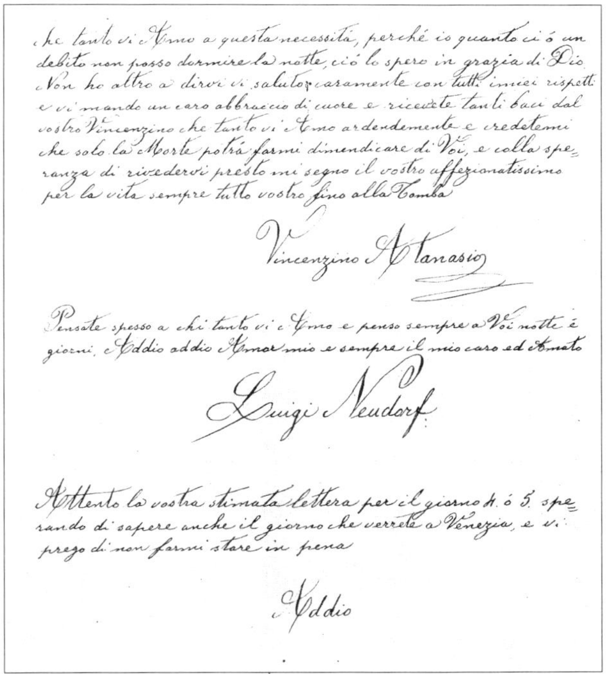

che tanto vi Amo a questa necessità, perchè io quanto ci ò un debito non posso dormire la notte, ciò lo spero in grazia di Dio. Non ho altro a dirvi vi saluto caramente con tutti miei rispetti e vi mando un caro abbraccio di cuore e ricevete tanti baci dal vostro Vincenzino che tanto vi Amo ardendemente e credetemi che solo la Morte potrà farmi dimendicare di Voi, e colla speranza di rivedervi presto mi segno il vostro affezionatissimo per la vita sempre tutto vostro fino alla Tomba

Vincenzino Atanasio

Pensate spesso a chi tanto vi Amo e penso sempre a Voi notte e giorni. Addio addio Amor mio e sempre il mio caro ed Amato

Luigi Neudorf

Attento la vostra stimata lettera per il giorno 4. ò 5. sperando di sapere anche il giorno che verrete a Venezia, e vi prego di non farmi stare in pena

Addio

herzog beharrlich „heiße Küsse und liebevolle Umarmungen“ in seinen Briefen sandte, nur um wieder eine Geldsendung zu erbetteln.

Schnorrerbriefe des venezianischen Geliebten

Venezia, 31. August 1881

„Liebster Signor Luigi, nachdem ich Sie lieb begrüßt habe, sollen Sie wissen, daß meine Gesundheit die beste ist, wie ich dasselbe von Ihnen zu hören hoffe, weil sie mir am meisten am Herzen liegen in meinem eigenen Leben. Ich hoffe, daß bei der Gelegenheit des Geographischen Kongresses, welcher am 15. September stattfindet, Sie dann in Venedig sein werden, denn es werden schöne Feste stattfinden und hier haben Sie auch das Programm, und ich bitte Sie, geliebter Luigi, zu kommen, weil ich mir innig wünsche, Sie wiederzusehen, und Ihnen meine einzigartige Zuneigung, die ich von Herzen für Sie trage, zu zeigen, und die ich, Ihr Vincenzino, der ich Sie so liebe, von aufrichtigem Herzen in mir trage.

Geliebter Signor Luigi, wie Sie gut wissen, habe ich meine Pfänder löschen lassen von jenem Schneider, der mich kennt; im Monat November und noch ein bißchen später habe ich ihm 60 Lire gesandt, weil ich nicht mehr schicken konnte, und er hat mir oft und oft geschrieben, daß er das Geld haben wollte, aber ich habe ihm nichts mehr geschickt, als das, was ich schon geschickt hatte, und jetzt habe ich noch einen Brief erhalten, daß er vorhat, sich an Sie zu wenden, um Sie die Wahrheit sehen zu lassen. Derjenige sagt mir, daß er den Rest Geld braucht, weshalb ich mich an Sie wenden soll, um Sie herzlich zu bitten, mir diese Gnade zu erweisen, damit ich die Schulden begleichen kann, was Gott Ihnen vergelten möge durch Gesundheit und auch für alles, was Sie für mich getan haben, denn ich bin nur allein einzig für Sie, und ich empfehle mich Ihnen, Ihr Vincenzino, der Euch sehr liebt, in dieser Notlage nicht aufzugeben, denn solange ich diese Schuld habe, kann ich in der Nacht nicht schlafen, was ich aber durch die Gnade Gottes erhoffe. Ich habe nichts anderes, als Ihnen von Herzen Gesundheit zu wünschen, mit allen meinen respektvollen Grüßen, und ich sende Ihnen eine liebevolle Umarmung, die von Herzen kommt, und Sie mögen so viele Küsse von Ihrem Vincenzino erhalten, der Sie feurig liebt, und glauben Sie mir, daß nur der Tod mich Sie vergessen läßt, und mit der Hoffnung Sie bald wiederzusehen,

unterzeichne ich mich als Ihr liebevollster
für das Leben Ihrer, ganz bis in das Grab
Ihr Vincenzino Atanasio

Gedenket oft dessen, der Sie so sehr liebt und immer an Sie denkt, in der Nacht und am Tage."

Sein Sekretär – auch eine Amour

Langjährig und einzigartig war die Beziehung Ludwig Salvators zu seinem Sekretär Antonio Vives. Dessen Gattin mußte das Verhältnis der Männer stumm bis zu ihrem frühen Tode dulden. Dafür fungierte Seine Hoheit bei den vier Kindern des Paares als Patenonkel, was auf Mallorca zu wilden Gerüchten führte. Die biederen Bauern und Weinhauer betrachteten das freie Treiben des „Archiduque" mit scheelen Augen und tuschelten, er sei der Vater des Nachwuchses. Solche Gerüchte wurden niemals endgültig aufgeklärt. Hingegen fühlte sich Ludwig Salvator, krank und gezeichnet von der Syphilis, gegen Ende seines Lebens einsam und wollte doch noch heiraten. Doch seine Hausdame Antonia Lancerotto lehnte den ehrenvollen Antrag ab. Sie war heimlich verlobt mit Ludwig Salvators Kapitän, Bartolomé Calafat, einem Landsmann. Der enttäuschte Freier resignierte und schrieb an den Gefährten Spongia: „Ich muß Dir mitteilen, daß unser seit langem gefaßter Plan, eine Frau für eine Verbindung zu dritt zu finden, nicht zu realisieren ist."

Im Jahre 1916 starb Ludwig Salvator. Nur die Besuche seiner Seelenfreundin, Sisi, auf Mallorca und ihre unkonventionelle Zuneigung für seine bürgerliche Geliebte Catalina Homar waren vermutlich die einzigen wirklichen Freuden seines wechselvollen Daseins.

Nachwort

Ein Brief erreichte mich aus Mallorca. Die Tochter der alten Señora Luisa Ribas Vives, die die Universalerbin des Erzherzogs war, ermutigte mich zu diesem Buch. „Endlich ein Ende mit den Verdrehungen und Respektlosigkeiten einem so guten Menschen gegenüber", forderte Señora Isabella Ribas, die heutige Besitzerin von Son Marroig.

Ich habe ihren Wunsch erfüllt! Ich habe alles niedergeschrieben in Erinnerung an viele Monate, die ich auf den Besitzungen des Erzherzogs auf Mallorca verbringen durfte. Überall dort, in Deyá, in Valldemosa, ging ich auf seinen Spuren. Ich besuchte seine Lieblings-Patentochter Luisa, seine Luigina, auf dem Landsitz Son Marroig und in ihrem Häuschen Españolet bei Palma. In langen, intensiven Gesprächen erstand damals die alte Zeit vor meinen Augen, und vor dem ewig blauen Hintergrund des Mittelmeeres die Silhouette des großen Menschen Ludwig Salvator.

Ich hoffe, ein Körnchen vom „grünen" Denken dieses Natur-Liebhabers und Naturschützers fällt auf fruchtbaren Boden.

DIE SORGE UM DIE MONARCHIE TRIEB IHN AUSSER LANDES

Das traurige Schicksal Erzherzog Johann Salvators

Johann Salvator gehörte zu den unbotmäßigen Erzherzögen, die Kaiser Franz Joseph das Leben schwer machten. Während sein Bruder Ludwig Salvator bald jeglichen Ehrgeiz militärischer Art aufgab und sich seinen vielen wissenschaftlichen Interessen zuwandte, erkannte der am 25. November 1852 als jüngstes Kind des Großherzogs Leopold II. und seiner Gemahlin Maria Antonia von Sizilien in Florenz geborene Johann Salvator die Gefahren, die der österreichischen Monarchie drohten. Nicht nur in dieser Hinsicht war er mit Kronprinz Rudolf einer Meinung, es gab auch private Umstände, die beide miteinander verbanden: Sowohl Rudolf wie auch Johann Salvator zogen bürgerliche Liebschaften vor und erregten allein dadurch das höchste Mißfallen Seiner Majestät. Andere Differenzen kamen hinzu. So unternahm der wissensdurstige Erzherzog als 20jähriger eine Mittelmeerreise und besuchte dabei in Rom auch König Viktor Emanuel II.

Johann Salvator, ein unbotmäßiger Erzherzog

Strafversetzung nach Galizien war ein bewährtes Mittel des Kaisers, Aufsässigkeiten wie diese zu sanktionieren. Dem jungen Major der Kavallerie Johann Salvator mußten Drill und Unterjochung in der Armee auffallen. Vermutlich äußerte er sich darüber laut! Wieder folgte die Strafe auf dem Fuß. Er wurde nach Temesvar strafversetzt, konnte sich aber auch dort nicht einfügen. Er begann, seine Kritik zu publizieren. Schlechte Bezahlung, schleppende Beförderungsmöglichkeiten, desorganisierter Aufbau des Artilleriesystems wurden von ihm vorlaut bemängelt, und zwar anonym. Doch natürlich wurde bekannt, wer der Verfasser war. Daraufhin folgte die Strafversetzung nach Krakau zur Infanterie. Doch der Kaiser konnte sich den soldatischen Fähigkeiten des Erzherzogs nicht verschließen, weshalb er ihn nach dem bosnischen Feldzug von 1878 sogar zum Feldmarschalleutnant ernannte.

Immer dann, wenn ihm wieder Vor- und Verstöße von seiten des Erzherzogs herbe Kritik eintrugen, flüchtete sich Johann Salvator ins Reich der Kunst. Als eifriger Besucher der Hofoper und vieler Konzerte fühlte er sich zu eigenem Schaffen inspiriert. Vor allem zum Ballett hatte er bald engere Kontakte. Johann Salvator verfaßte

Der Kaiser tolerierte die Verbindung nicht

ein Libretto zum Ballett „Die Assassinnen“, das sechs Aufführungen erlebte und große Beachtung fand. Doch beim Kaiser galt dies nichts. Seine Empörung über die Streitschrift „Drill oder Erziehung“ kannte keine Grenzen mehr. Nun versetzte er den verhinderten Militärreformator nach Linz. In der Provinz sollte er sich läutern, so hoffte der Monarch. Doch der mittlerweile 35jährige verfolgte noch ehrgeizigere Pläne. Ende 1886 traf er heimlich in Venedig mit dem Bulgaren Kalçeff zusammen, der ihn für den seit Alexander Battenbergs Abgang verwaisten Thron des Landes zu gewinnen suchte. Johann Salvator schwankte, wies jedoch später alle Vorwürfe der Konspiration mit dem Hinweis zurück, er habe gemeint, die Unabhängigkeit Bulgariens garantiere die Existenz Österreichs. Dies jedoch ließ der aufs höchste erzürnte Kaiser nicht gelten. Einen zweiten Abenteurer nach seinem Bruder Maximilian durfte es in seiner Dynastie nicht mehr geben.

Und dazu noch eine Liaison

Daß der Erzherzog heimlich seit langem mit einer Tänzerin vom Hofopernballett zusammenlebte, brachte das Faß zum Überlaufen. Ludmilla Stubel stammte aus kleinbürgerlichen Kreisen. Johann Salvator erwies sich bald auch als ihr bedachtsamer Förderer. Sie erhielt Sprachunterricht und konnte ihre Stimme ausbilden lassen. Als seine „Beschließerin“ (Haushälterin) nahm der Unbotmäßige sie auf Dienstreisen und in die Garnisonen mit. Viele Monate blieb sie aber auch allein zurück und wurde von Ängsten und psychosomatischen Leiden geplagt. Unbeirrt jedoch hielt sie zu ihrem „Schani“, ebenso wie seine vielgeplagte Mutter, Maria Antonia von Toskana, die schließlich erleben mußte, daß ihr Sohn im Oktober 1889 seinen Austritt aus dem Familienclan Habsburg vollzog. Als schlichter Bürger Johann Orth heiratete er im Dezember desselben Jahres in London per procurationem seine treue „Miltschi“. Sein Ziel, eine gesicherte Existenz aufzubauen, rückte jedoch immer wieder in weite Ferne. Da er das Patent eines „Kapitäns der langen Fahrt“ erworben hatte, übrigens ebenso wie sein Bruder Ludwig Salvator, konnte er mit einem Dreimaster und seiner Mannschaft am 26. März 1890 auslaufen. Die Reise ging nach La Plata, wohin seine Frau ihm folgte. Dann sollte es mit der „St. Margaret“ nach Chile weitergehen. Dort sollte Salpeter für Europa gekauft werden, doch heftige Stürme am Kap Hoorn an der Südspitze von Amerika vereitelten diese Pläne. Nach dem Auslaufen aus La Plata am 12. Juli 1890 hörte man weder vom Schiff noch von der Besatzung je wieder etwas. Allerdings kamen immer wieder Gerüchte auf, das ungleiche Paar hätte heimlich in der Ferne ein neues Leben begonnen.

Kaufmann Johann Orth in Argentinien

So soll neun Jahre später ein Mann im Departement Concordia in der argentinischen Provinz Entre Rios aufgetaucht sein, der sich als „Kaufmann Johann Orth aus Österreich“ ausgab. Abgestiegen war er nach Aussage von Zeugen bei einem vornehmen Italiener mit Namen Nino de Villa Rey. Rückfragen in Wien nach den Lebensdaten ergaben, daß es sich um Johann Orth gehandelt haben müßte. 1905 hieß es plötzlich, der Fremde sei noch vor Ausbruch des russisch-japanischen Krieges nach Japan gereist.

Wie auch immer das Schicksal des Erzherzogs Johann Salvator gewesen sein mag: Vom Obersthofmarschallamt in Wien wurde er am 6. Mai 1911 für tot erklärt.

Die Tänzerin Miltschi Stubel war die Frau seines Lebens

SEINE ZWEITE EHE

Nach zehnjähriger Witwerschaft ehelichte Erzherzog Franz Salvator eine Baronin Risenfels

Sie hatten eine ideale, harmonische Ehe geführt, Erzherzogin Marie Valerie, Tochter von Kaiser Franz Joseph und Kaiserin Elisabeth, und Erzherzog Franz Salvator. Es war eine Liebesehe gewesen, die am 31. Juli 1890 in Bad Ischl feierlich geschlossen wurde und entgegen aller düsteren Ahnung der Brautmutter, Kaiserin Elisabeths, durch 34 Jahre hindurch bestand. Sisi hatte noch vor der Hochzeit ihrer Tochter gegenüber geäußert: „Ich kann nicht begreifen, wie man sich die Ehe so sehr wünschen und sich soviel Gutes davon erwarten kann. Wenn Du aber glücklich wirst, opfere ich gern alles.“ Aus dieser vom Biografen Egon Cäsar Conte Corti überlieferten Äußerung spricht einerseits Liebe und Fürsorge, andererseits aber auch Egoismus.

Mit der Kaisertochter Marie Valerie war Franz Salvator glücklich verheiratet

Doch Marie Valerie und ihr Ehemann straften alle Prophezeihungen Lügen. Auf Schloß Wallsee, wo die rasch wachsende Familie meist lebte, führte man ein geselliges Leben, an dem auch der seit 1898 verwitwete Kaiser Franz Joseph oft und gern teilnahm. Zehn Kinder waren es schließlich, die dieser Ehe entstammten. Außer der letztgeborenen Tochter Agnes, welche 1911 nur wenige Monate alt starb, erfreuten sich alle bester Gesundheit und konnten später trotz widriger Umstände ein erfülltes Dasein führen. Dafür sorgten vorausschauend die Eltern, indem sie die Habsburgergesetze von 1919 anerkannten und die Verzichtserklärung unterzeichneten. So konnte die Großfamilie unter Beibehaltung ihres Vermögens in Österreich verbleiben.

Früher Tod Marie Valeries

Erschöpft von vielen Geburten und noch mehr Aktivitäten im Sinne der Wohltätigkeit – Marie Valerie war unter anderem Protektorin von sieben karitativen Vereinen – starb sie früh. Mit nur 56 Jahren schloß sie am 6. September 1924 im Kreise ihrer Lieben die Augen. Zurück blieb auch der untröstliche Witwer Franz Salvator, der seine Gattin um 15 Jahre überleben sollte. Der General hatte außer Dienst viele Hobbies. Er war Protektor des Fechtklubs Wien, war passionierter Autofahrer, Amateurfotograf und ein nicht unbegabter Maler, doch blieb ihm Einsamkeit nicht erspart. Immer häufiger wurden die Besuche bei der benachbarten Familie der Freiherrn von Risenfels. Anziehungspunkt war die hübsche, nicht mehr ganz junge Freiin Melanie, die auf dem elterlichen Schloß Seisenegg mit ihren unverehelichten Schwestern Maria Anna und Johanna die Wirtschaft führte. Der Bräutigam war bereits 68 Jahre alt, als die 36jährige Melanie ihm am 28. April 1934 in Wien die

Schloß Seisenegg wurde zur zweiten Heimat Franz Salvators

Hand fürs Leben reichte. Diese Ehe mußte als nicht hausgesetzmäßig im Sinne der strengen habsburgischen Regeln gelten, doch auch sie wurde nach Aussagen von noch heute lebenden Zeitzeugen glücklich.

Harmonische zweite Ehe mit Melanie von Risenfels

Eine sehr alte Dame, die nicht genannt werden möchte, bestätigte mir, daß „Erzherzog Franz Salvator und Melanie eine harmonische, lebhafte Ehe geführt haben."

Auch in zweiter Ehe treu und ergeben

Die vielen Kontakte des Erzherzogs zu Mitgliedern der sogenannten höchsten Gesellschaftskreise brachten es zwangsläufig mit sich, daß auch „schwarze Schafe" darunter waren. So war es mit seiner Freundschaft zu Stephanie Hohenlohe, die wegen ihrer Verbindungen zum Nationalsozialismus damals geächtet wurde. Später relativierte Stephanies Sohn Gerüchte um diese Freundschaft: „Der Erzherzog ... hatte nie zu Stephs (seiner Mutter, Anm.) Verehrern gehört. Er war bereits mit Erzherzogin Valerie, der Tochter Kaiser Franz Josephs, verheiratet. Obwohl er Stephs natürlichen Charme überaus erfrischend fand, hätte er als ergebener Ehemann und liebevoller Vater nicht einmal im Traum daran gedacht, wegen der jungen Prinzessin einen Narren aus sich zu machen ..."

Nach der Heirat von Franz Salvator und Melanie von Risenfels wurde das schöngelegene Schloß Seisenegg bei Amstetten zum gemeinsamen Wohnsitz. Seine wechselvolle Geschichte als mittelalterliche Doppelburg, zu deren prominenteren Besitzern im 17. Jahrhundert die Barocklyrikerin Catharina Regina von Greifenberg gehört hatte, füllt Chroniken.

Die Freiherrn von Risenfels hingegen, deren Adel im niederösterreichischen „Herrenstand" von 1690 datierte, hatten einst ihren Wappenbrief von Erzherzog Sigmund in Tirol erhalten.

Heute zeigt sich Schloß Seisenegg neu adaptiert. Wie das Gemeindeamt mitteilte, wird gerade nach einer sinnvollen Nutzung gesucht, die seiner Schönheit und anspruchsvollen Historie gerecht wird.

Ein Schicksal, das sicher auch dem Erzherzog am Herzen läge, der am 20. April 1939 für immer die Augen schloß. Ihm blieb erspart, noch die Besetzung des Schlosses durch die Russen zu erleben, der sich seine Gattin mit ihren unverehelichten Schwestern ausgesetzt sah. „Sie haben sich tatkräftig gegen die Besatzer gewehrt, Melanie noch mit der Forke", erzählt mir eine weitläufige Nachfahrin. „Dann ist Melanie aber bettlägerig geworden und hat ihre letzten Lebensjahre sehr traurig verbracht."

Als sie im Frühjahr 1984 starb, wurde ihre Urne, ihrem letzten Wunsch entsprechend, in der Kapelle von Schloß Seisenegg bestattet. Das Paar blieb also auch im Tode getrennt, denn Erzherzog Franz Salvator ruht an der Seite seiner ersten, standesgemäßen Gattin, Marie Valerie, am Friedhof von Sindelburg bei Wallsee.

Sie überlebte ihren Gatten um 45 Jahre

EIN KLATSCHMAUL BEI HOFE

Der jüngste Bruder des Kaisers wurde verbannt

Am 18. Januar 1919 starb Erzherzog Ludwig Viktor, in der Familie „Lutschi-Wutschi" genannt, in der Verbannung auf Schloß Kleßheim bei Salzburg. Eine dem Wiener Kaiserhof sehr nahestehende Person, die Fürstin Nora Fugger, bezeichnete diesen Erzherzog als das „böseste Klatschmaul der Donaumonarchie". Wer den mageren, unbedeutenden Erzherzog näher kannte, mied bald seine Nähe. Bis sich aber der seiner Familie gegenüber äußerst großmütige Kaiser Franz Joseph entschloß, den eigenen Bruder aus Wien zu verbannen, mußte sehr viel geschehen. Schließlich war Seine Majestät Kummer gewöhnt! Mehrere Erzherzöge führten ein skandalöses Leben, wie der „Schürzenjäger" Otto, der infolge seiner wahllosen Liebschaften schließlich an der Syphilis elend zugrundeging, Erzherzog Leopold Ferdinand, der eine übel beleumdete Frau ehelichte und als „Leopold Wölfling" einen Greißlerladen betrieb, oder Erzherzog Ferdinand Karl, der sich eine bürgerliche Frau einbildete, sie gegen den Willen des Kaisers ehelichte und als „Ferdinand Burg" eher ärmlich dahinvegetierte. Und es war schließlich auch der Sohn des Kaisers, Kronprinz Rudolf, der durch die Ereignisse um Mayerling größten Schaden für die Donaumonarchie anrichtete. Dennoch mußte zu einer Zeit, in der homosexuelle Neigungen verfemt wurden, die Vorliebe von Erzherzog Ludwig Viktor für junge Männer unakzeptabel bleiben. Und als sich dann jener Vorfall in einem öffentlichen Wiener Bad ereignete, war für den Kaiser das Maß voll.

Der jüngste Bruder des Kaisers wurde verbannt

Die Ohrfeige des Bademeisters

Ausgerechnet im viel frequentierten Dianabad pritschelte der hagere Erzherzog lustig umher, obwohl nach den Hausgesetzen solche Auftritte in der Öffentlichkeit, noch dazu im Badekostüm, ausdrücklich verboten waren. Doch „Lutschi-Wutschi" pflegte, von Langeweile geplagt, da er keine verantwortungsvollen Aufgaben übertragen bekam, gerade dieses Hobby mit Vergnügen. Seine hinter vorgehaltener Hand genüßlich bei Hof diskutierten homophilen Neigungen ließen ihn alle Vorsicht vergessen. Die stramme Erscheinung eines Bademeisters stach ihm besonders in die Augen, weshalb er diesen, einen gewissen Josef Kaiblinger, so arg belästigte, daß eine schallende Ohrfeige die Antwort war. Der Skandal war perfekt! Die Konfidenten hinterbrachten dem Kaiser umgehend den Vorfall, und dieser verfügte geschockt die Verbannung seines unbotmäßigen Bruders nach Schloß Kleßheim. Das geschah im Jahre 1866. Alle Bitten und Vorhaltungen nützten nichts. Dieses Mal zeigte sich der Kaiser unerbittlich.

Josef Kaiblinger verabreichte dem Kaiserbruder eine Ohrfeige

Eine Ehe mit der Infantin von Braganza

Tief enttäuscht und verbittert konnte der erst 24jährige Ludwig Viktor nun auf sein verfehltes Dasein zurückblicken. Dabei hatte auch er alle Chancen gehabt, ein angesehenes Mitglied des Erzhauses zu werden. Nicht allein, daß der Kaiser ihn zum Oberstleutnant der k.u.k. Armee ernannte und ihm das Goldene Vlies verlieh, hatte sich ihm auch die Möglichkeit einer standesgemäßen Ehe eröffnet, und zwar durch seinen älteren Bruder Maximilian, der dann in Mexiko zu Kaiserwürden aufstieg und kläglich scheiterte. Er wollte den Bruder partout mit einer Infantin von Portugal, Juana de Braganza, verkuppeln. Das war bei den gleichgeschlechtlichen Neigungen Ludwig Viktors natürlich unmöglich. Für eine Ehe total ungeeignet, biederte er sich lieber als „Handküsser" und Ehrenkavalier bei älteren Damen der Hofgesellschaft an, stand in der „Lästerecke" bei Hofbällen und verkroch sich nach jedem Donnerwetter, das neuerlichen Skandälchen unweigerlich folgte, klagend bei seiner Mutter Sophie. Doch auch sie konnte das Mißverhältnis zwischen den ungleichen Brüdern nicht bessern. „Wenn Franzi (der Kaiser, Anm.) ihn auszankt, so weint er still und sieht mich hilfesuchend an", schrieb sie in einem Brief. „Und wenn er nur eine leichte Ermahnung von Franzi erhält, so macht er untertänige Mienen und wird rot bis zu den Haaren."

Als Ehrenkavalier auch ein Verehrer der Tänzerin Claudine Couqui

Daß Seine Majestät sich trotz dieser damals unseligen Veranlagung doch gelegentlich erweichen ließ, Ludwig Viktor nach Wien einzuladen, geht aus der Sitzordnung eines Hofkonzertes des Jahres 1893 hervor, bei dem Ludwig Viktor seinen Platz in der ersten Reihe fand. Eingeladen war der Verbannte auch zu Hofjagden in Mayerling, wie der dortige Hof-Telegrafist Julius Schuldes überlieferte. Doch an eine endgültige Rückkehr in die Donaumetropole war nicht zu denken. Mehrere Gnadengesuche an den kaiserlichen Bruder richteten nichts aus. Ludwig Viktor wurde depressiv. Er drohte wiederholt mit Selbstmord, was den noch durch Mayerling verunsicherten Kaiser nur veranlaßte, einen Nervenarzt nach Kleßheim zu beordern. Aufgrund dessen Beurteilung wurde Ludwig Viktor 1915 für geistesgestört erklärt und unter Kuratel gestellt. Zum Vormund wurde Erzherzog Eugen erklärt. Der um zwei Jahrzehnte Jüngere, der des Kaisers vollstes Vertrauen genoß und später zum Feldmarschall ernannt wurde, sorgte bis zum Ableben seines Schützlings 1919 aufopfernd für ihn. Unvergessen blieb auch das gute Vertrauensverhältnis zwischen Kaiserin Elisabeth und Ludwig Viktor. Sie wechselten viele Briefe. Sisi kannte allerdings auch die Schwächen des vom Schicksal stiefmütterlich behandelten Schwagers, weshalb sie ihrer Hofdame Marie Festetics einmal sagte: „Ich wundere mich, daß der Erzherzog nicht sofort begonnen hat, Sie zu erziehen, weil er jeden Menschen erziehen will, nur sich selber nicht!"

Deshalb fand er seinen Platz nicht in der Kapuzinergruft zu Wien, gemeinsam mit anderen Angehörigen des Erzhauses, die gleich ihm im Schatten der Krone standen, sondern in Wals-Siezenheim.

Liebevoll gepflegt: das Grab von Erzherzog Ludwig Viktor

DES KAISERS UNBOTMÄSSIGER BRUDER

Erzherzog Ferdinand Karl

Er war der jüngste Sohn des Kaiserbruders Karl Ludwig. Und ausgerechnet er wurde zum Enfant terrible des österreichischen Erzhauses. Die Rede ist von Erzherzog Ferdinand Karl, der am 27. Dezember 1868 aus der Ehe des Erzherzogs mit seiner zweiten Gemahlin, Prinzessin Annunziata von Bourbon-Sizilien, hervorging. Später behauptete man, daß irgendwelche geistigen Schwächen durch die epileptische Veranlagung seiner Mutter bei ihm übriggeblieben wären. Das wurde aber nie bewiesen. Im Gegenteil, man kann diesen Erzherzog auch bewundern, weil er seiner Liebe zu einer Bürgerlichen gegen alle Anfeindungen und Vorwürfe des Hofes treu blieb.

In dieser Hinsicht glich dieser Erzherzog haargenau seinem älteren Bruder, Franz Ferdinand, der ebenfalls mit einer Bürgerlichen verbunden war und sie schließlich, gegen den Willen des Kaisers, auch zum Altar führte. Ganz anders verlief ja das Schicksal des dritten Bruders, des schönen Erzherzogs Otto. Ihn hatte man bereits mit 21 Jahren aus Staatsräson verheiratet. Und damit fielen die Würfel: Das Paar verstand sich nicht und der Erzherzog ging fremd. Auch er hatte bis zu seinem entsetzlichen Tod durch eine venerische Krankheit ausschließlich bürgerliche Liebschaften. Und es war seinerzeit nicht ausgeschlossen, daß auch er die Mutter seiner beiden illegitimen Kinder noch zur Linken geehelicht hätte. Dem kam sein Tod zuvor.

Die Bescheidenheit in Person

Als nach Mayerling die Frage war, wer nunmehr Thronfolger werden solle, dachte keiner an Ferdinand Karl. Jeder bei Hofe wußte, daß er mit seinem schüchternen Naturell einer solchen Aufgabe niemals gewachsen gewesen wäre. Obendrein litt er an der Familienkrankheit, der Tuberkulose, die bei ihm lebenslang latent blieb. Es war daher kein Wunder, wenn ein reizendes, warmherziges Geschöpf aus bürgerlichem Hause, nämlich Berta Czuber, eine Professorentochter aus Graz, seine Liebe gewann. Schon der junge Robert Musil hatte angeblich eine große Schwäche für das liebreizende Mädchen und verehrte sie sehr. Ein Tagebucheintrag Musils von 1899 lautete: „Küssen! – und die Augen des anderen in Tränen schwimmen sehen, – ah – !“ Vielleicht verfaßte er diese Zeile im Gedenken an seine Begegnung mit der jungen Berta Czuber ...

Auch Robert Musil erlag dem Zauber der anziehenden Berta

Ein unzertrennliches Paar: der Erzherzog und die Bürgerliche

Exil für Ferdinand Burg auf Schloß Rottenstein

Vor den hochgestochenen Prinzessinnen hatte Ferdinand Karl panische Angst, ebenso vor dem Kaiser. Er zitterte schon bei dem Gedanken, ihm seine Nöte zu offenbaren. Es geschah also in größter Heimlichkeit, daß er 1904 seine Berta ehelichte, nämlich in Prag. Vergebens hoffte der junge Ehemann, die Nachricht würde nicht nach Wien dringen. Ein paar Wochen darauf wurde er zum Rapport in die Hofburg befohlen. Franz Joseph fragte ihn eindringlich: „Bist Du etwa gar schon verheiratet?“ Worauf Ferdinand Karl kreidebleich ein „Nein“ stotterte. Der Kaiser war entsetzt, er wußte doch längst Bescheid. Ab nun galt der Erzherzog als Lügner und war vom Hofe verbannt. Das Paar zog nach Schloß Rottenstein. Und als der Erzherzog dann offiziell aus der Heimat verstoßen und aller Ehren verlustig wurde, zog man nach München und lebte dort bescheiden als „Herr und Frau Burg“. Und war krank vor Sehnsucht nach der geliebten Heimat.

Kurz vor dem Tode begnadigt

Es blieb nicht unbekannt, daß Herr Burg mehr und mehr dem Alkohol verfiel. Kurz bevor ihr Mann alkoholsüchtig wurde, wandte sich Frau Burg flehend an seine Stiefmutter in Wien. Der Kaiser konnte der Erzherzogin Maria Theresia keinen Wunsch abschlagen. Nach dem Tod der Kaiserin galt Maria Theresia ja als erste Dame des Hofes. Also sagte der Kaiser auch jetzt nicht Nein. Im Gegenteil, er ließ den Erzherzog im Exil wissen, daß er jederzeit nach Österreich zurückkehren könne und obendrein auch seine Apanage wiederbekäme.

Diese Freudenbotschaft erreichte Ferdinand Karl kurz vor seinem Ende. Eine Lungenentzündung hatte sich verschlimmert und sollte zum Tode führen. Die große Freude half auch nichts mehr. Die Jahre kläglicher Existenz hatten seine Lebenskraft aufgezehrt.

So kehrte Ferdinand Karl nun als Toter in die Heimat zurück. In der Kapuzinergruft fand er seine letzte Ruhestätte, seine Gattin aber liegt auf Schloß Rottenstein begraben.

Berta Czuber-Burg wurde 98 Jahre alt

Erzherzogin Maria Theresia setzte sich für das Paar ein

DER KAISER UND DIE INDIANERIN

In Mexiko erlag Maximilian einer verbotenen Liebe

Denken Sie an eine gottgesegnete Talebene, die sich wie eine goldene Schale vor Ihnen ausbreitet, eine Fülle berauschender Vegetation und schöne Menschen ... So schwärmte vor etwa 130 Jahren ein Habsburger, nämlich Kaiser Maximilian von Mexiko, auf seinem Landgut La Borda Quintas. „In diesem glücklichen Tale, wenige Stunden von der Hauptstadt entfernt, wohnen wir inmitten eines üppigen Gartens."

Wenn Maximilian die „schönen Menschen" erwähnte, so hatte das einen eigenen Grund. Und der hieß Concepción Sedano und war die Frau des kaiserlichen Gärtners. Die blutjunge, rassige Indianerin hatte es dem Strohwitwer angetan, dessen Ehefrau Charlotte in Europa Hilfe für die prekäre Situation, rund um den ungeliebten „Eindringling" in Mexiko,

Kaiser Maximilian erlag dem Zauber einer Indianerin

Sie verließ Mexiko, um Hilfe zu suchen: Charlotte

suchte. Daß sie aber dort von der Liaison ihres Gatten erfuhr und dies schließlich Ursache des Wahnsinns war, in den sie verfiel, darf als sicher angenommen werden. Allerdings hatten sich die ehelichen Bande zwischen der stolzen, imposanten Königstochter aus Belgien und dem sensibel-romantischen Habsburger schon längst gelockert. Immer wieder hatte es Gerüchte um eine Zeugungsunfähigkeit Maximilians gegeben, während Charlotte sich nach einem Kind sehnte und sich frustriert immer weiter von ihrem Gemahl entfernte. Als Folge konzentrierte sie alle ihre ehrgeizigen Pläne auf das Erstarken der mexikanischen Monarchie! Und genau dies rief national gesinnte Mexikaner, unter ihnen Benito Juarez, auf den Plan. Die Hinrichtung Maximilians am 19. Juni 1867 auf dem Hügel von Querétaro war deren Werk.

Zärtliches Tête à tête

Im Oktober 1865 versank Maximilian noch in Träumereien. Weitere Ausritte ließen ihn einen alten Palast im verwilderten Park mit Orangen- und Mangobäumen, mit Bougainvillea und Teerosen finden, der ihm als Oase des Friedens und als Zufluchtsort vor lästigen Verpflichtungen erschien. In der märchenhaft-exotischen Schönheit dieser verschwenderischen Natur begegneten einander zwei so ungleiche Menschen wie der sensible Habsburgerssproß und die bronzehäutige Indianerin.

Concepcion Sedano mit Maximilians illegitimem Sohn

Maximilian ließ vor seiner Hinrichtung das Bild mit seinem Sohn nach Miramar senden

Mitwisser waren nur Maximilians Kammerdiener und sein Leibkoch Imre Tüdös. Nur sie wußten, daß die geschmeidige Indianerin nachts durch eine in der Gartenmauer verborgene Geheimtür ungesehen in die Privaträume ihres Liebhabers gelangte. Während wenige Stunden entfernt heftige, blutige Kämpfe zwischen patriotischen Mexikanern und französischen Besatzungstruppen tobten, verlebte Maximilian, um den es dabei eigentlich ging, mit seiner Mätresse heiße Liebesnächte, die nicht ohne Folgen bleiben sollten. Concepción wurde schwanger ...

Ein Mestize als Kaisersohn

Im August 1866 brachte die Indianerin einen Sohn zur Welt. Die Frucht dieser Liebe war – ein Mestize. Um diese Zeit muß Maximilian auch den Auftrag gegeben haben, eine Serie von Ölbildern zu erstellen, die sich mit gemischtrassigen Paaren und deren Kindern befassen. Eines von ihnen stellt einen weißen Mann (hier als Español-Spanier bezeichnet) und eine Indianerin mit ihrem Sohn, einem Mestizen, dar. Vermutet werden darf, daß es sich dabei um Concepción und den kaiserlichen Nachkommen handelt. Zur Tarnung könnte der „gehörnte" Ehemann auf dem Gemälde abgebildet sein, das mit mehreren anderen auf dringlichen Wunsch Maximilians vor seiner Erschießung nach Schloß Miramare übersandt wurde. Historiker haben gerätselt, warum ihm angesichts seiner bevorstehenden Hinrichtung die Rettung dieser Bilder ein so großes Anliegen war? Allein das Interesse für Ethnologie kann es doch nicht gewesen sein. Überliefert ist nach Aussagen eines tschechischen Historikers, daß Maximilian „angesichts des unansehnlichen und ziemlich dunklen Knirpses erneut von Zweifeln befallen wurde". War er wirklich der Vater? Andererseits war Concepcións Gatte selber Indianer, weshalb sein leiblicher Sohn auch wieder nur ein Indianer geworden wäre. Das spätere Schicksal des Kindes wies jedoch auf eine kaiserliche Herkunft hin.

Vor Gram gestorben

Abenteuerlich war das Leben des Knaben, denn als Halbwaise nach dem Tod seiner Mutter, die Maximilians Hinrichtung nur um wenige Zeit überlebte, wurde er von einem reichen Landbesitzer aufgenommen. Dieser brachte ihn nach Frankreich. Dort nannte sich der Jüngling „Sedano y Leguizano" und stürzte sich angeblich aufgrund eines aufwendigen Lebenswandels derart in Schulden, daß er schließlich Spion für Deutschland wurde. Nach seiner Enttarnung soll er sich offiziell als Sohn des letzten Kaisers von Mexiko zu erkennen gegeben haben. Er kopierte nicht nur die Barttracht seines Vaters, sondern präsentierte sich auch durch ein sicheres, vornehmes Auftreten als Kaisersproß. Wie Maximilian wurde auch er erschossen: 1917 wurde der Spion nach langem Prozeß im Walde von Vencennes hingerichtet. Bis heute streiten Historiker über dieses Thema. Im Völkerkundemuseum Wien ist aber jenes Bild vorhanden, das einen „Españolen mit einer Indianerin und einem Mestizenkind" zeigt.

Bei dessen Betrachtung kann jeder seiner Phantasie freien Lauf lassen.

SKANDALÖS, MAJESTÄT!

Der heimliche Geliebte der Kronprinzessin Stephanie

Das bestgehütete Geheimnis der Jahrhundertwende wurde erst vor einigen Jahren entdeckt: Die junge Kronprinzessin eines Riesenreiches, Stephanie, in höchst unglücklicher Ehe mit Kronprinz Rudolf lebend, erniedrigt und betrogen von ihrem Gemahl und deshalb von allen bemitleidet, hatte selbst einen Geliebten ... So geschehen im Österreich der Kaiserzeit!

Diese bittersüße Liebesgeschichte war in Wirklichkeit ein Skandal, denn in der patriarchalischen Welt um 1890 hätte niemand einer Frau, gleich von welchem gesellschaftlichen Rang, dieselben Freiheiten zugebilligt wie einem Mann!

Also mußte die 25jährige Stephanie ihre Gefühle sorgfältig verbergen. Nur ihrer Schwester, Prinzessin Louise von Coburg-Gotha, welche selber später ständig in Skandale verstrickt war, vertraute sie sich an.

Sie hatte einen heimlichen Geliebten: Stephanie

Am 25. März 1888 tauchte der Name „Hamlet", wie sie romantisch ihren geheimnisvollen Geliebten nannte, erstmals in einem Brief an Louise auf: „Hamlet ist nicht vergessen", verriet sie ihr in Backfischmanier. Der Brief kam aus Abbazia, wo die verliebte Kronprinzessin sehr zum Mißfallen des Kaisers einige Wochen allein, nur mit ihrer vertrauten Hofdame zusammen, verbrachte.

In Abbazia allerdings, dem Nobelbad jener Zeit, das auch vom Kronprinzen immer wieder aufgesucht wurde, wußte man schon damals, daß sich die Kronprinzessin dort insgeheim mit einem eleganten, polnischen Edelmann traf, dem Grafen Arthur Potocki.

Die geheimen Rendezvous fanden oberhalb der alten Kirche des Ortes in einem Palais statt, das Freunden des Polen gehörte.

Abbazia war Treffpunkt der verliebten Stephanie und Arthur Potockis

Unter den Augen des Gatten

Kennengelernt hatten sich die Liebenden jedoch pikanterweise in Gegenwart des Dritten im Spiel, des Kronprinzen Rudolf, den die Kronprinzessin im Juni 1887 auf seiner Galizienreise begleitete.

Der 37jährige Graf war bereits seit sieben Jahre Witwer, seine Gemahlin, eine Prinzessin Lubomirska, war nach nur vierjähriger Ehe mit 21 Jahren gestorben. Der Graf hatte zwei Töchter von acht und neun Jahren.

Schloß Krzeszowice war das Stammschloß der Grafen Potocki, jedoch residierten sie auch im Pod Baranami, einem schönen Barock-Palais in der Krakauer Innenstadt.

Sicher war es dem k.u.k. Hofkämmerer Arthur Potocki längst zu Ohren gekommen, daß die Ehe des Kronprinzenpaares zutiefst unglücklich war. Kronprinz Rudolf taumelte von einem Abenteuer in das andere. Außerdem unterhielt er ein festes Verhältnis mit einer stadtbekannten Wiener Kokotte, was die Spatzen von den Dächern pfiffen.

Kein Wunder also, wenn Potocki anfangs mit tiefem Mitgefühl, danach aber voller Interesse der liebenswürdigen jungen Frau begegnete, deren Vertrauen ihn um so mehr ehrte, als Stephanie sich ansonsten von allen anderen in ihrer Umgebung fernhielt.

Da das Paar jedoch zum Goldenen Regierungsjubiläum der englischen Queen Victoria nach London fahren sollte, blieben nur wenige Tage für Stephanie und Graf Potocki, um einander näher zu kommen. Jedenfalls reiste die junge Frau verliebt ab.

Anschließend weigerte sie sich, ihren Mann nach England zu begleiten. Rudolf fuhr allein, was Stephanie vom Kaiser sehr übelgenommen wurde.

Viel später erzählte ein Gewährsmann, nämlich der englische Reitgefährte der Kaiserin Elisabeth, Captain Bay Middleton, der Kronprinz habe zu jener Zeit bereits erste Kontakte zu Mary Vetsera gehabt und es sei bekannt geworden, daß sie rasch Verwandte in England besuchte, um dort ungestört mit Rudolf beisammen sein zu können. Dies wäre Stephanie zugetragen worden, weshalb sie nicht mitreisen wollte.

So sehr sie auch vom Hof bearbeitet wurde, ihren Repräsentationspflichten in England nachzukommen, Stephanie blieb hart!

Statt dessen traf sie sich höchstwahrscheinlich in Wien und Laxenburg mit Potocki.

Zwei unglückliche, vom Schicksal getroffene Menschen finden zusammen: Wer würde sie heute dafür tadeln wollen?

Damals hätte zumindest Kaiser Franz Joseph, Stephanies gestrenger Schwiegervater, dies getan! Ihm war schon die Tatsache, daß seine Schwiegertochter „nur" einer Tochter das Leben schenkte, ein Dorn im Auge.

Daß sie ihren Mann nicht zu halten verstand, verärgerte ihn zusätzlich! Stephanies ewige Klagen über Rudolfs leichtlebigen Wandel gingen ihm schwer auf die Nerven. Er war der Meinung, daran sei sie selber schuld, und behandelte sie entsprechend.

Die Tatsache, daß Rudolf seine junge Frau mit einer venerischen Krankheit infizierte, wurde vertuscht. Ihre schwere Krankheit von 1886 hing damit zusammen – auch die Tatsache, daß sie nie wieder schwanger wurde.

Was blieb einer jungen Frau, der man solchermaßen alle Wege in eine schöne Zukunft verbaut hatte, übrig? Nur die Möglichkeit, zu träumen! Und diese Möglichkeit nahm Stephanie mit allen Sinnen wahr.

Ophelias Tagträume

Vielleicht träumte Stephanie damals, von ihrem Eheleben ernüchtert, von einer gemeinsamen Zukunft mit „Hamlet" und sah sich somit als seine „Ophelia".

In einem undatierten Brief an die Schwester schrieb sie: „Ich hätte ein anderes Schicksal verdient, denn ich könnte so glücklich sein mit jemandem, den ich liebe oder von dem ich geliebt werde!"

Ein anderes Mal meinte sie träumerisch: „Hamlet ist nicht vergessen! Nur dem Meer vertraue ich geheimste Gedanken an ... Dort finde ich auch Trost."

Voll vibrierender Ungeduld wartete sie auf ein Zeichen von ihm. Als es kam, wandte sie sich sogleich an die Schwester: „Ich halte es nicht mehr aus vor Ungeduld, seit ich von der Anwesenheit Ar..t... in Wien weiß. Ophelia muß ihn sehen, aber wie es anstellen? R. und Fritz sind in Abbazia. Hamlet bleibt nur zwei Tage in Wien. Antworte mir sofort, was man erfinden kann. Ich habe schon an ein Déjeuner oder Diner bei Euch gedacht? Gib mir einen guten Rat! ... Trachte, etwas zu arrangieren."

Gemeinsame Zukunft?

Louise, Meisterin im Arrangieren geheimer Rendezvous, sorgte für vertraute Stunden für die Liebenden. Da ihr Gatte, Prinz Philipp von Coburg-Gotha, viel mit dem Kronprinzen unterwegs war, dürfte es den beiden Schwestern leichtgefallen sein, lästige Mitwisser auszuschalten: Das Personal wurde einfach fortgeschickt.

Louise aber zog sich in ihre Zimmer zurück, lag ihr doch das Glück ihrer bedauernswerten Schwester am Herzen, die in ihrer aufgezwungenen Ehe so wenig wahre Liebe und Wärme erfuhr.

Das Veto des Schicksals

Es kann als gewiß angesehen werden, daß diese Liebe in jenen Tagen ihre Erfüllung fand. Anders wären die sehnsuchtsvollen Zeilen Stephanies aus Abbazia vom 5. Januar 1889 nicht zu verstehen, in denen sie an Louise schrieb: „Hier ist ... das Leben charmant, meine Gesundheit wiederhergestellt, die Kopfschmerzen vorbei ... die Sehnsucht nach H....t unbeschreiblich, meine Gedanken und Grüße in den Wellen versenkt ... Nach dieser Litanei wirst Du glauben, ich fange an, den Verstand zu verlieren."

Den Kopf hatten wohl Graf Potocki und Stephanie bei ihrem letzten Zusammensein vollends verloren. Eine junge, leidenschaftliche Frau mit unerfülltem Sehnen und ein Witwer in den Dreißigern, liebenswert, tief veranlagt, von bestem Niveau und Stephanies durchaus würdig. Sie wären unter anderen Vorzeichen ein ideales Paar gewesen.

Doch das Schicksal wollte es anders.

Stephanie fühlte schon Furchtbares auf sich zukommen.

Zu ihrer Kammerfrau, Sophie von Planker-Klaps, sagte sie schwermütig: „Ich habe so ein merkwürdiges Gefühl, als ob etwas passieren würde!"

Das war am 28. Januar 1889.

Rudolf fuhr nach kurzem Abschied hinaus nach Mayerling. Niemand in der Hofburg sollte ihn wiedersehen.

Erst unter neuen Aspekten kann man Stephanies Schuldkomplexe der ersten Zeit nach seinem Selbstmord voll verstehen. Sie war ihrem Mann untreu geworden, für eine Frau damals eine schwere Bürde ...

Ihre Selbstbezichtigungen wollten kein Ende nehmen, und sie wurde krank. Der einzige Trost in allem Schmerz: „Hamlet" war in Wien, in ihrer Nähe. Sicher sahen sich die Liebenden auch bei Louise.

Am 11. Februar reiste er nach Florenz. Stephanie hielt es ohne ihn nur eine Woche in Wien aus. Sie fuhr nach Miramare.

Die Trennung

Potocki schrieb Stephanie vermutlich an eine Deckadresse, tröstete sie und bat, sie in Miramar besuchen zu dürfen.

Wie immer antwortete sie über ihre Schwester.

„Wenn Du Hamlet siehst", ließ sie sie am 1. März 1889 wissen, „sag ihm, daß es mir sehr schlecht geht ... und daß er wenig Chancen hat, in Miramar empfangen zu werden, eher in Wien, aber daß er mir seine Rückkehr ankündigen kann."

Sie aber war ruhelos. Sie reiste von Miramar nach Zandvoort, an die See. Dort erhielt sie die furchtbare Nachricht, daß ihr Geliebter ernstlich erkrankt war.

Er selber schien ihr geschrieben zu haben, denn sie vertraute ihrer Schwester an: „Seine Moral scheint gelitten zu haben und er ist so entmutigt. Armer Mann! Meine Sehnsucht nach ihm ist unsagbar. Ich liebe ihn so sehr. Du allein weißt das und ich könnte keinen verläßlicheren Hüter für das Geheimnis meines Herzens haben, das manchmal fast zerspringen will, wenn ich an ihn denke."

Dieser neue Schicksalsschlag, nachdem sie den anderen noch nicht überwunden hatte, raubte Stephanie fast den Lebensmut.

„Was bleibt mir?" klagte sie. „Für wen leben? Für mein Kind, ja, solange es klein ist ..."

Bald stand fest, daß Potocki unheilbar krank war.

Die junge Witwe mußte ihre Träume auf ein neues Glück begraben.

„Wenn es möglich ist, will ich Hamlet wenigstens noch einmal sehen. Das muß ich, um Ruhe zu finden", meinte sie der Schwester gegenüber.

Sicher fand in Wien ein letztes herzzerreißendes Geheimrendezvous statt, denn Potocki erholte sich nach der zweiten Operation an der Zunge in der Kuranstalt Eder in Döbling. Die Sprache war ihm geraubt, er konnte nur stammeln. Am 19. Januar 1890 klagte sie wieder: „Es fehlst mir nur Du, das Meer und!! Ich wage nicht, Hamlet zu schreiben. Es ist immer der alte Schmerz, der mich Wien fliehen läßt: daß ich ihn seit unserer letzten Unterredung nicht mehr sehen könnte. Oh, wenn Du wüßtest, was dieser Abschied war! Man hätte einen Roman darüber schreiben können."

Bitteres Ende

Am 26. März 1890 starb Arthur Graf Potocki auf Schloß Krzeszowice. Stephanie war untröstlich! „Ich war darauf vorbereitet", schrieb sie aus Meran an die Schwester, „konnte mich aber mit dem Gedanken an diesen Verlust nicht abfinden und hoffte immer noch auf eine Heilung. Vergebens. Ich habe meinen besten Freund verloren, einen ... Mann, den ich so hoch schätzte und so sehr liebte. Dieser Verlust schmerzt mich furchtbar! Gott hat mich mit dem Tod von Arthur geprüft!"

In ihrer Eigenschaft als Kronprinzessin-Witwe kondolierte Stephanie dem Bruder des Verstorbenen, dem Grafen Andreas Potocki, und übersandte einen Kranz aus weißen Rosen und roten Camelien.

Der Kaiser kondolierte der Mutter Arthurs, der Gräfin Katharina Potocka!

In der Wiener Zeitung stand damals zu lesen: „Imposante Trauerkundgebung für den in Galicien hochverdienten, vorzeitig Dahingeschiedenen war beredtes Zeugnis der allgemeinen Hochachtung und wahren Sympathien, deren sich die gräflich Potocki'sche Familie in allen Kreisen ... von jeher erfreut."

Genau zehn Jahre später teilte dieselbe Zeitung ihren Lesern mit, daß die Kronprinzessin-Witwe Stephanie sich mit Graf Elémer Lónyay von Nagy-Lónya und Vasaros-Nameny, kaiserlichem und königlichem Kämmerer, verlobt habe.

Nach vielen Skandalen und Enttäuschungen fand sie endlich ihr wahres Glück.

Sicher aber ist, daß Stephanie ihrer ersten großen Liebe zu einem Mann, der sie an ihrem kummervollsten Tag getröstet hatte, für alle Zeiten einen Platz in ihrem Herzen bewahrte.

Der Graf starb und ließ Stephanie untröstlich zurück

Arthurs Mutter, Katharina Potocka, wußte um die Liebe

BLUTJUNG MACHTE DER KRONPRINZ AMOURÖSE ERFAHRUNGEN

Schon mit vierzehn hatte Rudolf Sex

Viel ist über Kronprinz Rudolfs lockeres Leben gerätselt worden. In allen Biographien wird von seinen Eskapaden berichtet. Da fallen Namen wie Lina Stern, Mina Pick, Christine Buska, Helene Vetsera, Mizzi Kaspar. Daß jedoch der leichtlebige Kaisersohn viel eher schon sexuelle Erfahrungen machte, blieb seinen Biografen verborgen, denn sein allererstes Tagebuch, das recht unverblümt von frühen Kontakten berichtet, liegt unbeachtet in einem historischen Archiv.

Eher bekannt wurden die vom Hof sorgsam geplanten Versuche, den 13jährigen entsprechend aufzuklären. Sein Lehrer Josef Krist wurde 1871 beauftragt, Rudolf „Aufklärung über die Fortpflanzung der Tiere, unter anderem über den Unterschied zwischen Hengst und Wallach, zu geben." Ein weiterer Anlaß war der Besuch des Kronprinzen mit seinem Lehrer in einer Anstalt für künstliche Fischzucht in der Mozartstadt. In der anschaulichen Vorführung des bei der Fischzucht stattfindenden „Vorgangs" glaubte der Erzieher das geeignete Mittel zu finden, um über die „heiklige Frage nach der Fortpflanzung der Tiere hinwegzukommen". Krists Resümee „Es ist immer besser, eine bestimmte Anschauung zu bieten, als der Fan-

Kronprinz Rudolf war frühreif

tasie durch dunkle Worte Stoff zu wirren Bildern zu geben", fiel nur für kurze Zeit beim sensiblen Schüler auf fruchtbaren Boden.

Bald nahmen die „wirren Bilder" bei ihm sehr konkrete Formen an.

Mit vierzehn Jahren Liebeslohn gezahlt

Es wurde später viel darüber geschrieben, woher Rudolfs geringschätzige, ja perfide Einstellung gegenüber Frauen herrührte. In Wahrheit hatte bereits der 14jährige Kontakte zu käuflichen Geschöpfen, wie ein Eintrag im Tagebuch von Sommer 1872 beweist: „300 fl. (Gulden, Anm.) pfutsch, 500 fl. pfutsch. Alles Gute nicht möglich wegen verschiedenen Verhältnissen, nur eine Blondine angepirscht, von Ehre sie gesprochen, um mehr als 5 fl. aus mir herauszudrücken, ich nicht eingegangen, abgeschlossen."

Wenn der Jüngling damals solche Summen investierte, um seine wirren Bilder zur Realität werden zu lassen, zeigt das die Intensität seiner unterdrückten sexuellen Triebe. Schließlich handelte es sich um Summen – nach heutigem Geld – von 8.000 bzw. 10.000 Schillingen. Aber wie weitere Eintragungen beweisen, ging es auch billiger. Denn Rudolf notierte: „Morgen gut Sport auf ein anderes blondes Fräulein. Viel Schneid! Wahrscheinlich 20 fl. teuer!!!"

Mit Akribie schilderte der wißbegierige Jüngling sodann, was sich noch ereignete: „Heute abends am Beginn der Kastanienallee, ein blondes Fräulein lang gesprochen. Sie endlich angepackt. Sie mir entwischt. Ich habe Kleider aufgehoben etc. 5 fl. ihr heute gezahlt. Sie für morgen $^1/_2$ 8 abends wieder vor den Stall bestellt. Morgen! Für 20 Gulden tut sie alles."

Ein Gespür für leichte Mädchen

Sehr schnell entwickelte der Kronprinz ein Gespür für Mädchen, die leichte Beute waren. So lautete ein Tagebucheintrag aus Gödöllö im Sommer 1873: „Tête à tête mit Louisa in Pest, Neufelder Straße bei der Kastanien Allee beim Schloß." Und ihre optischen Reize benotete er wissend mit: „Sehr hübsch, beinahe wirkliche Schönheit!" Daß er auch dieses Mal richtig gewählt hatte, geht aus dem letzten Eintrag des Kapitels „Louisa" hervor: „Balldirne von Profession" steht da schwarz auf weiß.

Ein anderes kurzes Abenteuer verband Rudolf mit einem Mädchen, das aus Deutschland stammte, was ihn am 24. November 1874 zu folgendem Eintrag veranlaßte: „Leopoldine Pus, die frühere deutsche Michelin, ihr ewig treu Rudolf."

Die Fiakerstochter Leopoldine Pus inspirierte Rudolf zu Tagebuchnotizen

Eine beigefügte Visitenkarte gibt Aufschluß darüber, daß Leopoldines Vater Fiaker war. „Fiaker Nr. 782, Standplatz I. Bezirk, wohnt Gaudenzdorf, Gemeindegasse 10", ist dort vermerkt.

Früh notierte Rudolf, was er über seine Umwelt dachte. Und so mußte sein Vater, der Kaiser, besorgt lesen: „Daß der Mensch ein Tier ist ... bekämpfen die stolzen Aristokraten, doch das läßt sich unmöglich leugnen, denn sonst müßten wir das Essen und Trinken und alle tierischen Triebe aufgeben."

Vater Pus war stolz auf die Tochter

Ein Geheimnis gibt das frühe Tagebuch außerdem noch preis, denn entgegen der Meinung vieler Historiker war Rudolf mit seiner ständigen Mätresse Mizzi Kaspar schon vor seiner Zwangs-Ehe bekannt. So lautete ein Eintrag vom 11. Mai 1885: „5 Uhr bei der Marie Annen-Insel mit Marie Caspar." Daß diese zu jener Zeit noch nicht in Wien wohnte, beweist die notierte Adresse von Rudolfs Hand: „Mödling, Feldgasse No. 9".

Doch schon einige Monate später erwarb der verliebte Kronprinz für die hübsche Brünette ein dreistöckiges Bürgerhaus auf der Wieden, Heumühlgasse 10, in dem er dann viele Liebesnächte verleben sollte. Auch die letzte vor der Tragödie von Mayerling ...

Mizzi Kaspar blieb Rudolf treu bis zum Tod

KRONPRINZ RUDOLF LIEBTE AUCH EHEFRAUEN

In Abbazia hatte er ein Pantscherl mit einer Hoteliersgattin

Der geschäftstüchtige Unternehmer und Hotelier Emil Kuranda hatte große Pläne an der Küste Istriens. Außerdem aber besaß er eine schöne, leidenschaftliche Ehefrau. Auf eben dieser ruhte der Blick Kronprinz Rudolfs mit einigem Wohlgefallen. Die dunkle, pikante Schönheit, die so ganz konträr zu der faden Blondheit seiner eigenen Frau war, zog ihn magnetisch an. Also suchte der ewig abenteuerlustige Roué Rudolf eifrig nach Gelegenheiten, seiner Angebeteten zu begegnen. Diese fanden sich im Sommer 1888 leicht. Emil Kuranda erwarb in Abbazia Grundstücke und erbaute Luxushotels. In einem von ihnen, dem „Stephanie", fand die erste Begegnung zwischen Rudolf und Annie statt, und zwar vermutlich im Séparée. Durch Konfidenten bekam die Presse Wind davon und schlachtete die Affaire hämisch aus. Von einem „mit lächelndem Zynismus zur Schau gestellten intimen Verhältnis zur üppigen Gattin eines Generaldirektors aus Fiume" war da die Rede. Und es bestand kein Zweifel, daß hiermit Annie Kuranda, geborene Frankfurter, gemeint war.

Die Verliebten kümmerte das Getuschel wenig! Man schwebte im siebenten Himmel und wie es hieß, drückte der Gatte beide Augen zu, weil er sich von Rudolf Rückenstär-

Kronprinz Rudolfs Faible für Ehefrauen war bekannt

Annie war als junges Mädchen bildhübsch

kung für seine hochtrabenden Pläne erhoffte. Das zärtliche Geturtel ging also in Abbazia mehrere Wochen im Frühsommer 1888 weiter. Als aber der Hof von der neuen Eskapade Wind bekam, sah sich Rudolf gezwungen, selber das Rätsel aufzuklären. Also setzte er einen Brief an seinen Obersthofmeister, Charles Graf Bombelles, auf. Als Kavalier stellte er sich natürlich schützend vor die Geliebte ...

Erzherzog Friedrich wurde mit hineingezogen

Vor allem ging es Rudolf darum, alles als gewissermaßen gesellschaftliche Verpflichtungen darzustellen. Ein weiterer Schachzug war, Erzherzog Friedrich einzubeziehen, der eine energische, sehr eifersüchtige Ehefrau hatte und sich keinerlei Flirts leisten konnte. „Mit Kuranda hatte ich zu tun", erklärte der Kronprinz, „denn auf ungarischen Wunsch nahm ich mich um die Adria an, durch ihn lernte ich sie (Annie Kuranda, Anm.) kennen, durch sie ihre Schwester Gusti, durch mich machte Fritz (Erzherzog Friedrich, Anm.) die Bekanntschaft dieser ganzen Gesellschaft. Da ich wegen meiner Augen nicht jagen durfte und mich in Abbazia sehr langweilte, ging ich mit den Kurandas viel um, die mich recht gut unterhielten ... Weder Fritz noch ich haben mit Madame Kuranda und Schwester einen Fehltritt begangen, das kann ich mit meinem Wort verbürgen ... Sowohl Stephanie als auch Isabella (Friedrichs Gattin, Anm.) wissen jeden Schritt, den wir mit den Kurandas gemacht haben."

Dennoch kam es zu rasanten Eifersuchtsszenen beim Kronprinzen-Paar. Nach dem Ende in Mayerling apostrophierte Stephanie die pikante Annie Kuranda sogar als „kleine Vetsera". Sie mußte also sehr wohl gemerkt haben, daß es sich nicht nur um ein platonisches Verhältnis handelte, wie Rudolf behauptete. Vermutlich kam es sogar durch diese Eskapade zum endgültigen Bruch zwischen beiden, denn nun überspannte Rudolf den Bogen. Noch im Verlauf des Sommers ließ er sich erneut solo mit Annie Kuranda in Abbazia sehen. Man promenierte, dinierte und schäkerte ungeniert.

Erzherzog Friedrich spielte den Postillon d'Amour

Stephanie – sie betrog Rudolf, er auch sie

Das Bett aus der Tür geworfen

Für das, was sich im Spätherbst 1888 anläßlich eines Besuches in Graz zwischen Rudolf und Stephanie abspielte, gab es eine beredte Zeugin. Die Schriftstellerin Edith Gräfin Salburg beschrieb das Szenario so: „Ein Galawagen bringt zwei Menschen ... Mann und Frau. Er sieht rechts, sie links. Beide grüßen; sie gezwungen, strahlend, er tödlich gleichgültig, automatenhaft. Im Statthaltergebäude ... warten alle Spitzen. Die Kaiserzimmer sind für das Paar bereit. – Schon abends erzählt man, der Kronprinz hat sein Bett selbst aus dem gemeinsamen Zimmer zur Türe hinausgeworfen und kampiert im Empfangssalon."

Noch deutlicher äußerte sich Stephanies Schwester, Louise von Coburg: „Die beiden Naturen paßten nicht zusammen, beide herrschsüchtig, unversöhnlich, und so faßte die Entfremdung bald tiefe Wurzeln. Jähzornig waren sie beide und so spielten sich bald unerquickliche Szenen ab. Die Haltlosigkeit, die Unzufriedenheit mit sich selbst, der Drang sich zu betäuben trieb den Kronprinzen in der letzten Zeit zum Alkoholgenuß; in so einem Zustande war er geradezu gewalttätig."

Ein Seitenhieb Rudolfs auf seine ungeliebte Frau war auch der Brief, den er ihr an seinen Onkel, Erzherzog Albrecht, diktierte, und in dem er betonte, wegen seiner „entzündlichen Augenkrankheit nur mit Persönlichkeiten verkehren zu können, die unwichtig" seien. Vermutlich war das der Freibrief dafür, daß er sich Mätressen zuwandte, wie etwa der reizvollen Annie Kuranda.

Moralisch gefestigt war dieser Standpunkt jedenfalls gewiß nicht.

Immerhin wurde von Annie Kuranda später nichts mehr vernommen. Rudolf steckte sie offensichtlich nicht mit seiner venerischen Krankheit an. In Abbazia erinnert noch heute das Hotel „Stephanie" an die bittersüße Liebesgeschichte von einst.

Schön und verwöhnt: Annie Kuranda

Liebesnest Hotel „Stephanie" in Abbazia

DIE FRUCHT EINER VERBOTENEN LIEBE

Geheimnisvolle Heirat einer Schauspielerin

Nikolaus Kasimir Graf Török de Szendrö, geboren am 29. Februar 1812 zu Nagykarmes in Ungarn war ein für damalige Verhältnisse „alter" Offizier, galt als derb-jovial und war bei seiner zweiten Hochzeit schon vier Jahrzehnte lang Witwer gewesen. Nach seiner jungen Gemahlin, der Gräfin Mathilde Harnoncourt-Unverzagt, die im Kindbett starb, hatte keine Frau mehr vermocht, den alten Haudegen vor den Traualtar zu lokken. Beliebt war der krummbeinige Offizier in Wien seit dem berühmten „Carousel" von 1880, das er quasi als Maitre de plaisir zu einem Triumph gestaltete. Danach wäre er sicher aus den Salonblättern verschwunden, hätte Kaiser Franz Joseph nicht eine wichtige Mission für ihn gehabt, die ihm bis zu seinem alsbaldigen Ableben die Aufmerksamkeit der Wiener Gesellschaft sicherte.

Völlig unvermutet schritt dieser weißhaarige Hagestolz am 20. Mai 1880 im Stephansdom zum Altar und heiratete eine Burgschauspielerin, welche bemerkenswerte 35 Jahre jünger war als er. Kein Wunder, wenn Klatsch und Tratsch haushohe Wellen schlugen! Es hatte ja niemand von einer Romanze zwischen den ungleichen Eheleuten etwas geahnt – und das wollte etwas heißen, da beide durch ihre Lebensumstände immer im Blickpunkt des Interesses standen. Der schneidige General als

Mathilde Gräfin Török starb früh

In seiner Jugend bei Damen beliebt: Nikolaus Kasimir Török de Szendrö

Eine legale Verbindung mit Rudolf wäre unmöglich gewesen

Johanna Buska war vom Kronprinzen schwanger

vielumschwärmter Witwer, der mit dem Kaiser auf vertrautem Fuß stand, und die blonde Burgschauspielerin, weil sie als erste Geliebte des jungen Kronprinzen Rudolf galt und somit, nach dem Hoftratsch, als „Einlernerin“ des knapp 20jährigen eher wohlwollend betrachtet wurde. Ihr, der um elf Jahre Älteren, traute man nach ihren Eskapaden schon einige Liebeskünste zu.

Zwangsversetzt und doch beisammen

Die Gazetten schrieben, daß seit ihrem ersten Auftreten am Hofburgtheater Kronprinz Rudolf dort bei fast keiner Vorstellung fehlte. Im Juli 1877 mußten sich die beiden nähergekommen sein, denn ein Aquarell des Kronprinzen, das die Züge der Buska zeigt, stammt aus dieser Zeit.

Vermutlich waren die Geheimnachrichten der Konfidenten, die den Kaiser erreichten, alarmierend, so daß er nach einem Jahr die Fäden zog und im Juli 1878 seinen Sohn zum k.u.k. Infanterieregiment Nr. 36 nach Prag versetzte. Weshalb, so meinte der Monarch, die skandalöse Affaire ihr Ende finden würde. Oder doch nicht? Franz Joseph hätte wissen müssen, daß viele Kapriolen in der Liebe möglich sind. Und zwei Heißverliebte konnten jede Menge Auswege finden, um beieinander zu sein. So erging es Rudolf und Johanna auch. Flugs reichte die Schauspielerin um Urlaub bei der Hofburg-Direktion ein, der auch gewährt wurde. Ab nun war sie „auf Reisen“, auf Tournee, an ausländischen Bühnen tätig. In Wahrheit spielte sie ihre Gastrolle jedoch beim Kronprinzen weiter und zwar hervorragend, wie es einer Actrice eben zustand.

Ein Kind der Liebe verstecken

Alarmierende Nachrichten müssen dennoch im April 1880 den Kaiser erreicht haben, denn er bestellte unverzüglich General Török zu sich, den er als Ehrenmann kannte und schätzte, und befahl ihm die überstürzte Heirat mit Johanna Buska. Der Grund dafür lag in der Schwangerschaft derselben begründet. Wenn auch „nicht sein konnte, was nicht sein durfte“, geht man aus heutiger Sicht sicher nicht fehl in dieser Annahme, daß es das heimliche Kind des Kronprinzen war. Das Kind sollte einen Namen haben, und dieser würde „Török de Szendrö“ lauten. Seinem Monarchen zutiefst ergeben, fügte sich der alte Offizier. Eine glückliche Ehe im üblichen Sinn wurde es sicher nicht. Immerhin wurde die Frucht einer verbotenen Liebe, Sohn Alexander, ehelich geboren. Daß er seinen leiblichen Vater jemals sehen dürfte, konnte der Sproß nicht erwarten, auch wenn er über seine wahre Herkunft aufgeklärt worden ist. Um jeden Verdacht zu zerstreuen, erhielt das Kind nur unverfängliche Vornamen, nämlich Alexander Bernhard Eduard Valentin Kasimir. Der am 14. Februar 1881 Geborene wuchs sich danach zu einem gutaussehenden Jüngling aus. Böse Zungen behaupteten, er hätte seinem leiblichen Vater sehr ähnlich gesehen ... Seinen Stiefvater hingegen verlor der Kleine bereits nach 4 Jahren.

Eine neue Ehe und unvergessene Liebe

Allzu tief war die Trauer der nunmehr 40jährigen wohl nicht, denn knapp drei Jahre später reichte sie dem Prager Theaterdirektor Angelo Neumann die Hand fürs Leben. Laut kaiserlichem Dekret erhielten dennoch – auch dies war ein Zeichen besonderer kaiserlicher Huld – Mutter und Sohn die Generalspension zugesprochen. Bald mußte auch die Kunde von Rudolfs unglücklicher Ehe nach Prag zu Johanna gedrungen sein. War dies eine späte Genugtuung für sie, die verstoßene Geliebte? Wir wissen es nicht.

Zweifellos aber ließ das Drama von Mayerling schmerzliche Empfindungen in ihr aufkommen. Wäre eine unstandesgemäße Ehe nicht besser gewesen als Mord und Selbstmord im Hause Habsburg?

Immerhin durfte die „Frau Theaterdirektor" erleben, wie ihr Sohn Alexander zum Doktor der Politikwissenschaft promovierte, darüber hinaus zum k.u.k. Legationssekretär avancierte sowie Leutnant der Reserve wurde. Zwei Jahre nach Angelo Neumanns Tod kehrte seine Witwe nach Wien zurück. Ihr Sohn blieb in Budapest, wo er am 2. Juni 1912 Sophie Jovanovits ehelichte, eine Bürgerliche aus dem Komitat Borsondy. Ab dann verlieren sich die Spuren dieses Mannes, der nach Aussagen vieler Zeitgenossen ein Sohn Rudolfs war. Kurz vor ihrem Tod erzählte Marie Baronin Wallersee, eine Femme fatale vom Kaiserhof, sie wäre ihm in Amerika begegnet.

Aber hierfür gab es keine schlüssigen Beweise.

Die Buska als junge Mutter mit ihrem Sohn

LIEBESKARUSSELL IM KAISERHAUS

Zwei Kronprinzen teilten sich ihre Mätressen brüderlich

Sie konnten einander nicht ausstehen, Kronprinz Rudolf und der deutsche Kronprinz Wilhelm, der spätere Kaiser Wilhelm II. Sie waren in allem gegensätzlicher Meinung, nur nicht in punkto Frauen. Da führte Kronprinz Rudolf seinem Cousin sogar die Mätressen zu, so geschehen 1887, ein Jahr vor Wilhelms Thronbesteigung. Rudolf vermittelte bei einem Jagdbesuch Wilhelms zwei kokette Wienerinnen an den Deutschen. Daß diese heimlich Intrigen schmiedeten und jahrelang den deutschen Kaiserhof mit Unterhaltszahlungen bestürmten, stand auf einem anderen Blatt. Die Freundin Rudolfs, eine gewisse Ella Scopicz, verkuppelte die hübsche Anna Homolatsch, Tochter einer Kammerfrau der Königin von Württemberg, mit Wilhelm. Dieser schlitterte prompt in die Falle, denn die flotte Anna war bereits von einem russischen Diplomaten schwanger ...

Das erste Rendezvous mit dem strammen Wilhelm fand sinnigerweise hinter Büschen im Schloßpark Schönbrunn statt. Da kamen die beiden einander schon näher, während Ella und Rudolf im Lusthäuschen beim Kammergarten der Dinge harrten. Da jedoch allzu eifrige Gardisten ahnungslos das zärtliche Tête à tête störten, wurde in aller Eile eine Liebesreise nach Mürzsteg geplant. Dort fanden ohnedies die steirischen

Sie teilten sich leichte Mädchen: Wilhelm von Preußen und Rudolf

Kokett und raffiniert: Anna Homolatsch

Gebirgsjagden statt. Doch wieder ging alles schief. Kronprinz Wilhelm wurde streng bewacht. Es gelang ihm nur, seine Auserwählte nach Eisenerz zu bestellen. Dort sollte sie im Gasthaus „König von Sachsen“ seine Ankunft erwarten.

Geräuschvolle Liebesnacht

Viel zu fesch hatten sich die zwei Mätressen herausgeputzt, weshalb sie im biederen Eisenerz auch sogleich auffielen. Ihre Papiere wurden kontrolliert und waren nicht in Ordnung. Später beschrieb ein Insider vom Kaiserhof die seltsamen Szenen, die sich danach abspielten: „Ein Gendarm wollte sie ausweisen, doch im letzten Moment kam der Kammerdiener des Prinzen (Wilhelm, Anm.) und erklärte, die Damen seien für seinen Herrn. Sie blieben und hatten des Nachts beide in einem Zimmer ein Rendezvous mit demselben, wobei so ein Lärm gemacht wurde, daß alle Hausbewohner sich darüber aufhielten ..."

Immerhin hatte Anna Homolatsch ihr Ziel erreicht. Sie war die intime Mätresse des deutschen Thronfolgers. Daraufhin setzte sich ihre Wiener Familie flugs mit dem Hof zu Berlin in Verbindung. Sogar der deutsche Botschafter in Wien, Prinz Heinrich VII. Reuß, wurde eingeschaltet. Monatelang ging der Kampf hin und her. Der Hof ließ letztendlich verlauten, das Kind würde anerkannt, jedoch gezahlt würde nicht. Dies rief wieder die Familie Homolatsch auf den Plan. Und plötzlich fand sich ein weiterer Verbündeter, dem das tragische Geschick der jungen Kokotte ans Herz ging.

Ein bekannter Advokat und Polizeiagent

Es war der weitbekannte Advokat Dr. jur. Florian Meissner, ein Polizeiagent und Konfident, der auch in der Affäre Mayerling eine gewisse Rolle spielen sollte. Nach monatelangem Hin und Her, als schon eine kleine „Wilhelmine" geboren war, erreichte Dr. Meissner über den Prinzen Reuß endlich eine Abfindung. Sie soll nur 100.000 Mark betragen haben, weil der Advokat sich auf die Seite des nunmehrigen Kaisers Wilhelm schlug und die Summe für angemessen erklärte. Hocherfreut hängte die deutsche Majestät ihm den Kronen-Orden um den Hals, wogegen Prinz Reuß in Ungnade fiel, weil er durch höchst ungeschicktes Handeln die ganze Sache verpfuscht hätte, wie man höheren Ortes definierte.

Die kleine Wilhelmine wuchs heran und ahnte sicher nichts von den Geheimnissen um ihre Herkunft. Hingegen verbreitete Kronprinz Rudolf – frustriert durch seine unglückliche Affäre mit Mary Vetsera – als „Anonymus" das Intermezzo in der größten europäischen Zeitung jener Zeit, in der Pariser Zeitung „Figaro", was verständlicherweise vom preußischen Kaiserhof höchst verärgert aufgenommen wurde, denn daß nur Rudolf dahinter stecken konnte, war allzu offensichtlich.

Advokat Dr. Meissner, Konfident bei Hofe

Der einzige, der von der ganzen Angelegenheit profitiert hatte, war der Advokat Dr. Meissner, denn ihm oblag nach den Ereignissen von Mayerling weiterhin das Amt des Konfidenten für den Wiener Kaiserhof. So wurde er beauftragt, Näheres über jene Kupplerin Wolf in Erfahrung zu bringen, die dem Kronprinzen Rudolf immer wieder Kokotten vermittelt hatte.

Aber auch Rudolfs heißeste Liebe, Mizzi Kaspar, nahm noch seine Dienste in Anspruch. Denn sie verlangte – abstruse Idee – nach Rudolfs Ableben eine Abfindung, wie z. B. einen Titel. Meissner zog angeblich „k.u.k. Hofbusenschlange, k.u.k. Hofleibbereiterin" und ähnliche Geschmacklosigkeiten in Erwägung.

Irgendwann um die Jahrhundertwende muß Dr. Meissner in Ungnade gefallen sein. Sein Name tauchte nirgends mehr auf. Als Konfident war er dem Hof suspekt geworden.

Wilhelmine Homolatsch erfuhr nichts über ihre Herkunft

EINE KOKETTE SCHAUSPIELERIN ERPRESSTE DEN KRONPRINZEN

Rudolf erwarb von ihrem Gatten das Jagdschloß Mayerling

Er hatte immer ein Faible für Schauspielerinnen. Kronprinz Rudolfs erste Geliebte war die ihm vom Hof zugeführte Akteurin Johanna Buska, acht Jahre älter als er und sechs Jahre lang Publikumsliebling am Hofburgtheater. Parallelen ergaben sich später zu Rudolfs wenig bekannt gewordenem nächsten Gspusi, der koketten Schauspielerin Mina Pick. Dieser gelang zwar nicht der Schritt ans Hofburgtheater, sie spielte „nur" am berühmten Grey-Theater in Wien, das sich damals in der Canovagasse befand, doch heiratete sie zweimal Aristokraten, ebenso wie die Buska, die sich mit einem Grafen Nikolaus Török de Szendrö verehelichte. Die vielumschwärmte Mina Pick hingegen heiratete in erster Ehe nach London und wurde eine „Edle von Böhm". Als ihr weit älterer Gatte Maximilian starb, kehrte sie nach Wien zurück und fand hier Anschluß an Theaterkreise. Mit viel Raffinement verstand es die drei Jahre ältere, in Liebesdingen höchst erfahrene Witwe, Rudolf aufs neue in ihre Netze zu ziehen. Manche Historiker behaupten, Rudolf habe die „Tanzsoubrette" sogar im Salonwagen auf Brautschau nach Brüssel mitgenommen. Diese höchst zweifelhafte Ehre teilt sich Mina allerdings mit der Choristin Anna Glaser vom Badener Theater.

Graf Nikolaus Török de Szendrö

Als raffiniert erwies sich Mina Pick

Ob es nun die eine oder die andere war, wird vermutlich nie mehr mit letzter Klarheit zu erforschen sein.

Die vielen verschwiegenen Liebesstunden boten jedoch Jahre später der raffinierten Witwe Anlaß, den Kronprinzen noch ganz gehörig zu schröpfen.

Ein magerer Fisch in ihren Netzen

Wie ein Bild aus jenen Tagen beweist, verstand Mina Pick, die eigentlich laut Taufregister auf die Namen Anna Stephanie Hermengilda getauft war, die Aufmerksamkeit auf sich zu lenken. Stets war sie nach dem letzten Schrei gekleidet, verkehrte in den besten Modesalons und führte ein aufwendiges Leben. Ob ihr der Edle von Böhm reichlich Mittel hinterlassen hatte, mag dahingestellt sein. Fest stand, daß bald viele neue Bewerber ihren Weg kreuzten und die flotte Mina aus einer ganzen Reihe fescher Offiziere auswählen konnte. Doch der Fisch, der zuletzt an ihrer Angel hängenblieb, war ein sehr magerer. Es handelte sich um den Leutnant a.D. Reinhard August Friedrich Christian Graf Leiningen-Westerburg, einen Aristokraten aus Berlin, der schon länger in der Donaumetropole lebte, jedoch ebenso leichtsinnig wie mittellos war. Im Grunde waren sie wie für einander geschaffen, die 30jährige Ex-Mätresse des Kronprinzen, immer auf der Jagd nach dem großen Geld, und der flotte Leutnant, dem ebendies fehlte. Also wurden hochtrabende Pläne geschmiedet. Am 26. Juli 1885 wurde geheiratet! Aus der Edlen wurde nun eine Gräfin mit Vergangenheit. Und diese kam dem Paar auch recht bald zustatten, denn, wie aus alten Quellen verlautet, die frischgebackene Gräfin und ihr Graf ließen sich zu einer Erpressung Kronprinz Rudolfs hinreißen. Schließlich war der Ex-Geliebte Rudolf mittlerweile selber verheiratet und stolzer Papa einer dreijährigen Tochter. Es wäre also denkbar peinlich gewesen, hätte Mina die Affaire von einst an die große Glocke gehängt.

Mit Rudolfs Geld Jagdschloß Mayerling erworben

Die Hochzeit wurde bereits in Mayerling gefeiert. Der ehemalige Eigentümer, der Gutsbesitzer Michael Fischer, war durch Börsenspekulationen bankrott gegangen. Äußerst günstig ersteigerte Graf Leiningen-Westerburg nun das Gut, in das bereits Geldmittel des Kronprinzen geflossen waren. Damit aber nicht genug, nötigten Graf und Gräfin ihr Opfer, Mayerling umgehend zurückzukaufen. Laut alten Unterlagen wurden von der k.u.k. Kabinettskanzlei 1887 als Kaufpreis rund 80.000 Goldkronen aufgewendet. Der gesamte Besitz bestand aus dem Jagdschloß, einem Dienertrakt und dem sogenannten „Elisabeth-Trakt", den Gärten, der Laurenzi-Kirche, dem Küchengebäude, dem Teepavillon, der Kegelbahn und dem Schießstand. Als Gäste des Kronprinzen hielten sich die Leiningens auch nach dem Verkauf noch sporadisch zur Jagdzeit dort auf. Dann aber schien ihnen der Wiener Boden doch zu heiß geworden zu sein. Überstürzt reiste das Paar nach London. Vermutlich nahm der leichtlebige Graf, der immerhin 13 Jahre jünger als seine Gattin war, sein früheres Leben wieder auf. Das Geld war unter solchen Umständen bald aufgezehrt. Am 6. Januar 1893 wurde die Ehe geschieden. Mina folgte der Einladung weitläufiger Verwandter und zog nach Schwertberg in Oberösterreich. Doch auch in der alten Heimat fand sie sich nicht mehr zurecht. Mit ihren 38 Jahren war sie eine reife Schönheit, dabei kokett und intrigant, so konnte der Ex-Gräfin das schlichte Kleinstadtleben nicht mehr behagen. Wie es heißt, reiste sie bald wieder nach London und verlebte in der englischen Metropole wilde Jahre. Sie wurde, wie ihr geschiedener Mann, ständiger Gast in den Spielcasinos und verlor fast ihr ganzes Vermögen im Roulette.

Versuche, noch den greisen Kaiser Franz Joseph mit Hinweis auf ihre Liaison mit Rudolf um Geld zu bitten, schlugen fehl. Ihr wie auch der anderen Femme fatale, Louise von Coburg, antwortete dessen Finanzberater, Bankdirektor Eduard Palmer, mit einem klaren „Nein".

Schauspielerinnen waren attraktiv für Kronprinz Rudolf

1940 starb Mina in London. Die kleine Kokotte war immer nur der matte Abklatsch der großen Mätressen gewesen. Sie konnte nicht einmal Rudolfs letzter Mätresse, Mizzi Kaspar, das Wasser reichen. Die Kaspar hätte niemals daran gedacht, den Kaisersohn zu erpressen. Sie war immer mit dem zufrieden gewesen, was er ihr freiwillig gab. Und auch das war mehr als genug.

Mina starb verbittert in London

ROMANZE MIT ROSA

Erst nach 100 Jahren wurde bekannt: Kronprinz Rudolf liebte heimlich eine schöne junge Polin

Die schöne Gräfin Rosa Potocka entstammte ältestem polnischen Uradel. Das Geschlecht nannte sich nach dem Ort Potok bei Jedrzejow in der Woiwodschaft Krakau, der seit 1236 urkundlich nachgewiesen war.

Der Vater gehörte zu jenen galizischen Magnaten, die über unermeßlichen Reichtum verfügten und häufig sogar den Kaiser in den Schatten stellten. Kaiser Franz Joseph ernannte den Grafen Alfred Potocki zu seinem Statthalter in Galizien: Er hätte sich keinen zuverlässigeren Beamten wünschen können ...

Daß dennoch die Familie Potocki, zu der zwei bildhübsche Töchter – besagte Rosa und ihre Schwester Catharina – und ein sehr eleganter Sohn namens Roman gehörten, eines Tages am Wiener Kaiserhof in Ungnade fiel, hatte andere Ursachen: Eine unvorhersehbare Liebesgeschichte, die die Herzen zweier junger Menschen verwirrte, war daran schuld. Mochten die Grafen Potocki auch dem ältesten polnischen Adel entstammen und ihr Stammeswappen der Pilawa noch so blank geputzt haben, standesgemäß für einen Kaisersohn waren sie nicht.

Und damit nahmen die Dinge ihren Lauf ...

Rosa Gräfin Potocka war Magnatentochter

Während sie den Sommer auf ihren podolischen Gütern zu verbringen pflegten, stellten sich die Polen rechtzeitig zum Fasching in Wien ein. Sie brachten ihre schönen, verwöhnten Damen in die Donaumetropole mit, besuchten die k. u. k. Hofoper oder das Theater an der Wien, wo sie ihre Logen hatten, und stellten selbst eines der glanzvollsten gesellschaftlichen Ereignisse, die Wien zu verzeichnen hatte, den Polenball.

Dann tanzten die schönen Galizierinnen in ihren reichbestickten Volkstrachten ihren Tanz – die große Mazur. Im mäßig bewegten Dreivierteltakt erstanden die kunstvollen Figuren der Paare, die alle das gleiche Thema hatten: faszinierende, wilde Lebenslust ... Unter den Zuschauern waren damals auch der 19jährige Kronprinz Rudolf und sein Cousin Erzherzog Johann Salvator von Toskana, „inkognito“ – und doch von allen erkannt. Doch nicht nur das; man registrierte auch, daß der schöne junge Thronfolger nur Augen für Rosa Potocka hatte, die Tochter des galizischen Statthalters seines Vaters.

Gast beim Polenball: Kronprinz Rudolf

„Sie schlief die ganze folgende Nacht nicht", vertraute die Mutter der reizenden Gräfin damals ihrem Tagebuch an. Ja, Rosa Potocka hatte sich unsterblich in Rudolf verliebt. Das sonst so temperamentvolle Mädchen wurde still und schwärmerisch; es gab die Geheimnisse seines Herzens nicht preis.

Es ist nicht bekannt, wann Kaiser Franz Joseph auf die Zuneigung seines Sohnes zur Tochter seines Statthalters aufmerksam gemacht wurde. Er hatte bisher sein Augenmerk auf ihren Bruder, den Grafen Roman Potocki, gerichtet, dem er eines Tages durch seinen Oberstkämmerer einen Verweis erteilen ließ: Er sähe es nicht allzu gerne, wenn junge Herren mit ihrer Zeit nichts besseres anzufangen wüßten, als sie in Theatergarderoben und beim Kartenspiel (mit hohem Einsatz) im Jockeyklub zu vergeuden.

Damit nahm Franz Joseph Bezug auf die „Clique" spielfreudiger Lebemänner, die sich im fulminanten Jockeyklub ein Stelldichein gab. Die Brüder Victor, Hector und Artistides Baltazzi gehörten dazu, die später in der Affäre Mayerling eine Rolle spielen sollten; der Fürst Ypsilanti, königlich griechischer Gesandter in Wien, und Prinz Philipp von Coburg, der zukünftige Schwager des Kronprinzen.

Nun, Roman Potocki dachte gar nicht daran, sich des Kaisers Ratschläge zu Herzen gehen zu lassen. Was sollte es? Sie, die Magnaten, hatten es nicht nötig, nach Franz Josephs Pfeife zu tanzen. Trotzdem, ganz in Ungnade beim Monarchen zu fallen, wäre unklug gewesen. Also hielten sie in ihrer Lebensführung schön die Mitte zwischen äußerster Nonchalance und bürokratischer Fadesse. Als der Kaiser seinen Blick von Roman Potocki durch einen Wink aus seiner nächsten Umgebung auf dessen jüngste Schwester Rosa richtete, war es fast schon zu spät. Die jungen Menschen hatten zueinandergefunden und Rudolf war drauf und dran, das schöne Mädchen zu heiraten.

Rudolf brannte lichterloh! Er war soeben 19 Jahre alt geworden, hatte seine Studien zur Zufriedenheit seiner Lehrer beendet und endlich einen eigenen Hofstaat bekommen. Auch konnte er in absehbarer Zeit damit rechnen, als Oberst an die Spitze seines 36. Regiments gestellt zu werden – in Anbetracht seines jugendlichen Alters eine große Auszeichnung!

Er hätte also allen Grund gehabt, lebensfroh und glücklich zu sein, aber das Gegenteil war der Fall. Rudolf kannte seinen Vater, den Kaiser, schon viel zu gut, um nicht die Schwierigkeiten zu ahnen, die ihm durch seine Liebe zu einer polnischen Grafentochter erstehen mußten. Und wie er gefürchtet hatte, traf

Der Kaiser legte sein Veto ein

es auch ein. Der Kaiser ließ ihn zu sich rufen und verbat ihm in harten Worten seinen „jugendlichen Übermut". Weder der Kronprinz noch der Vater Rosas wollten sich mit diesem Verweis zufriedengeben. Wochen vergingen mit heftigen Auseinandersetzungen, während die Verliebten immer wieder Wege fanden, zusammenzusein.

Da sein Sohn sich nicht einsichtig zeigte, ergriff der Kaiser energischere Maßnahmen: Graf Bohuslav Chotek zu Chotkowa und Wognin, der österreichisch-ungarische Gesandte in Brüssel, mußte als Brautwerber für seinen Sohn auftreten. Die Wahl war auf Prinzessin Stephanie von Belgien gefallen. Rudolf wußte von seinem „Glück" lange nichts. Noch am 13. Januar 1879 schrieb er in Prag: „Ich bin noch nicht Bräutigam und werde es auch noch lange nicht sein." Ob er noch hoffte, mit Rosa Potocka vereint zu werden?

Wenn er es tat, so nur für die Dauer eines Jahres. Denn schon am 7. März 1880 ließ er seine Eltern aus Brüssel wissen: „Ich habe gefunden, was ich gesucht habe. Stephanie ist hübsch, gut, gescheit, sehr vornehm und wird eine treue Tochter und Untertanin ihres Kaisers und gute Österreicherin werden. Ich bin sehr glücklich und zufrieden." War die Liebe doch nicht tief genug gewesen, die er für Rosa empfand? Oder ging Rudolf einfach den bequemeren Weg, indem er dem Machtwort seines Vaters folgte?

Die Wahl Stephanies war ein Unglück für Rudolf

Das Unglück seiner Ehe hat letzteres bewiesen. Man kann weiter folgern: Hätte er die Gräfin Potocka heiraten dürfen, wäre es nie zu den Ereignissen von Mayerling gekommen. Das Schicksal Österreichs hätte dann möglicherweise ganz anders ausgesehen ...

Eine geheime Abmachung zwischen dem Kaiser und Rosas Vater gab diesem die Gewißheit, daß der Kaiser die Hochzeit Rosas ausstatten und obendrein Sorge für eine verschwenderische Aussteuer tragen würde, wie es einer Prinzessin würdig wäre. Das war Franz Josephs Wiedergutmachung der Beleidigung einer Magnatentochter edlen Geblütes.

Es sollte aber noch sechs Jahre dauern, bis sich ein standesgemäßer Freier für das „gefallene" Mädchen fand. Es war dies Eduard Graf Raczynski, polnischer Edelmann und Gutsbesitzer, eine Persönlichkeit besonderer Prägung.

Die Hochzeit wurde prunkvoll in der Kathedrale zu Lemberg abgehalten. Danach reiste das junge Paar auf die Ländereien des Grafen. Auf Schloß Rogalin bei Posen lebten sie bis zu ihrem Tode. Graf Raczynski starb am 6. Mai 1926 auf Rogalin. Seine Gattin überlebte ihn um elf Jahre. Als sie nach längerem Krankenlager am 21. August 1937 verschied, fand man bei ihr nicht nur einen verstaubten „Makartstrauß", sondern auch ein Bündel vergilbter Briefe, die allesamt das „R" als Unterschrift trugen. Kronprinz Rudolfs Liebesbriefe – sie hatte sich auch in den Jahren ihrer Ehe nie von ihnen getrennt.

In der Familie der Grafen von Raczynski hält sich hartnäckig ein Gerücht, daß diese Briefe durch einen geheimnisvollen Boten nach dem Tode der schönen Rosa nach Ungarn gebracht wurden ... Dort sollen sie der damals noch lebenden Witwe Rudolfs, Stephanie, die inzwischen in zweiter Ehe mit dem Fürsten Elémer von Lónyay verheiratet war, ausgehändigt worden sein. 1945, beim Einmarsch der Russen, gingen angeblich die meisten dieser unersetzlichen Briefschaften und Dokumente verloren, darunter auch die Briefe an jene Frau, die ein Leben lang ihre Romanze mit dem schönen Kronprinzen nicht mehr vergessen konnte ...

Manche Historiker dichteten Kaiser Franz Joseph eine Romanze mit ebendieser Gräfin Rosa Potocka an. In jenem Jahr jedoch, das sie für diese Romanze veranschlagen, nämlich 1860, war die vielumschwärmte Schöne eben – dreijährig. Zu späterer Zeit wird ihr der Vater Kronprinz Rudolfs sicher zu alt gewesen sein.

Eine Mußheirat verband Rosa mit Raczynski

SISI HATTE VIELE VEREHRER

Der meisten wurde sie bald überdrüssig

Zwar wachte Kaiser Franz Joseph eifersüchtig darüber, daß kein Verehrer der Schönheit seiner Gemahlin gefährlich werden konnte, doch daß Sisi angebetet wurde, konnte auch er nicht verhindern. Ihr Charme und ihr Liebreiz waren allzu groß! Sogar die eigenen Brüder des Kaisers, Ludwig Viktor und Karl Ludwig, verliebten sich in die wunderschöne Schwägerin. Der Cousin des Kaisers, Erzherzog Ludwig Salvator, fühlte sich von ihrer Ausstrahlung, Abenteuer- und Reiselust zeitlebens magnetisch angezogen. Seine Verehrung für Sisi wurde vom Hof toleriert, da er ohnedies als verrückter Sonderling galt und selten in Wien aufkreuzte.

Ganz anders sah die Sache hingegen aus, als sich einer von Sisis Ehrenkavalieren, Imre Graf Hunyady, in blinder Verliebtheit auffällig machte. Bei Ungarisch-Lektionen auf Madeira wurde wohl allzu heftig geflirtet! Jedenfalls mußte der fesche, junge Graf Hals über Kopf abreisen und nach Wien zurückkehren.

Imre Graf Hunyady verliebte sich in die Kaiserin und fiel in Ungnade

Besser erging es Sisis glühendstem Verehrer, den sie nur „Schönprinz“ nannte, Rudolf Liechtenstein. Er war wirklich ein Bild von einem Mann, blieb immer ihr Ehrenkavalier und hat nie geheiratet. In seinem Nachlaß fand man nach seinem Tode auch eine Sammlung von Elisabeths Gedichten, die sie nur einigen wenigen Vertrauten zukommen ließ.

Daß aber gerade Prinz Liechtenstein Abstand zu wahren verstand, ergab sich aus der engen Verbindung Sisis mit dem englischen Herrenreiter Bay Middleton. Obwohl „Schönprinz“ sie seit 1876 immer wieder zu Treffen mit Middleton begleitete, gab es keine Differenzen, hingegen nahm die Kaiserin es einige Jahre später Middleton sehr übel, daß er sich verlobte. Plötzlich bereitete auch die Reiterjagd in England keine Freude mehr ...

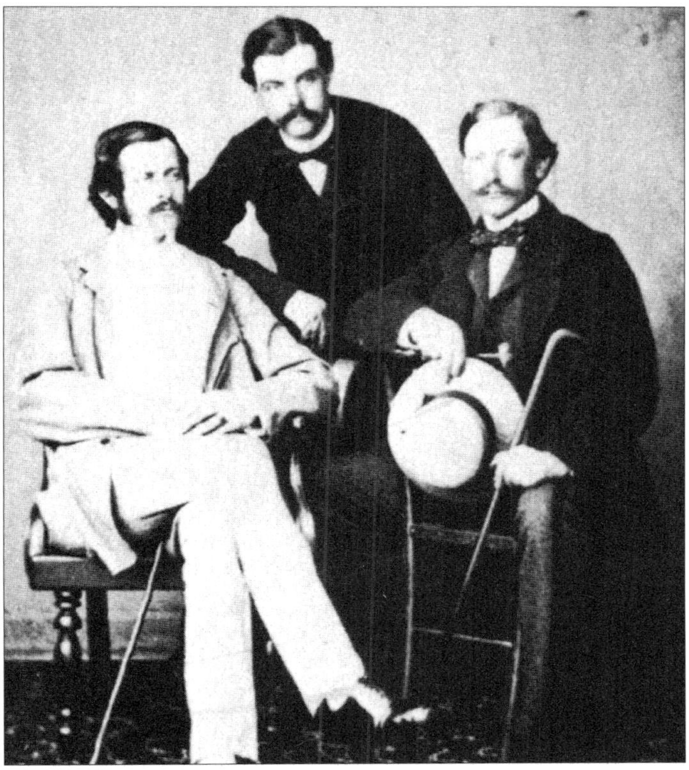

Rudolph von Liechtenstein (Mitte) war der zuverlässigste Reisebegleiter Sisis

Sisi war eifersüchtig auf Bay Middletons Braut

Geheimer Flirt im Ballsaal

Inkognito erschien die Kaiserin mit ihrer Hofdame Ida von Ferenczy im Februar 1874 beim Maskenball im Musikverein und begegnete prompt einem feschen jungen Aristokraten, Friedrich List Pacher von Theinburg. Hals über Kopf verliebte sich der 26jährige in den „gelben Domino" mit der herrlichen Erscheinung und süß-melodischen Stimme hinter der Maske. Aber auch bei Sisi dürfte die Begegnung nicht ganz ohne Eindruck geblieben sein, denn sie schrieb mehrmals an ihren Tänzer unter dem Pseudonym „Gabriele" und meldete sich sogar 13 Jahre später noch mit einem Gedicht bei ihm: „Long, long ago". Auch er antwortete in Versen. Doch sein Brief wurde nicht mehr behoben. Wie so oft verlor Sisi auch hier urplötzlich

Ludwig II. von Bayern und Elisabeth verband die Liebe zu den schönen Künsten

das Interesse, ein Umstand, der ihr bei ihrem schönen, wesensverwandten Neffen, Ludwig II. von Bayern, nicht passieren konnte. Bis zu seinem traurigen Ende im Starnberger See standen die beiden innerlich einsamen Menschen – Adler und Taube – in enger Verbindung. Ludwig bewunderte hingerissen Elisabeths ätherische Schönheit. Sie hatten viele gemeinsame Interessen, für die Jagd, für das Reiten, für Landschaft und Natur, für Schönheit in jeglicher Form. Sisi stand Ludwig nahe und verzieh ihm schließlich sogar den Bruch mit ihrer Schwester Sophie. Vielleicht erahnte sie seine homophilen Neigungen auch früh ...

Der Feschak vom Dienst

Manche hielten ihn für den schönsten Mann der Donaumonarchie. Er wurde als „der schöne Gehenkte" bezeichnet, Graf Gyula Andrássy, mit dem Sisi von Anfang an eine tiefe Freundschaft verband. Der feurige Patriot war es, der die Liebe zu seinem Vaterland in ihr weckte. „Mein letzter und einziger Freund ist gestorben", klagte sie am 18. Februar 1890 und reiste spontan zu seiner Witwe Katinka, um sie zu trösten. Im Gespräch mit Christomanos, ihrem Griechischlehrer, gestand sie aber auch: „Ja, die Beziehung zu Gyula war eine treue Freundschaft und sie war nicht durch Liebe vergiftet." Dennoch war es möglicherweise nicht ausschließlich der Abneigung gegen den Aufständler von 1848 zuzuschreiben, wenn Franz Joseph die Rendezvous der beiden mit Mißtrauen betrachtete. Vielleicht war er schlicht und einfach eifersüchtig.

Reine Freundschaft verband Sisi mit Gyula Andrássy

Katinka Andrássy tolerierte die Freundschaft ihres Mannes mit der Kaiserin

Der Kaiser betrachtete Sisis Verehrer mit Mißtrauen

Ungehobelte Verehrer

Als ein Musterbeispiel eines „unerbetenen“ Verehrers ihrer Schönheit mußte Sisi wohl den Schah von Persien, Nasr-el-Din, betrachten, der 1873 seinen Wien-Besuch erst beendete, nachdem er sie gebührend bewundert hatte. Darüber berichtete Marie Festetics angewidert: „Es war sehr 'amusant', als das erste Mal er Ihrer ansichtig wurde. Er blieb ganz paff vor Ihr stehen, nahm seine goldenen Augengläser hervor und schaute sie ganz ruhig vom obersten Lockerl bis zum Fußspitzel herunter an – 'ah, qu'elle est belle' fuhr ihm heraus ...“ Diese „Besichtigung“ muß der scheuen Kaiserin, die ihr Antlitz meist mit einem Fächer verbarg, zutiefst unangenehm gewesen sein. Sie flüchtete rasch nach Ischl. Der Schah wurde in Wien nicht mehr gesehen. Angeblich schickte er Jahre später einen verkrüppelten Mohren, Rustimo, als Präsent für die Kaisertochter Marie Valerie, aber das konnte den groben faux pas des glühenden Verehrers auch nicht wieder gutmachen.

Nur von fern wollte Sisi, unnahbar und fesselnd zugleich, Verehrung genießen ...

SISIS MITGEFÜHL FÜR KRANKE

Sehr früh in ihrem Leben kam die Kaiserin Elisabeth mit Krankheit und Tod in Berührung. Mit 13 Jahren mußte sie erleben, wie ihr liebster Spielgefährte, der um zwei Jahre ältere David Paumgarten, an Lungenentzündung erkrankte und starb. Zwei Jahre später starb auch ein junger Mann, den sie von fern verehrte. „Die Würfel sind gefallen“, dichtete sie tiefbewegt daraufhin, „ach, Richard ist nicht mehr! Die Trauerglocken schallen – oh, hab Erbarmen, Herr!“ Durch ihr ganzes ferneres Leben aber zog sich dieser Hang, mit kranken, behinderten Menschen mitzuleiden, ihnen helfend beizustehen. Besonders kam dies im Jahre 1863 zum Ausdruck. Da war die 29jährige zur Kur in Bad Kissingen und nahm sich sogleich zweier behinderter Kurgäste an, eines blinden Herzogs von Mecklenburg und eines halbgelähmten Engländers. Das Trio erregte rasch Aufsehen: die bildschöne, schlanke Kaiserin, die den Rollwagen schob und dem Blinden ihren Arm gab. Es war aber Glück im Unglück, daß dieser 36jährige Herzog Wilhelm später von seiner Blenorrhoe (einer hartnäckigen Bindehautentzündung) geheilt werden konnte. Wie es heißt, erinnerte sich der dankbare Herzog auf dem Thron von Mecklenburg-Schwerin bis zu seinem Ableben 1879 noch häufig an die Begegnung mit der österreichischen Kaiserin.

Anders der Engländer – dieser John Collett faßte eine glühende Zuneigung zu Sisi, die ja gesellschaftlich weit über ihm stand. Und obwohl sie ihn dies mit ihrem Takt und ihrer Herzlichkeit nie merken ließ, mußte sie ihn später doch in seine Schranken weisen.

In Bad Kissingen war Sisi voller Mitgefühl für Behinderte

John Colett verliebte sich in Sisi

Anfangs inkognito

Sisi hatte anfangs gegenüber beiden Herren ihr Inkognito gewahrt, weshalb der Engländer glaubte, es mit einer schönen Bürgerlichen zu tun zu haben. Er fiel aus allen Wolken, als ihm ihr hoher Rang bekannt wurde. Mit einem großen Rosenstrauß sandte er sogleich ein Gedicht in ihr Hotel. „May God preserve the lady fair and true ...“, worin er ihr mitleidiges Herz pries, das die Schmerzen anderer mitempfand. Kein Zweifel, der bedauernswerte Mann hatte sich Hals über Kopf in die Monarchin verliebt. Und sie versuchte, ihn auf sanfte Art zur Realität zurückzubringen, weshalb sie auch seiner Bitte um eine Locke von ihrem Haar nicht entsprach. „Ich danke für das kleine Gedicht“, schrieb sie ihm, „ich kann Ihnen nur eines sagen, Sie schätzen mich viel zu hoch ein, und ich fühle mich selbst nicht halb so viel wert, als Sie von mir denken und über mich schreiben. Sie sind so leidend und müde und vergessen doch nicht, für mich zu beten, wie lieb ist das von Ihnen. Doch mein Gelübde, niemand je etwas von meinem Haar zu geben, muß ich halten.“

Wilhelm von Mecklenburg war zeitweise blind

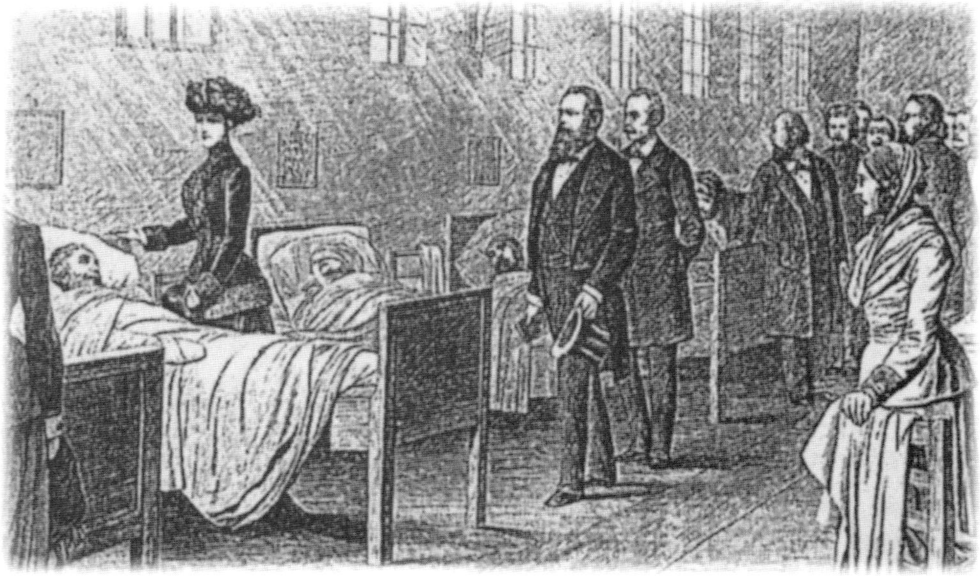

Die Kaiserin vergaß die Kranken nicht

Feinsinnige Geschenke für den Invaliden

Schon zurück in Wien, empfing Sisi erneut Briefe von Collett. Dieses Mal sandte er ihr zwei seiner Lieblingslieder. Und sie beeilte sich, ihm auch eine Freude zu bereiten: Sie ließ die Lieder vertonen. „Ich höre sie oft abends, wenn ich vom Reiten heimkomme", ließ sie ihn wissen. Er aber bat sie noch um Verzeihung wegen seiner Dreistigkeit: „Wenn ich mit dieser Bitte (um die Locke, Anm.) einen Fehler mache, bitte ich mir zu verzeihen. Ich würde das nicht deshalb werthalten, weil Sie eine Kaiserin sind, sondern da Sie wahrhaft eine ganz wunderbare Macht über mich ausüben, und ich Ihre Freundschaft um ihrer selbst willen so ungeheuer hochschätze."

Es ist nicht überliefert, wie lange diese Brieffreundschaft noch dauerte. Es gibt nur noch einen erwiesenen Brief Sisis an Collett, und er offenbart einmal mehr ihre Fähigkeit, mit Leidenden mitzufühlen. Im April 1864 erkrankte Erzherzogin Hildegard, die Gemahlin des Erzherzogs Albrecht, in Wien schwer. Sie lag im Sterben und Elisabeth eilte sofort an ihr Lager, blieb die letzten Lebensstunden bei ihr. Tief erschüttert schrieb sie danach an Collett: „Es war das erste Mal, daß ich einen erwachsenen Menschen sterben sah. Es machte mir einen furchtbaren Eindruck, ich hätte nie gedacht, daß es so schwierig ist, zu sterben, daß der Kampf mit dem Tode ein so fürchterlicher ist ..."

Mitgefühl auch für die Verwundeten

In ihrem weiteren Leben hatte Elisabeth viel zu oft Gelegenheit, Kranke und Verwundete zu trösten, beginnend 1865 mit dem Feldzug gegen Schleswig-Holstein, den Österreich gemeinsam mit Preußen führte. Ohne sich zu schonen, suchte sie in den Spitälern verwundete Soldaten auf. Gespräche mit ungarischen Invaliden waren Anlässe, sich ernsthaft mit der Sprache zu beschäftigen

Mitzuleiden und mitzufühlen waren unveränderliche Wesenszüge der Kaiserin bis zu ihrem eigenen Ableben. Das bewies seinerzeit auch ihr Besuch in der Landesirrenanstalt am Bründlfeld. Als an diesem 11. Dezember 1886 eine der Kranken sich auf die Besucherin stürzte und ihr den Hut vom Kopf riß, brach Sisi in Tränen aus. Conte Corti berichtet darüber, daß sie das Mädchen aufhob, ihr die Hand reichte und sie mit „unbeschreiblichem Liebreiz" tröstete. Die Gabe zum Mitleiden und ihre unkonventionelle Herzenswärme hatten auch hier gesiegt.

SIE TANZTE NUR EINMAL INKOGNITO

Als Kaiserin Elisabeths Flirt sich vermählte, war sie tief gekränkt

Er ging in die Geschichte ein, der einzige „hautnahe" Flirt Kaiserin Elisabeths, denn es bedeutete eine kleine Sensation, daß sie den Mut fand, sich am Faschingdienstag des Jahres 1874 verkleidet und unerkannt ins Getümmel der Redoute im Musikvereinssaal der Kaiserstadt zu stürzen. Der Kaiser erfuhr davon sicherlich nie etwas! Mitwisser waren lediglich die beteiligten Personen der Idylle: Hofdame Ida von Ferenczy, Friseurin Franziska Feifalik, Kammerfrau Leopoldine Schmidl und ein junger, fescher Ballbesucher, Friedrich List Pacher von Theinburg, ein 26jähriger, hochgewachsener, adliger Elegant. Daß aber diese rührende Geschichte überhaupt überliefert wurde, ist Sisis erstem Historiker, Egon Cäsar Conte Corti, zu danken. Er entnahm sie Aufzeichnungen Marie Valeries, Sisis jüngster Tochter, und Erzählungen des Hauptbeteiligten, Friedrich List Pacher von Theinburg. Dieser hatte schließlich nicht nur mit der schönen Maske an jenem Abend kokettiert, sondern mit ihr auch Briefe gewechselt ...

Der Ballkavalier mit Gattin im Alter

Erst nach sieben Jahren geheiratet

Wahrscheinlich bedeuteten die kurzen Stunden im Ballsaal neben dem jungen Kavalier für Kaiserin Elisabeth in ihrem abwechslungsreichen Dasein nichts weiter als eine flüchtige Episode. Für den eher biederen Industriellen aus Schönau in Niederösterreich hingegen dürfte es sich um ein unvergeßliches Schlüsselerlebnis gehandelt haben. Der Eindruck, den die elegante, bildschöne Erscheinung im gelben Domino mit der rotblonden Perücke und der Spitzenmaske hinterließ, war für mehrere Jahre prägend. Erst mit 34 Jahren entschloß sich Pacher zur Heirat. Und es kam sicher nicht von ungefähr, daß die Erwählte, die Freiin Mathilde Klara Schwäger von Hohenbruck, dank ihrer schlanken, ätherischen Erscheinung entfernte Ähnlichkeit mit der Kaiserin hatte.

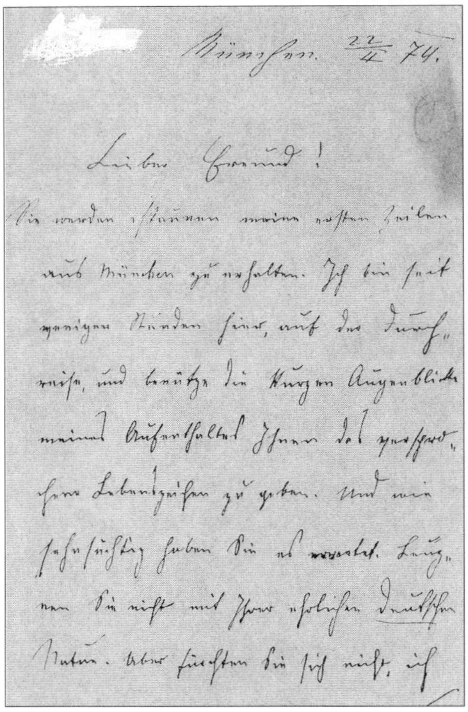

München 22/4 74.

Lieber Freund!

Sie werden erstaunen meine ersten Zeilen aus München zu erhalten. Ich bin seit wenigen Stunden hier, auf der Durchreise, und benütze die kurzen Augenblicke meines Aufenthaltes Ihnen das versprochene Lebenszeichen zu geben. Und wie sehnsüchtig haben Sie es erwartet. Leugnen Sie nicht mit Ihrer ehrlichen deutschen Natur. Aber fürchten Sie sich nicht, ich

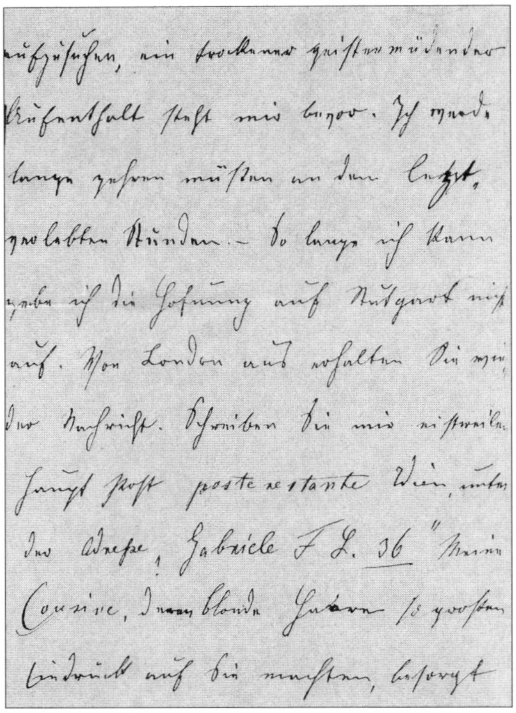

aufzusuchen, ein trockener geistermüdender Aufenthalt steht mir bevor. Ich werde lange zehren müssen an den luftig gelebten Stunden. – So lange ich kann gebe ich die Hoffnung auf Antwort nicht auf. Von London aus erhalten Sie weitere Nachricht. Schreiben Sie mir einstweilen Hauptpost poste restante Wien, unter der Adresse „Gabriele F. L. 36". Meine Cousine, deren blonde Haare so großen Eindruck auf Sie machten, besorgt

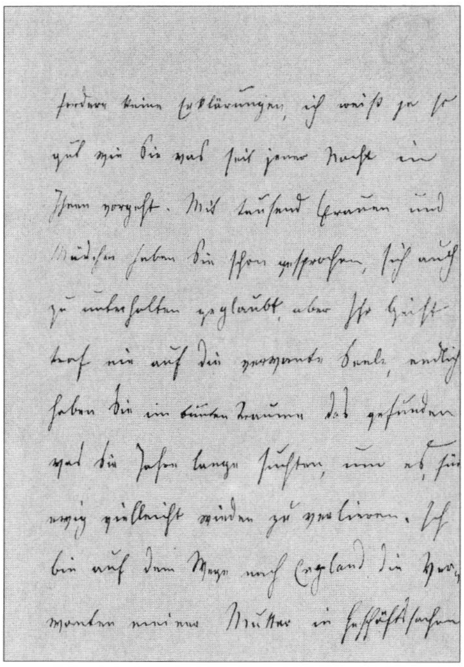

fordere keine Erklärungen, ich weiß ja so gut wie Sie was seit jener Nacht in Ihnen vorgeht. Mit tausend Frauen und Mädchen haben Sie schon gesprochen, sich auch zu unterhalten geglaubt, aber Ihr Geist traf nie auf die verwandte Seele, endlich haben Sie im bunten Traume das gefunden was Sie Jahre lang suchten, um es für ewig vielleicht wieder zu verlieren. Ich bin auf dem Wege nach England, die Verwandten meiner Mutter in Geschäftssachen

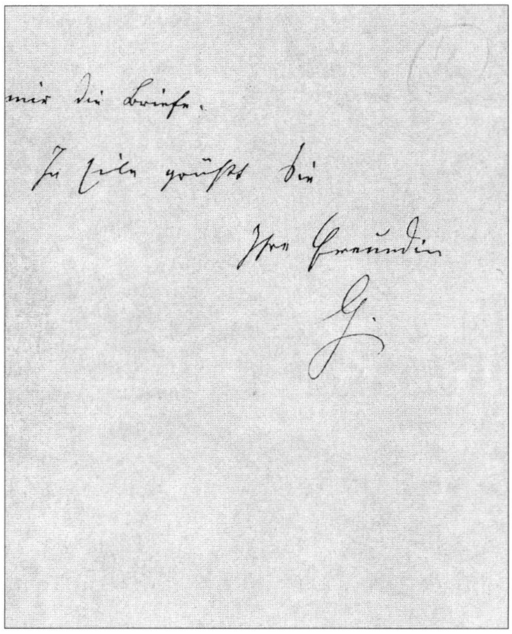

mir die Briefe.

In Eile grüßt Sie

Ihre Freundin

G.

Ein Brief der Kaiserin noch nach Jahren

Zwar kein Schloß, aber eine Sommerresidenz

Dies teilte er seiner Ballbekanntschaft auch nach Jahren noch schriftlich mit. Mit dem Briefwechsel hatte aber die Kaiserin selber begonnen. Schon eine Woche nach dem Kennenlernen in Wien erreichte Pacher ein Brief aus München.

Da schrieb die schöne Unbekannte, die sich ihm als „Gabriele“ vorgestellt hatte, mit der Anrede „Lieber Freund“ schwärmerisch: „Ich werde lange zehren von den letzt verlebten Stunden“ und erbat Antwort an „Haupt Post poste restante Wien unter ‚Gabriele F. L. 36‘.“ Die Schlüsselzahl sollte den jungen Verehrer wohl daran erinnern, daß er sie, ihrer Meinung nach ungalant, bei der Redoute haargenau auf 36 Lebensjahre geschätzt hatte, was sie nur schmollend zur Kenntnis nahm.

Aufstieg zum Spinnereibesitzer

Voller Ehrgeiz hatte Pacher es inzwischen geschafft, eine Baumwoll-Spinnerei auf die Beine zu stellen, die gute Erträge abwarf. Seine Ehe verlief harmonisch, drei Töchter wurden dem Paar geschenkt, Emilie, Edith und Mathilde. Neben der Wohnung in der Wiener Jaquingasse 4 entstand auch im heimatlichen Schönau eine Sommerresidenz, die noch heute existiert. Kein Wunder, wenn der erfolgreiche Großindustrielle daher jene flüchtige Begegnung vergessen hatte, als nach elf Jahren noch ein Brief mit verstellter Schrift von „Gabriele“ kam. Er enthielt ein Gedicht – poetischer Nachklang jener Stunden zu zweit.

Denkst du der Nacht noch im leuchtenden Saal?
Lang, lang ist's her, lang ist's her,
Wo sich zwei Seelen getroffen einmal ...
Denkst du der Worte, so innig vertraut ...
Die wir getauscht bei der Tanzweisen Laut?
Mein Antlitz enthüllen durft' ich dir nicht ...
Jahre vergingen und zogen vorbei,
Lang, lang ist's her, lang ist's her ...

Ohne zu zögern, jedoch sehr indigniert wegen der andauernden Geheimniskrämerei Sisis, antwortete Pacher am 9. Juni 1885, wobei er unter anderem erwähnte: „Ich bin ein kahlköpfiger, ehrsamer, aber glücklicher Ehemann geworden, habe eine Frau, die Dir an Größe und Gestalt ähnelt und ein herziges kleines Mäderl ...“ Prompt war die Neugier Kaiserin Elisabeths geweckt. Sie bat ihn, eine Fotografie seines „väterlichen Kahlkopfes“ zu schicken.

Doch nun war es mit Pachers Geduld vorbei. „Eine anonyme Korrespondenz entbehrt nach so langer Zeit des Reizes“, ließ er „Gabriele“ wissen. Und sie, befremdet über den Ton, den sie, die Kaiserin, nicht gewöhnt war, bedachte ihn am Ende noch mit einer bösen Strophe:

Der dritte, nein, war der ein Viech, Ein ganz gemeines Beast,
Kahl war er auch, dazu noch schiech, Gehört nur auf den Mist.

So endete der Flirt unter tausend Lustern im Ballsaal mit einem Mißklang. Doch die Dissonanz hinterließ keine Spuren im Leben des Kavaliers von einst. Hochgeehrt starb Friedrich List Pacher von Theinburg am 12. Mai 1934 im Alter von 86 Jahren. Sisis Briefe und Gedichte hatte er sorgsam aufgehoben.

DER VERLIEBTE VORLESER WURDE AUS DEM DIENST ENTLASSEN

Bis zu seinem frühen Tod schwärmte Constantin Christomanos von der Kaiserin

Ewig unstet und auf der Suche nach neuen Zielen, auch für ihren Intellekt, legte sich Kaiserin Elisabeth für ihre Studien der griechischen Sprache seit dem Jahre 1888 Vorleser zu, die sie auch auf Reisen begleiteten. Einer von ihnen war der Philosophiestudent Constantin Christomanos. Er löste seinen Vorgänger, Professor Rhousso Rhoussopoulos ab, der wiederum Nachfolger des Advokaten Dr. Nikolaos Thermojannis war. Doch keiner dieser Letzteren war der schönen „Schülerin" so heftig ergeben wie der eben 21jährige Student, dessen Erscheinung durch eine Rückgratverkrümmung verunziert war. Trotzdem entsprach er dem Ideal Kaiserin Elisabeths weit mehr als der „sehr fahl und struppig" aussehende Rhoussopoulos, von dem sie sich bereits im Jahre 1890 nach wenigen Monaten getrennt hatte. Ein wichtiges Indiz für Diensttauglichkeit war neben hohem geistigen Niveau auch das Durchhaltevermögen. Ein anderer Anwärter auf das Amt, Janko Kephalas, klappte nach einem stundenlangen Spaziergang kraftlos zusammen und wurde entlassen. Um so zufriedener war Sisi mit der neuen Wahl. Erfüllt von schwärmerischer Anbetung für ihre „überirdische Schönheit und Anmut" lief der Grieche ohne Ermüdung im Galoppschritt neben der Herrin her. Mehr als das, bei Unterhaltungen reagierte er intuitiv auf die wechselvollen Gefühlsschwankungen, ihre Kaprizen und Launen, weshalb er rasch aufrückte. Schon im Dezember zog der Student in die Hofburg ein. „Mein Appartement befindet sich im Leopoldinischen Trakt", erinnerte er sich später in „Tagebuchblättern". „Mein Zimmer ist geräumig, spiegelglattes Parkett, Tapeten und Möbel grau und weiß gestreift. Ein rotseidener Paravent vor dem Bett, welches mit schwerer Seide bedeckt ist."

Christomanos verliebte sich in die Kaiserin

Die schwarze Kaiserin

Voll jugendlicher Schwärmerei berichtete Christomanos über diese erste Begegnung mit seiner zukünftigen Herrin in der Hofburg. „Wie aus einer anderen Welt stand die schwarze Kaiserin vor mir da, Herrin über all diesen Glanz!“ Mit scheelen Augen werden Hofschranzen das enge Verhältnis Schülerin – Lehrer beobachtet haben, das sich rasch entspann, denn der Student wurde sogar zur Prozedur des Haarewaschens zugelassen – ein Privileg, das nicht einmal der Kaiser genoß. Kein Wunder, wenn der so Ausgezeichnete sich über beide Ohren in die feenhafte Schönheit verliebte. „Haare sah ich wie Wellen, den Boden erreichend und sich auf ihn niederlegend und weiterhin fließend, vom Haupte, dessen zarte, anmutige Form und reine vollendete Linie sie ungetrübt offenbarten“, beschrieb er im Rückblick auf diese Szene. „Majestät tragen das Haar wie eine Krone anstatt der Krone“, verstand Christomanos Sisis Eitelkeit zu schmeicheln. Ihre Antwort war anders, als er erwartet haben mochte: „Nur daß man sich jener anderen leichter entledigen kann“, soll sie ihm mit bekümmertem Lächeln erwidert haben.

Wie eine Fata Morgana: die schwarze Kaiserin

Gemeinsame Reise nach Korfu

Über Miramar, wo sie sich einschifften, reisten Lehrer und Schülerin Mitte März 1892 nach Korfu. Auf der kaiserlichen Yacht fanden Unterrichtsstunden auf Deck in einem Glaspavillon statt. „Während sie sich darin befindet, werden alle Vorhänge herabgelassen, während welcher Zeit sie mit mir liest oder schreibt.“ Man kann sich vorstellen, wie diese geheimnisvollen Rendezvous vom Personal aufgenommen wurden. Noch dazu, wenn die Unterhaltung in einer Fremdsprache geführt wurde, die niemand sonst beherrschte. Obendrein, wenn der junge Mann wie verzückt auf sein Gegenüber sah: „Ich aber blickte zu ihr empor wie geblendet“, schilderte er solche Momente später. Als das Getuschel ringsum hörbar wurde, nahm Elisabeth ihren Verehrer zur Seite: „Sie müssen sich sehr in Acht nehmen vor den Intrigen des Hofes“, ließ sie ihn wissen. „Ich rate

Ihnen, bei Besuchen der Leute vom Hofe sehr vorsichtig zu sein." „Ich kann mir nicht denken, daß irgendein Wesen, welches in die Nähe Eurer Majestät kommt, sich diesem Zauber zu entwinden vermöchte", antwortete Christomanos verzückt. Doch Elisabeth winkte ab: „Sie möchten mich zu einer Circe machen, ich wünschte mir, ich wäre es", war ihre Antwort. „Dann würde ich viele Leute verwandeln, wie die Freunde des Odysseus." Kein Zweifel, ihr Anhängsel hatte sich glühend in seine „Fee" verliebt! Bald war ihr sein unterwürfiges Wesen, seine zur Schau getragene Ergebenheit gänzlich zuwider. Man suchte auf ihren Wink hin nach einem ehrenvollen Abgang. Während der Grieche noch schwärmte: „Ich lege mir oft Mühe auf, nicht laut aufzujauchzen, so reich macht sie mich", war der Ausweg gefunden. Man berief ihn als Lektor für griechische Sprache an die Wiener Universität.

Kritik von schöner Seite

Marie von Glaser kritisierte die Aufzeichnungen des Vorlesers

Nach Sisis jähem Ableben schrieb Christomanos in Athen, wohin er zurückgegangen war, seine „Tagebuchblätter", die 1899 in Wien veröffentlicht wurden. Ein Fräulein Marie von Glaser, eine hübsche junge Dame, äußerte sich kritisch über die romantischen Ergüsse. Doch der Autor wehrte ab: „Es gibt viele Menschen, welche der Meinung sind, ich hätte das größte Buch des Jahrhunderts nicht erst zu schreiben ..." Und immer noch voller Schwärmerei ließ Sisis Anbeter wissen, daß er „Tränen wie graue Perlen" weine, die er mit Veilchen trockne. Veilchen waren Sisis Lieblingsblumen gewesen.

Zwar trat er noch mit „Hymnischen Oden" und lyrischen Gesängen hervor, doch Erfolg blieb ihm versagt. Im März 1911 starb Sisis Vorleser in seiner Heimat an Tuberkulose. Wie es heißt, hat er Sisis Geschenk, eine Busennadel mit Brillanten und einem gekrönten „E" mit ins Grab genommen.

Christomanos schwärmte für seine Herrin noch bis zu seinem Tod

Sisi hatte viele Verehrer

In einem Gedicht Kaiserin Elisabeths erkennen Historiker ihren unglücklichsten Verehrer, Graf Imre Hunyady, der sich 1860 so intensiv in die junge, einsame Kaiserin auf der Sonneninsel Madeira verliebte, daß er flugs nach Wien zurückbeordert wurde. Er führt eine lange Reihe von Verehrern der schönen Kaiserin an, deren Krönung sicher der ungarische Graf Gyula Andrássy war. Ihn bedichtete sie larmoyant:

Der zweite, ach! wie war der lieb!
Der hat mir treu gedient;
Wenn so etwas auf Erden blieb,
Der hätt' Bestand verdient!

Ihre Reminiszenzen an den Verstorbenen kreisten sicher auch um jene Fiakerfahrt von 1872 nach Jagden auf Gödöllö. Da notierte der Ehrenkavalier später: „Übrigens muß

ich gestehn, daß ein langer Weg im Finstern auf einer holperigen Straße eine heikle Szene werden kann, selbst für den vernünftigsten Familienvater."

Viele ihrer Verehrer beschrieb Sisi mit Distanz und sarkastischem Ton. Die verehrungsvollsten, wie ihr Vorleser Christomanos, langweilten sie eines Tages und wurden verbannt. Das konnte der empfindsame, bucklige Grieche über ihren Tod hinaus nicht verwinden.

Daß sich Sisi jedoch auch in München Verehrer mit ihren Schwestern teilte, zeigt das Beispiel des Spaniers Salvador Bérmudez de Castro, Marchese di Lema. Der Beau galt als Liebhaber (und gar illegitimer Vater der Tochter) von Sisis Schwester Mathilde, Gräfin Trani. Doch zweifellos gefiel er auch Sisi, die angeblich 1862 zur Begutachtung nach München reiste.

Erzherzog Ludwig Viktor verliebte sich in Sisi praktisch als erster ihrer glühenden Verehrer. Der jüngste Bruder des Kaisers hatte sich aber zuvor einen Korb von ihrer Schwester Sophie, der nachmaligen Verlobten von König Ludwig II. von Bayern, geholt. Später sagte man diesen Ereignissen nach, sie hätten zu seiner homoerotischen Veranlagung beigetragen ...

Die Kaiserin teilte die Faszination für den eleganten Beau Bermudez de Castro

Wie ihre verliebten Vorleser wurden auch andere Anbeter der Kaiserin bald lästig. Unter ihnen war der Deutsche Alfred Gurniak aus Dresden. Wo er Elisabeth zuerst begegnete, ist nicht bekannt. Um ihr auf gehobener gesellschaftlicher Ebene begegnen zu können, griff er allerdings zu einer List. Er versetzte sich selber in den Adelsstand und nannte sich „Alfred Gurniak Edler von Schreibendorf". Im Gotha scheint ein solcher Adel nicht auf! Wenn aber dieser Anbeter hoffte, sich mit solcher Höherstellung der Kaiserin nähern zu können, irrte er, weshalb sie ihrem Unmut bald auch poetisch Ausdruck verlieh.

„Ich hab' dich nicht gerufen,
Du drängtest selbst herbei
An meines Thrones Stufen
Mit endlosem Geschrei.
Was kamst Du mir zu stören

Die wonnig süsse Ruh',
Soll mich vielleicht betören
Ein Eselein wie du? ...

In meiner schönen Mache
Verzapple dich zu Tod,
Ich schaue zu und lache
Von jetzt bis Morgenrot."
(„Titanias Spinnlied")

Mit dem Abschied dieses lästigen Verfolgers fand Sisi aber zur gleichen Zeit ein anderes, eher ebenbürtiges Objekt ihres ästhetischen Schönheitsbedürfnisses: den damals 25jährigen Thronprätendenten Carl von Portugal aus dem Hause Sachsen-Coburg-Gotha. Seine ebenmäßige, blonde Schönheit faszinierte sie und inspirierte zu einem Gedicht.

„An Carl"
„Ja du bist schön, schön zum Entzücken,
Bewundernd staunte ich dich an
Ob all der Reize, die dich schmücken,
Und doch bist du noch kaum ein Mann ...

Treu wie ein Kind weißt Du zu schauen,
Und feurig dennoch wie ein Mann ...

Doch was vor allem mich entzückte,
War dein melodisches Organ,
Wer meine Sinne je umstrickte,
Hat mit der Stimme es getan.

Drei Abende durfte ich verweilen,
Drei Abende kamst du zu mir,
Dann musst ich rastlos weitereilen.
Nun trennt mich eine Welt von dir."
(August 1888)

Der Dresdner Alfred Gurniak wurde der Kaiserin lästig

Der französische Schriftsteller Maurice Barrês charakterisierte die wechselnden Gefühle Ihrer Majestät treffend: „Überdruß und Verachtung, das sind, sieht man vom poetischen Zauber ab, die zwei Merkmale, die zunächst bei der Kaiserin wahrgenommen werden..."

So gesehen vermochte kein Mann jemals die Schranken zu durchbrechen, die sie selbst immer wieder aufrichtete.

Thronprätendent Carl von Portugal faszinierte Sisi nur kurze Zeit

AUCH FRANZ JOSEPH KNICKTE EINST HERZEN

Seine Majestät liebte streng kaiserlich

Mit knapp 14 Jahren verliebte sich Franz Joseph zum ersten Mal. Die reizende junge Dame, der seine Verehrung galt, war ein Fräulein Berta von Marwitz, Hofdame der Königin von Preußen, die in Österreich Urlaub machte. Der blendend aussehende, hochgewachsene Jüngling mit dem Blondhaar und der schmalen Taille hinterließ auch bei der Deutschen einen tiefen Eindruck! Allerdings kam die Sache über verliebtes Geplänkel und einige Rendezvous im Wintergarten der Hofburg nicht hinaus. Dennoch fiel die Verliebtheit des Jünglings allseits auf. Seine Mutter, Erzherzogin Sophie, notierte recht besorgt in ihr Tagebuch: „Franzi ist in zarter Art und Weise mit dem

Hofdame Berta von Marwitz war Franz Josephs erster Flirt

Blutjung verliebte sich Franz Joseph in eine Hofdame

Fräulein von Marwitz beschäftigt. Es ist dies das erste Mal, daß solch ein Gefühl in ihm erwacht. Dieser Bub, den ich noch immer für ein Kind hielt, geht nun zu den Neigungen eines jungen Mannes über. Es scheint mir, als gehöre er mir nicht mehr so wie bisher!" So schlimm jedoch war es nicht: Kaum waren die Preußen abgereist, war auch dieser erste Flirt vergessen. Und Franz Joseph stürzte sich mit großem Eifer in philosophische Studien bei Abbé Othmar von Rauscher, dem Direktor der Wiener Orientalischen Akademie.

Sogar eine verheiratete Frau

Wesentlich forscher ging Franz Joseph dann allerdings mit 18 Jahren an die Liebe heran: Ausgerechnet die seit vier Jahren verehelichte Gräfin Elisabeth Ugarte, geborene von Rochow-Briest aus Berlin stach ihm in die Augen.
Also wieder eine „Preußin", nun schon die zweite, die des schönen jungen Mannes Herz entflammte ...

Elisabeth Ugarte war eine blonde, sehr schlanke Dame, mit allen Vorzügen ihres Geschlechts ausgestattet. Sie war acht Jahre älter als ihr kaiserlicher Anbeter und mehr schlecht als recht mit Graf Josef von Ugarte verehelicht, einem um rund 18 Jahre älteren Diplomaten in k.u.k. Hofdiensten.
Die Ugartes hatten zwei Kinder: Anna und Gabriela. Das hinderte die vergnügungssüchtige junge Frau allerdings nicht, eifrigst die Wiener Ballsaison zu genießen! Da sie außerdem zum Kreise der Hofdamen Erzherzogin Sophies zählte, waren ihr sozusagen alle Pforten geöffnet: Die stets gutgelaunte Gräfin, deren Gatte als Gesandter am Württembergischen Hof weilte, flog von einem Arm in den nächsten, um zum Schluß zur „Herzdame" Franz Josephs zu avancieren.

Höher ging es nicht mehr.

Der vom Kaiser gehörnte Ehemann, Graf Ugarte

Die Initiatrice

Ganz im Gegensatz zu seinem späteren Sohn, Kronprinz Rudolf, war Franz Joseph mit 18 Jahren noch ein „unbeschriebenes Blatt". Um so mehr mußte auffallen, was sich beim Ball im Palais Kinsky 1848 ereignete: Ganze neunmal tanzten Elisabeth und Franz Joseph zusammen Walzer „linksherum". Danach ließen sie noch zwei Kotillons über sich ergehen, um anschließend hinter einer Tapetentür zu verschwinden, die zum Wintergarten hinausführte.

Dort, bei tropischen Temperaturen, im Schatten von Palmen, unter blühenden Kamelien und weißem Flieder, soll „es" dann passiert sein! Die schöne blonde Gräfin wurde zur „Initiatrice" des jungen Monarchen ... „Sie hat dem Kaiser die Liebe beigebracht", flüsterte man hinter vorgehaltener Hand. Und setzte dazu ein süffisantes Lächeln auf.

Immerhin tauchte nach einer knappen halben Stunde ein etwas verwirrter, jedoch höchst animierter Franz Joseph unter den Ballgästen auf, während sich die Gräfin „französisch" empfahl. Sie verließ das Palais Kinsky heimlich durch einen Hintereingang.

Das „Pantscherl“ ging leider tragisch aus: Die Hofdame wurde ihres Dienstes enthoben und heimgesandt. Franz Joseph aber schickte man rasch auf die Gemsenjagd nach Ischl.

Wie es heißt, bekam die Gräfin einen nicht unerheblichen Geldbetrag ausgehändigt, als sie auf den Familiensitz nach Schloß Jaispitz bei Brünn reiste. Das ist aber nicht verbürgt. Hingegen soll der Kaiser zeitlebens ein Faible, vielleicht sogar eine echte Zuneigung für Elisabeth Ugarte bewahrt haben. Dies zeigte sich später deutlich, als er Elisabeths Tochter Anna, die sich mit Baron Hector Baltazzi verehelicht hatte und wieder scheiden ließ, erlaubte, den Mädchennamen Ugarte anzunehmen.
Bei dieser Gelegenheit, in Gödöllö, erkundigte er sich auch höchst eingehend nach dem Befinden seiner einstigen „Initiatrice“ ...

Übrigens verstarb die Gräfin Ugarte 1896 in Frankfurt am Main. Der „gehörnte“ Ehemann war schon 1862 nach einem Sturz von Pferde seinen schweren Verletzungen erlegen.

Elisabeth Ugarte wird entlassen

Anna Ugarte durfte nach ihrer Scheidung ihren Mädchennamen annehmen

Die Göttin des Lichts

Sie hieß Katharina Abel und war „Solomimikerin und Balletteuse“ am Wiener Carltheater, aber alle, die sie kannten und bewunderten, nannten sie nur „Göttin des Lichts“.

Wie so viele ihrer Ballettkolleginnen hatte auch Katharina einen Hang zu den Fürstlichkeiten! Ihre Bewerber fanden sich in der österreichischen und polnischen Aristokratie. Ihr größter Ehrgeiz wäre gewesen, es einer Marie Kohler nachzutun, die den Grafen Beroldingen geheiratet hatte, oder einer Lori Schimanek, die gar vom kaiserlichen General-Adjutanten, Graf Paar, heimgeführt wurde, zumindest aber der vielbewunderten Marie Schleinzer, die mit dem feschen Erzherzog Otto „verbandelt“ war, von dem sie zwei Kinder hatte, die sie später in eine bürgerliche Ehe mitnahm.

Fest steht, daß Katharina alle ihre Trümpfe ausspielte und bald das Interesse des jungen, noch unverheirateten Kaisers auf sich zog.

Graf Paar ehelichte eine Tänzerin vom Hofopernballett

Katharina Abel wurde vom Kaiser reich belohnt

Es wurde viel getuschelt, wenn sie mit einem „unnumerierten" Fiaker zur Hofburg fuhr, um am anderen Morgen mit einem kostbaren Diamantkreuz um den Hals aufzutauchen. Sie aber schwieg eisern! Wurde sie auf ihre herrlichen Toiletten, ihre teure Lebenshaltung hin angesprochen, erschien lediglich ein winziges, überlegenes Lächeln um ihren feingeschnittenen Mund.

Gesagt aber hatte sie nichts.

Eine sehr charmante, ehrgeizige Person

„Die schöne Abel" blieb ledig. Immerhin aber hatte sie vom Hofärar soviel bekommen, daß sie sich in Wieden ein Haus mit angrenzendem Park kaufen konnte.

Einer anderen Amour hingegen besorgte Franz Joseph sogar den Ehemann. Und diese andere war keine Geringere als Helene Baltazzi, spätere Baronin Vetsera, die Mutter jener sagenumwobenen Mary Vetsera, mit der Kronprinz Rudolf in Mayerling in den Tod ging.

Helene Baltazzi war auch eine Mätresse von Kaiser Franz Joseph

Helene und ihre Brüder Victor, Hector und Aristides Baltazzi kamen aus der Levante. Man begegnete Ihnen mit Mißtrauen.

Gräfin Festetics, die Gesellschafterin der Kaiserin Elisabeth, schrieb über sie: „Man muß sehr achtgeben, sie sind gescheite Leute, geistreich, reich, alle dieselben interessanten, schönen Augen, niemand weiß recht, wo die Leute herkommen mit dem vielen Gelde, Streber und mir nicht heimlich ..."

Aber das war viele Jahre später.

Als die Romanze zwischen Kaiser Franz Joseph und Helene Baltazzi begann, schrieb man das Jahr 1850. Die kleingewachsene, zierliche Levantinerin, Tochter eines Bankiers, machte durch Eleganz und großzügigen Lebensstil von sich reden. Sie suchte und fand Eingang bei Hofe.

Auf einem Maskenball, wo sie als Renaissancefürstin erschien, lernte sie den Kaiser kennen. Aus einem charmanten Plaudern wurde ein heißer Flirt. Dieser dauerte, so weiß es die Fama, sogar noch bis in Franz Josephs Verlobungszeit hinein.

Dann jedoch, heiß verliebt in seine schöne Braut, gab der Kaiser seiner „feschen Helene" den Abschied, nicht ohne ihr einen standesgemäßen Freier in Form des Diplomaten Albin Baron Vetsera auszusuchen.

Eine stolze Mitgift

Auf dem Umweg über Triest, wo die Vetseras sich später des öfteren aufhielten, wurde vor kurzem der Schleier darüber gelüftet, was Franz Joseph sich seinen Flirt mit Helene kosten ließ: Angeblich soll er ihr drei Millionen Kronen, elegante Toiletten, ein Palais in Wien und das Versprechen, ihren zukünftigen Ehemann rasch avancieren zu lassen, mit in die Ehe gegeben haben.

Es war auch hier wie immer: Kaiser Franz Joseph zeigte sich großzügig! Er legte zwar in seiner persönlichen Lebensführung die größte Sparsamkeit an den Tag, doch diejenigen, die ihm teuer waren, bedachte er wahrhaft verschwenderisch.

Um so ärger mußte es ihn später getroffen haben, daß die ehrgeizige, noch immer reizvolle Baronin Vetsera sich auch noch seinem Sohn zuwandte!

Auf Schloß Gödöllö belagerte sie Rudolf im Jahre 1881 förmlich. Darüber sagte der Kaiser bei Tisch ungehalten: „Was die Frau mit Rudolf treibt, ist unglaublich. Reitet ihm auf Schritt und Tritt nach. Heute hat sie ihm sogar etwas geschenkt ..."

SEELENFREUNDIN UND FEMME FATALE

Katharina Schratt hatte viele Gönner und einen Geliebten neben dem Kaiser

Am 30. Juli 1898 schrieb Kaiser Franz Joseph an seine Seelenfreundin Katharina Schratt: „Wie kann ich Ihnen genug danken, daß Sie mir über Ihr Zusammentreffen mit Wilczek so ausführlich und befriedigend geschrieben haben. Ich war in dieser Angelegenheit wieder einmal recht unausstehlich, nie hätte ich mir erlaubt, Sie zu ersuchen, Wilczek nicht mehr zu empfangen, und ich war eben nur wieder eifersüchtig, da ich Sie ja so lieb habe. (Zerreißen Sie gleich diesen Brief.)“

Wie er selbst zugab, war also der Herrscher über ein großes Reich auf einen der vielen Anbeter seiner Seelenfreundin, der Hofburgschauspielerin Katharina Schratt, brennend eifersüchtig. Und er hatte, wie die Fama weiß, dazu auch allen Grund. Männer hatten die Vielgeliebte immer umschwärmt, obwohl sie verehelicht war und offiziell seit dem Jahr 1886 als Herzdame des Kaisers mit Billigung seiner Gemahlin galt.

Vor allem mit dem oben erwähnten Grafen Johann Nepomuk Wilczek verband die Schratt eine recht merkwürdige Beziehung, denn dieser umtriebige Aristokrat nahm seit langem eine Sonderstellung bei Hofe ein. Als routinierter Bergsteiger, Taucher, Expeditionsteilnehmer, Gründer der Wiener Freiwilligen Rettungsgesellschaft, Kurator des Rudolfinerhauses, Herrenhaus-Mitglied und hochherziger Kunstsammler genoß der Graf das volle Vertrauen des Kaisers. Er begleitete Kronprinz Rudolf auch auf des-

Kaiser Franz Joseph hatte eine Seelenbindung zu der Schauspielerin

Johann Nepomuk Graf Wilczek betrachtete die Schratt als sein Eigentum

Sie war sehr umschwärmt: die schöne Schratt

sen Spanienreise 1878. Doch die langjährige Beziehung zu der Schauspielerin blieb suspekt, denn der Graf war glücklich verheiratet und Vater von vier Kindern. Daß er gleichsam Finanzier der Schratt war, stand auf einem anderen Blatt. Viele Schauspielerinnen sanierten damals ihre desolaten finanziellen Verhältnisse durch wohlmeinende Gönner – mit und ohne amouröse Bindungen.

Mehr Opfer gebracht als andere

Dennoch tanzte Wilczek aus der Reihe. Seine Eifersucht auf Kaiser Franz Joseph kannte keine Grenzen! „Schau Katherl", schrieb er Ende Mai 1886, „ich bin ja eifersüchtig auf jedes Wort ... auf jeden Gedanken, der einem Anderen gilt – also kannst Du Dir klar sein was ich gerade diesem Mann gegenüber fühle – wenn Du ihn auch nicht so gerne hast wie mich!" Die Unterschrift lautete: „Du mein mein mein Weib Dein Hans."

Offenbarungen solcher Art waren dazu angetan, hinter diesem Mäzenatentum doch mehr zu vermuten. Insbesondere, da Wilczek insgeheim für seine Rendezvous mit der Schratt sogar ein Schloß erwarb! Irritiert schrieb der Kaiser darüber an seine Gemahlin: „Die Freundin folgt für 3 Tage der Einladung des Grafen Wilczek auf ein altes Schloß, das er im Salzburgischen ... besitzt und stilgerecht herrichtet, namens Mosham." Kein Zweifel, daß dies einen Triumph für die Schauspielerin bedeutete, die den Kaiser nur ganz bescheiden in ihren Hietzinger und Ischler Villen empfangen konnte. Er, der Monarch, mußte ja streng das Dekorum wahren ...

Verläßliche ältere Verehrer

Von anderen Finanziers und Verehrern waren vor allem der langjährige Generaldirektor der Wiener Länderbank, Eduard Palmer, und Zar Ferdinand von Bulgarien zu nennen. Sie ließen es sich gleichsam zur Ehre gereichen, die hohen Schulden der Angebeteten zu zahlen. Der Junggeselle Palmer, rund 20 Jahre älter als sein Schützling, avancierte bald zu ihrem Finanzberater und blieb es bis zu seinem Ableben. Seine väterlichen Gefühle erregten beim Kaiser keine Eifersucht, wohl aber die Beziehung der Schratt zu Ferdinand von Bulgarien, der als Roué und von Skandalen umwitterter Frauenfreund bekannt war. „Ich hoffe zwar", schrieb Franz Joseph am 24. Februar 1898, „daß Sie dem Bulgaren gegenüber an Ihrer Absicht, ihn nicht zu sehen festhalten, bin aber doch nicht sicher, daß Sie in Ihrer Güte am Ende weich werden könnten, was mir recht unangenehm wäre ..." Ob und in welcher Höhe Ferdinand die Schratt unterstützte, ist nicht bekannt. Die Eifersucht des Kaisers, der den Zaren ablehnte, war aber vermutlich durchaus begründet.

Eine platonische Liebe verband Eduard Palmer mit der Schauspielerin

Auch er war ein Gönner: Zar Ferdinand von Bulgarien

Geheimnis einer großen Leidenschaft

Sie stand im glänzenden Licht der Öffentlichkeit, wurde von Männern der höchsten Wiener Gesellschaft unterstützt und verehrt und verstand es doch, ihr eigenes Herzensgeheimnis zu bewahren.

Denn Katharina Schratt führte ein Doppelleben. Seit 1895 verband sie eine heftige Leidenschaft mit einem Kollegen, dem damals 32jährigen Schauspieler Viktor Kutschera. Er war vermutlich ihre einzige große Liebe. Ihm, dem um zehn Jahre jüngeren zuliebe wagte sie sich sogar an eine riskante Abmagerungskur, die „Sonnenäther-Kur", zu welcher sie nach München reiste. Nichtsahnend schrieb der Kaiser dies an seine Frau: „Sie hat die erste Nacht bereits unter der Ampel geschlafen – und zwar recht gut."

Das eigentliche Verjüngungsmittel, der blendend aussehende Schauspielkollege Kutschera, blieb der Majestät verborgen. Doch die Beziehung mußte unglücklich enden, denn Kutschera zögerte, sich von seiner Frau und den beiden Kindern zu trennen. Auch hätte die Schratt sich dem Kaiser offenbaren müssen, wäre sie dem Ruf ihres Herzens gefolgt, und sicher wäre eine Rolle als Ernährer der Kutschera-Familie für ihn unannehmbar gewesen.

Der erste Liebhaber: Schauspieler Viktor Kutschera

So schwer ihr der Verzicht gefallen sein mag, der Kaiser und ihre anderen Vertrauten versüßten ihn ihr unbewußt. Man legte Katharina Schratt weiterhin Millionen zu Füßen. Und der Kaiser schrieb: „Es ist an mir zu danken, daß Sie das so freundlich entgegen nehmen, was ich mir erlaube, Ihnen zu geben, hauptsächlich um meine nervöse Angst wegen Ihrer Finanzen zu besänftigen, denn auch ich habe Nerven." Ähnlich drückte es Graf Wilczek aus: „Wenn ich Dir nebst diesen Zeilen noch etwas übergebe – so betrachte ich das als mein Recht – denn Du liebst mich – Wenn irgend jemand auf dieser Welt das Recht hat, einen Einfluß auf Dein Leben zu haben – so bin ich es! Dein Hans ist es!"

Dieses „Recht" bestritt Katharina Schratt ihr Leben lang keinem Mann.

Die unterschiedliche Distanz, aus welcher uns die dargestellten Personen in diesem Buch begegnen, läßt die Zwiespältigkeit ihrer Charaktere deutlich werden.

Chris Stadtlaender

Quellen und Literatur

Textquellen:

Achleitner, Arthur: Vergatterung, Erzählungen aus dem österreichischen Militärleben, Stuttgart 1913, Verlag A. Bonz u. Cp., S. 60-100
Auclère, Dominique: Les enfants de Toscane, 1968
Bardolff, Carl Freiherr von: Soldat im alten Österreich
Barrés, Maurice: La mort de Venise – Une Impératrice de la Solitaire, im Sammelband
Becker, M. A.: Hernstein in NÖ, Wien 1889
Bibl, Viktor: Kronprinz Rudolf
Bonet de los Herreros, Pedro: El Archiduque de Austria Luis Salvator, Hijo ilustre de Mallorca
Briefwechsel Kaiser Franz Joseph und Kaiserin Elisabeth
Briefwechsel Kaiser Franz Joseph und Katharina Schratt
Chlumecky, L. von: Erzherzog Franz Ferdinands Wirken und Wollen
Colom, Antonio: Antonio Vives, el modélico secretario deianenc del Archiduque Luis Salvador
Corti, Conte: Maximilian und Charlotte
Eisenmenger: Erzherzog Franz Ferdinand
Garzón, Eugenio: Jean Orth, Paris
Haslip, Joan: Maximilian, Kaiser von Mexiko, München
Hübner, Alexander Graf: Tagebuch
Kronprinzessin Stéphanie: Ich sollte Kaiserin werden
Leitich, Ann Tizia: Elisabeth, Lausanne
Lónyay, Elémer von: Tagebuch
Margutti, Albert Freiherr von: Vom alten Kaiser
Mitis, Oskar von: Das Leben des Kronprinzen Rudolf
Mühsam, Erich: Blaubuch 1901
Paget, Walpurga, Lady: Embassies of Other Days, 2 Bde., London 1923
– The Linings of Life, 2 Bde., London 1928
Pearsall, Ronald: The Worm in the Bud, London 1969
Pennell-Elmhirst, E.: The best Season on Record, London 1885
– The Cream of Leicestershire. Eleven Seasons' Skimmings, London 1883
– The Best of the Fun, London 1903
Pollak, Heinrich: Erzherzog Johann
Polzer-Hoditz, Arthur von: Kaiser Karl, 1929
Ponsonby, Sir Frederick, first Lord Sysonby: Recollections of Three Reigns, London 1951
Portland, The Duke of: Memoirs of Racing and Hunting, London 1935
– Men, Women and Things, London 1937
Powell, Lady Violet: A Very Substantial Ghost, London 1967
Radziwil, Catherine al. Graf Vasili: The Austrian Court from within, London
Radziwill, Princess Catherine: The Austrian Court from Within, London 1916
Redtwitz, Marie: Hofchronik, München
Richardson, J. M. and Finch Mason: Gentlemen Riders Past and Present, London 1909
Rossmore, Lord: Things I Can Tell, London 1912
Salm-Salm, Agnes: Tagebuch „Queretaro"
Sargent, H.S.: Thoughts on Sport, London 1895
Schneider, Dr. Josef: Kaiser Franz Joseph I. und sein Hof
Stockhausen, Juliana von al. Gräfin Gatterburg: Im Schatten der Hofburg, Wien 1951
Thormanby: Kings of the Hunting Field, London 1899
– Sporting Stories, London
Toselli, Enrico: Memoiren, Triest
Tschuppik, Carl: Empress Elisabeth of Austria, London 1930

Tylor, A. J. P.: The Habsburg Monarchy, London 1941
Voigt, C. A.: Famous Gentlemen Riders at Home and Abroad, London
Wallersee, Marie Louise: Meine Vergangenheit
Ward, Leslie: Forty Years of Spy, London 1915
Watson, S.: Between the Flags, A History of Irish Steeplechasing, Dublin, 1969
Weissensteiner, Friedrich: Reformer, Republikaner und Rebellen
Welcome, John: Die Kaiserin hinter der Meute
Whitehurst, F.F.: Tallyho, London 1978
Wölfling, Leopold: Habsburger unter sich
Wyndham, Col. the Hon. H.: The Pytchley Mastership of the Fifth Earl Spencer, Kettering 1970
Yates, Arthur: Arthur Yates, Trainer and Gentleman Rider, London 1924

Zeitungen und Zeitschriften

Baleares
Das Vaterland, Zeitschrift für die österreichische Monarchie
Destino
Die Presse
Fremdenblatt
Grenzbote III
Historisch-politische Blätter für das katholische Deutschland
La Vanguardia
Lechners Mitteilungen auf dem Gebiet der Literatur und Kunst, der Photographie und Kartographie
Mitteilungen der k.u.k. geographischen Gesellschaft zu Wien
Münchner Adelsblatt
Münchner Neueste Nachrichten
Neue Freie Presse
Neues Wiener Journal
Neues Wiener Tagblatt
Österreichisch-ungarische Kunstchronik
Österreichische Rundschau
Prager Tagblatt
Welt-Neuigkeits-Blatt
Wiener Abendblatt
Zeitmagazin

Fotografien

Nationalbibliothek Porträtsammlung, Wien
Museo de Son Marriog/ Deyá
Museo Municipal de la Cartuja de Valldemosa
Bayerische Staatsbibliothek, München

Luisa Vives Ribas, Son Españolet
Ann Tizia Leitich
Erzherzogin Franziska gen. Gräfin Wernberg-München

Nachlässe

Nachlaß Ann Tizia Leitich, Wien
Nachlaß Erzherzogin Franziska gen. Gräfin Wernberg-München, München

Sonstiges

Ein Photo-Album aus dem Hause Habsburg
Copyright: Fotografien-Museum der ungarischen Arbeiterbewegung, Rechte: Corvina Verlag, Budapest
„Amori et dolori sacrum", 1903
Imre Szálay, Das Königin Elisabeth Gedenkmuseum, Budapest
Harenberg Kommunikation, Dortmund
Archiv Stadtlaender